现代工农篇
城市发展篇
百姓生活篇
世界窗口篇

深入中国

——中级汉语教程

Aspects of Modern China

〔美〕王海龙 著

Hailong Wang

北京大学出版社
PEKING UNIVERSITY PRESS

图书在版编目(CIP)数据

深入中国:中级汉语教程. /(美)王海龙著. —北京:北京大学出版社,2011.1

(北大版海外汉语教材·文化教程系列)

ISBN 978-7-301-17439-5

Ⅰ. 深… Ⅱ. 王… Ⅲ. 汉语—对外汉语教学—教材 Ⅳ. H195.4

中国版本图书馆 CIP 数据核字(2010)第 125078 号

书　　名: 深入中国——中级汉语教程

著作责任者:〔美〕王海龙　著

责 任 编 辑:张弘泓

标 准 书 号:ISBN 978-7-301-17439-5/H·2547

出 版 发 行:北京大学出版社

地　　址:北京市海淀区成府路 205 号　100871

网　　址:http://www.pup.cn

电 子 邮 箱:zpup@pup.pku.edu.cn

电　　话:邮购部 62752015　发行部 62750672　编辑部 62753334　出版部 62754962

印 刷 者:北京大学印刷厂

经 销 者:新华书店

880 毫米×1230 毫米　16 开本　22 印张　407 千字

2011 年 1 月第 1 版　2011 年 1 月第 1 次印刷

定　　价:68.00 元(含 1 张 CD)

Introduction

In the last two decades, China has developed very rapidly. In order to have a better understanding of modern China, students need to read and analyze news from China. The Chinese newspaper is a major resource in this goal. In my advanced classes, I have found an unusual phenomenon: many advanced level students who have very good language abilities cannot understand a simple news article or daily report in a Chinese newspaper.

One reason for this is that reading a Chinese newspaper is not a simple task. This requires comprehensive knowledge of a cultural context, classical Chinese, folk knowledge, Chinese jargon, technical language, newly-created words, specific expressions, linguistic alertness of prefix/suffix, and even knowledge of Chinese idioms and poems. Chinese newspapers are targeted toward native Chinese readers who live in a specific cultural context and environment. No matter how strong of a language background a foreign student has, he/she needs to learn special techniques to use when approaching newspapers. My book is designed to help foreign students decode a Chinese newspaper from its language and cultural-literary context.

Students who take Chinese as a foreign language need a proper Chinese newspaper comprehension textbook. Currently, there are few such books on the market in the West, and although there are a few books on this topic in China, they are designed for students who study in China and use a different approach and pedagogy. Moreover, students who live in China and foreign students who live in the West face different problems when they read Chinese newspapers. My book focuses on the students who may not have the opportunity to live in Chinese society but still need to read Chinese newspapers to fulfill their professional or academic demands. I believe publishing this text will help meet these needs of foreign students and the market in the world.

Chinese Newspaper Comprehension

More and more people learning Chinese as a foreign language tend to receive an academic foundation but lack the practical means of everyday reading and writing. Why is a student able to read Chinese literature but has difficulty reading a Chinese newspaper? These are all skills that are easily learned, but Chinese newspaper comprehension is a special field, so students need to be trained to approach this subject competently. Chinese newspaper writing embodies different writing techniques, such as a highly stylized way of expression that correlates to a standardized format or custom, and formatted expressions. Some social contextual issues and social-linguistic issues expressed are beyond the language skills needed to understand the concepts, but we still can decode the meaning through our training.

Why is it important for students to be able to comprehend Chinese newspapers? Because of China is recent changes in its economic, political, and social agendas and its role in the WTO, increased communication with the rest of the world will only make reading a Chinese newspaper more important in understanding Chinese issues. Chinese is the second most widely spoken language after English. In tomorrow's workplace, it will be extremely important for those participating in China's market to be able to read news from a Chinese point-of-view.

Fundamental Way of Understanding a Chinese Newspaper

Unlike the other readers or Chinese newspaper collection books, my textbook will introduce the history of Chinese newspapers as well as its general content, characteristics and genres. I will interpret and analyze important aspects, such as how to read headlines, decode meaning, and compare studies in different area fields. In order to display different elements of Chinese newspapers, I have selected articles and samples with various styles from Mainland China, Hong Kong, Taiwan, and overseas Chinese communities. I have tried to choose the themes that are up-to-date, meaningful, inspiring, sophisticated and varied in tone. In Book One, I have concentrated on the topics of formatting and on the content of a Chinese newspaper, the typical Chinese media expressions, categories of Chinese journalism, with news articles, and have given my students access to the real Chinese news world.

In the six themes of the book, I have covered different political and economic fields and almost all the aspects of the modern Chinese life, including the Communist Party polices reformation, recent Chinese women's issues, the reformation of Chinese prisons, Chinese-foreign trade wars, health care and childcare, the social problems China faces today, Chinese educational and medical issues, and how does Chinese approach the international news, etc. I have searched data and materials from the newspapers internationally and put them into a new scope and frame, in order to represent the "real" Chinese newspaper expressions and compare the different styles in the different Chinese social-cultural environments. I believe that this is the first textbook of the field that has applied this kind of wide angle and covered so many stimulating and controversial topics.

Practical Design and Pedagogical Points

Warming up to the Topic: In each text, we have warming up pre-reading activities to give students a general idea or context for the reading. Typically, students can approach the meaning of the article through headlines decoding, visual images, or key word scanning.

Genre and Style Analysis: In order to help students become familiar with a Chinese journalist way of writing and understand the basic concept of the style, I designed this section. I usually introduce and analyze writing method of the article, and enlarge the scope of the article, linking related topics the students learn to their learned knowledge.

Intensive Reading: In our book, we designed three kinds of readings. The purpose of the intensive reading is to train students to read with understanding and enjoyment by practicing the skills of headlines decoding and prediction; comprehension of the general ideas; catching the details and specific information, and inference.

Extensive Reading: This section teaches students to learn how to grasp and interpret the general meaning and how to get used to tolerating reading, and learning how to read without knowing every single word. Through the skills of "reading for main ideas," "reading for details"and "reading between the lines," student will extend their vocabulary, learn grammatical knowledge and work with words and expressions selected to help them with comprehension.

Speedy Reading: Speed reading is designed for practical reasons. We read newspapers in order to gain knowledge or to search for information, but we do not need to read carefully and thoroughly, line-by-line. We sometimes need to scan and skim a newspaper to get general information. We have selected some interesting articles and teaching materials, and created some specific exercise to fulfill this task.

Chinese Newspaper Expression Patterns and Grammatical Explanations: Unlike other Chinese writing styles, Chinese newspaper writing has some specific expression patterns and formatted usage. Learning this kind of technology is very helpful for foreign students who want a magic tool and to be able to jump into a high level. We have a very concise and easy-to-understand interpretation in this section.

A Brief Dictionary and Idiomatic Expressions: News is generally made up of truly new issues, so some definitions or terminology in newspaper cannot be found in any tool books or reference books. That may disappoint students who read Chinese newspapers. For them, I have provided a brief dictionary and a section or idiomatic expressions. I have also disclose the way Chinese native speakers might deal with the situation in order to give them a "key" to solve this kind of problem in the future.

Discussion, Re-organizing Information and Rewriting: In each section, I have designed a discussion section. In these exercises, students can explore, review, and practice the language from their readings. Using a thematic context, students can focus on language: pronunciation, word forms, prefixes and suffixes, word domains, idiomatic expressions, and analogies. Besides discussion, I have also designed writing exercises, such as reorganizing information to re-pattern the news writing and learn the skill of writing and re-writing news in Chinese. To learn how to read at the advanced level, readers ought to know how to write, because after all, reading and writing are the two sides of a same coin.

Hailong Wang, December, 2003
Columbia University, New York

写在前面
Pedagogical Note

《深入中国》的体例与《聚焦中国》有些不同，不仅分量上与后者略微有异，在理念上也有些新的设计心裁。

它的大致设计延续了《聚焦中国》以对话导入主题的方式，因为这种方式已经得到了接受和认可，证明是一种从口语向书面语过渡的好的示范。因为这本书里面的核心话题和内容都是有意识设计和可操控的，所以这种口语比较规范，它们完全超出了一般口语初级阶段仅仅停留在日常起居嘘寒问暖的低层次循环，而导向用汉语讨论深层次的话题，进行规范化口语的表述训练。

在选文方面，作者留心截取了今日中国多姿多彩生活的各个方面。不同于《聚焦中国》较多着眼于政治和社会制度等宏大题材，《深入中国》更加注重探讨今日中国社会的深层结构和世道人心，从而促进海外汉语学习者了解中国文化的民俗认知基础和底蕴。

《深入中国》不仅关心今日中国的工农业发展、中国的世界形象等重大问题，而且对中国人近三十年走过的路进行了一番总体的回顾和巡礼。从国内第三产业的兴起、个体户、私营企业到三资企业的拓展；从户口制度的介绍到农民工进城、取消农业税；从今日中国城市的发展到住房改革；从中国的医疗制度到现在人人关心的大学教育改革、收费以及大学生该不该结婚——种种问题，种种观点，方方面面都试图唤起学习者的兴趣和讨论、应用汉语的热情。当然，我们的教材也没有回避今天老百姓关心的社会问题，如伦理探讨、社会公德、媒体责任和协助社会服务充当志愿者等有趣的话题。这本教材另一个特色是加大了它的实用性意义，作者特别贴心地加进了外国学生在中国的学习实践及写中文履历表和求职信等方面的内容；让已经在中国留学的外国学生和有志于去中国学习的人看看他们先行者的现身说法和学习经验，这样会学以致用，促成更多的学生了解学习汉语的实践意义。

这本《深入中国》最突出的一个特点是它增加了实用性和提供了大量的阅读课文。从体例上，作者加进了为数不少的阅读课文。这些课文有的如小百科，意在提供补充知识。它们及时地辅助主课文的教学，促进对相关内容的理解。另一部分则旨在提供背景知识和扩大词汇量，寓教于乐，把主课文太“紧”的严肃表述冲淡一些，让学生能够缓一口气，在严肃学习的空间流连一下路边的花草，学习一下不同的表述，见识一种别样的风格，举一反三，在领会中文多样性表述的同时，事半功倍地学习汉语。第三个部分则在于扩大知识，提供不同的参考资料，其中有的难度不亚于主课文。它们是为了某些学有余力和有专门需要，想扩大知识面的学生提供，没有硬性要求，只供浏览和选读。这有点像是中国人请客，我们准备的饭菜一般应该照顾各种各样食客的口味和略略多于客人的食量，以便于给他们提供挑选的余地，有更多的机会品尝不同的佳肴。而对于这部分内容，教师们则可以选择讲授、泛读或者布置学生选修自学或作为扩大阅读之用。这样，师生都没有压力，而且教与学都有了更多的选择性和灵活度。

这种构思也是针对海外汉语教学很少分为精读和泛读两种课型的现状而设计的。它合二而一，既满足了精读分析的要求，又补充了感性材料和实例，促进循环词汇、语法教学的效果。在海外教中文，对具体到某个层阶水平的学生，选取合适的阅读材料殊非易事，希望作者的这种努力能够在这方面为任课教师节省一分心力。

海外中文教学在今天迎来了历史上最好的时光。希望我们每一位教师都珍惜这个机遇，尽心尽力，弘扬中华民族文化，无负时代，为促进世界文化的理解和融合添砖加瓦。

王海龙
于纽约哥伦比亚大学
2009 年 12 月

导 言

摆在您面前的《深入中国》跟先前的《聚焦中国》两册书是以眼下中国每天发生的日常生活事件为题材而作的，它们几乎囊括了今日中国所有的重要话题。它们与我在北京大学出版社先前出版的《文化中国》、《解读中国》、《报纸上的中国》、《报纸上的天下》等是姊妹篇，也可以说是同属一个系列的教材。至这本书的完成，这套教材的轮廓应该是基本上完整了。

对这些教材用心些的使用者大概约略可以看出我在这方面的一些努力，这种努力主要体现在对汉语知识的传授和对中国文化和概念的基本介绍上。我在大学本科读的是中文系，而且赴美前在国内大学中文系教过近十年书；但我在美国的专业是文化人类学，研究比较文化和汉学特别是西方文艺复兴以来的文化发展以及近代以来中国的文化的问题，因此对上面述及的两个课题都相对较为熟悉。

越是较多地介入到这类教材的写作，就越发现这类教材的难写。它牵涉的内容太多而且留给作者的自由度很小。学过逻辑的朋友大约都知道，一个概念的外延越大，其限制也就越大，其内涵也就越小，我们必须在“螺蛳壳里做道场”。

熟悉海外汉语教学实际的同仁都知道，在海外，不管国内外的华文媒体怎样自我宣扬，踏踏实实学汉语的外国学生远没有人们吹嘘和一厢情愿想象的那么多，盖因语言的学习，特别是对与学习者母语迥异的汉语的学习对一般外国学生而言委实是条畏途。此外，海外汉语学习者大多都不是专修汉语的学生，他们大都是文、理、工、经、商、法、医、农各类学科的学生，汉语仅仅是他们的一门选修课，每个星期花上几个小时来吭吭哧哧地应付，能坚持下来已属不赖，如果再没有好的教材、好的方法和称职的教师，学汉语的痛苦可想而知。

教材，我认为是海外汉语教学的一个关键，因为它是教与学的基础，正如剧本之于演戏是一个基础；教材本身就囊括了教学法。而教材与教师的关系，打个粗略的比方，还就恰似剧本与演员的关系——有了好的剧本，还必须有好的演员才能真正支撑起一台大戏来。

我较早出版的《文化中国》和《解读中国》主要是着力于在讲授汉语知识的同时介绍中国文化的一些根源和传统的命题，除了词汇正音和字、词、句、章、修辞和习惯用法等语言基本知识以外，这两本书较着力导入了中华文化的一些基本母题并辅以一些精选的中国古典文学和中国文化史上的名篇缩写、改写等，在教授基本语言知识和提高学生表达能力的同时，试图潜移默化地培养外国学生对中华文化的概念和热情，由于选文较适合，因之又有了一种读本的意义，对精读课和泛读课的教学都比较适用，它们都再版过，并在欧美和国内学界受到了较广泛的欢迎。

使用上述教材经年以后，我发现随着中国这些年经济发展方面的成就，西方人和整个世界对中国文化和汉语的热情渐渐转向了一种实用的趋向。他们愿意了解中国的过去，但他们更寄望于了解中国的现在和中国的将来。毕竟，今天海外学中文的学生已远远不像几个世纪以前甚至不像几十年以前，已经很少有人立下夙愿去当职业的汉学家，而更愿意去中国经商或寻找其他机遇。

认识今日中国的捷径莫过于通过媒体。媒体是个五花八门的世界，它把中国的方方面面推向当代读者；但是媒体又是个迷宫，很多外国人学汉语经年但对读中文报或中文的时文却往往一筹莫展。于是我产生了以报纸为突破口向海外汉语学习者传授中高级汉语知识的愿望。这个实践的结果是《报纸上的中国》和《报纸上的天下》这两部教材。简单地说，它们除了透过报纸介绍了今天的中国以外，还介绍了跟中国报纸有关的知识，如中文报纸的历史、报纸标题的解码、中文报纸的编辑策略和编排设计方面的常识等。这些知识虽然略显枯燥和专业，但对于想深入学习者却极有好处。因为要想解码必须知道如何编码，有了这些知识对读懂中文报纸就像是有了开门的钥匙。迄今，此二书已经再版和重印了四次，在同类教材中，这两部教材受到了较为广泛的接受和欢迎，我也因此被法国教育部邀请去巴黎演讲并传授相关的教学理念。

虽然上面这些教材取得了初步的成功，但我发现还有更大的读者群我没有给予足够的重视。在今天，以美国的汉语学习者为例，其势基本人群略似一个金字塔形状。出于热情和雄心，初学者或跃跃欲试者往往很多，但社会上学汉语的人群大多浅尝辄止、知难而退。大学里的情况往往好一些，因为美国的大学几乎都有必须满足两年的外语学习的要求，很多西方学生利用其种族和文化优势就近学习西班牙语、法语、德语等与英语邻近的语言，但也有愿意接受挑战者或有远见者学习汉语或其他东亚语种乃至阿拉伯语等语种。这类学习者一般都努力坚持下去完成两年的外语学习必修课程。

其中有一部分学生是有族裔背景者，如海外华裔子弟，利用其民族和家庭文化背景优势选修汉语。同理可推，韩裔或日裔学韩日语，阿拉伯裔学阿拉伯语，我们先摘出另当别论；没有族群和文化背景的西方学生学东亚语言往往都感到吃力。这种情况造就了一般学校学外语者都是一年级学生众多，到了二年级就退掉或筛滤掉一批；而到了三年级，一般人满足了两年外语的要求，除非真正有毅力者或真正抱定了要学会汉语，学以致用的目标者一般都渐次不再学习汉语。这样，海外汉语学习者就逐渐形成了一个坡度较陡的金字塔形状。一、二年级的底盘基数较大，而到了三年级学高级汉语时人数往往骤减，到了四、五年级，虽不能说坚持下来的是凤毛麟角，但这个数目却是真的不敢恭维了。

稍微有点学汉语经验的人都会知道，在海外学汉语两年，特别是只属选修，每天大约只学习一个钟头而且没有语言环境，几乎没有使用汉语的机会，这两年的汉语学习到底能学到些什么，又能掌握和巩固些什么，只有天知道。特别是，如果没有使用的可能，没有刺激和学习的动力，要想让这些好不容易入了门的学生再继续学习下去几乎是不可能的。这样，有很多学生刚刚过了学校外语要求的关就退出了汉语学习。汉语这东西，特别是在初级阶段，纵是每天学尚且学不会，如果这么一搁，只怕就会永远搁下去，把老师辛辛苦苦两年里灌输的东西几乎无保留地退还给了老师；再过些年，留在记忆中的，怕是就剩得只会说些"你好、再见、吃了吗"之类的短语，几乎等于没学过汉语。在学外语这方面相似的例子大约有相当一部分中国中学生学英文与之差堪比拟。

但中国中学生学英文的例子跟这些还不完全一样，至少，中国中学生学英文不缺乏优秀的教材，不缺乏听英文的机会。中国的广播和电视上有很多普及英文教学的节目，再加上时时播放的各类英文电影电视和英文节目等，可西方人学中文就没有这么幸运了。在他们国家，几乎没有这样大规模、大张旗鼓的教汉语的号召和节目，最主要的，是他们几乎没有合适的教材。

这样，一般针对海外中高级水平合适的汉语教材就不止是缺，而是奇缺了。

初级的入门汉语教材面临的问题在海外虽然不能说已经完全解决，但至少在数量上已有一定规模。可是，如果我们不能巩固这些学了两年的学生们的学习热情，把他们从放弃继续学汉语的边缘拉回来，虽然断言大多数前面学了两年汉语的学生是"前功尽弃"有点夸张，但他们面对的事实却真是跟这差不多的残酷。

西方学生被其崇尚"快乐学习"的哲学侵淫太久，对外语，他们往往学习热情高、雄心勃勃，却不太愿意吃苦。而中文恰恰是一种需要刻苦学习的东西，学习汉语是不可能多么"快乐"的。试想一下中国人小时候学汉字记汉字的艰难就可知掌握它的不易，而且中国人学汉语的任务基本上仅只是学写字，他们大多不存在发音、语法、造句和使用方面的问题，因为这是他们的母语，他们是在自然情景下学会的。而对于可怜的老外，听、说、读、写一起来，再加上没有使用它的语境，等到他们学会了汉语，已经被折腾个了六够，不是遍体鳞伤也该是苟延残喘了吧？

那样，我们怎样护住外国学生的学习热情呢？首先，必须有好的教材。所谓好的教材的要求首先就应该是实用，其次应该是有趣，最好是二者兼备。实用包括知识性、实战性，能够学以致用、立竿见影。有趣就应该幽默、欢乐、寓教于乐，让学生在不知不觉的快乐气氛中潜移默化地掌握知识。

这也就是我写作眼下这套教材的宗旨。

跟前面提到的我写的那些教材一样，这套教材我依然借鉴了西方其他语种，特别是把英文作为外语教学（ESL）的教学法和经验，在总体理念、教学目的和题型的设计等方面都更加注重整合学习者已有的知识和调动利用已知来获取未知的学习经验，同时也较为注重发挥了以往教材在精读和泛读方面有效的经验。所不同的是，这套教材更富有针对性，把字词的数量标准略微降低，把内容和语法点也尽量浅化，以适应海外中高级学习者的需求。

在课文的设计和形式上，我也做了相应的调整和改变。在这套教材中，增加了口语的教学内容，同时注意到了中级汉语向高级汉语过渡时的口语转化为书面语的问题。在这套教材中，每个章节都用对话体导入主题，试图用较为亲切、家常化的口语来先期引入。因为题材关系，这种对话和口语是一种较为规范的表达，跟初级和中级汉语教学中日常的口语形式有着本质的不同，目的是用这种形式来预热，使用规范的口语表述导入书面语，让学习者有一个明确的规范意识和语感转换的概念，从而在巩固他们初、中级所学的词汇与知识的同时使他们潜移默化地掌握新知。除了上面的设计以外，略微和前面出版的几类教材有所不同的是，我也试图让这本教材的内容更加贴近生活，取材也更加广泛，使它有一种小百科的性质。它系统地介绍今日中国的体制、政治、经济、文化热点话题和每天在发生着的一切。这部教材的设计同时也兼顾了自学者的需要，它适宜在课堂教学使用，同时也是一本非常 self-study and user friendly 的自学教材。

在选材上，本教材更加注重使用真实而具有权威性的语料，兼顾各种题材、体裁。从历史到现在，从政治到经济，从工业到农业、人口问题，从党派到法律，体现了中国人生活的各个方面。在体裁上，有对话体、演说体、新闻报道、历史资料、翻译素材、论说文、记叙文、电影故事、歌曲、特写甚至法律文件原文等等。可以说，通过这本教材，读者可以了解和掌握今天行进中的中国的主要内容。

我们希望这本教材成为联系我前面出版的几部教材和今日中国的一座桥梁和纽带，让海外的学生真正看到和领略到学中文的益处和实用处。这样，对他们，即使学中文不一定是一条完全的坦途或一件赏心乐事，但至少是一件有用、实惠，而且充满了现实意义的事。西人有俗谚曰“兴趣是最好的老师”，我们不妨将它改成“实用是最好的动力”。如果学生看到了学以致用的效果，尝到了学习中文的甜头，他们就一定会坚持学下去。

作者谨识，2007 年 4 月纽约哥伦比亚大学初稿

2007 年 6 月上海交通大学二稿

2009 年 12 月纽约杀青增易三稿

目录

第一章

工业：从"中国制造"到"中国创造"

1.1 对话：中国工业走过的路

关于此对话人物的背景介绍：

（"A"是一个西方国家来中国的学习过两年汉语的学生，叫凯宁。他是一个美国学生，已经在中国生活了近一年了，对中国很有兴趣，而且有一般性的了解。"B"是中国某大学的一个研究生，名叫文鹏，他是"A"的朋友，时常帮助"A"学习汉语和了解当代中国的情况。词汇下有下画线的是本课生词，以下各课相同。）

A：文鹏，我来中国已经快一年了，这些年中国的工业发展得真快。差不多全世界都在使用中国的产品，到处都是“中国制造”。记得去年我来中国前在纽约买了一些礼物想送给中国的老师和朋友，没想到买的礼物全是“中国制造”。等到我送给中国朋友时，他们都在笑。

B：真有意思。你知道为什么“中国制造”那么受欢迎吗？

A：我想可能是因为它们比较便宜。

B：基本上对，但也不完全对。因为现在有的国家生产的产品比中国的更便宜，可是却没有“中国制造”那么有名，那么在全世界流行。

A：那，还为什么呢？

B：首先当然是中国的劳动力比起欧美等国来说是便宜很多，但是跟现在世界上的一些其他国家比，中国的劳动力已经不是最便宜的了。

A：哦，是这样！那么，为什么中国的产品还是那么多、那么受欢迎？

B：中国的产品受欢迎还因为中国的劳动力一般都受过比较好的训练。他们长期从事技术性的生产，比较有经验。中国的管理制度也比较严格，这些都是保证中国产品具有良好的质量的原因。

A：我知道这些年来产品的原料、加工技术和工资以及其他东西都在涨价，如果“中国制造”还是用原来的方法生产和销售，它们还能有市场的竞争力吗？

B：问得好！中国到现在实行改革开放政策已经三十年了，中国的工业生产已经形成了规模，特别是中国沿海地区的工业已经开始向技术型和科技型转变；他们现在不再满足于生产廉价和低技术含量的产品，而是开始从生产型向研究发展型和创造型改变，他们希望创造出自己的品牌、自己的名气，并把它们推向全世界。

A：哦，这真是个好主意！

B：除了科技产品以外，有些中国制造的产品也开始更加着重于中国自己的民族特色。比如像中国自己的民族工艺品、中国的丝绸、茶叶和文具等都开始加工得更精美。过去的生产往往追求数量，使用了不少原材料但产品却不够文雅精致，使外国人往往有了中国货就是便宜的概念。但是近年来，中国的货物开始精益求精，推出了最新最美的产品。因此，中国制造的产品也就不再是便宜的同义词。有些中国产品已经成了世界上最贵的消费品了。

A：那当然！在古代，中国就是这个世界上文明最发达的国家之一，而且那时候中国的产品在全世界都有名，都受到欢迎。今天的中国当然也可以做到那样。

B：我们回顾了中国这三十年工业的发展，虽然我们已经取得了巨大的成绩，但是我们也有不足的地方。

A：哪些不足的地方呢？

B：首先在于我们过去只注意发展和效益，我们利用了自己劳动力和原材料的优势大量地生产和向全世界推销产品，却忽略了研发新产品和自己的品牌。这样，我们在改革开放早期时制造的产品差不多只是生产而没有很好地创造。

A：你可不可以举个例子来说明这种情况？

B：当然可以。比如说，我们曾经只是忙于加工和组装，提供劳动力，等于是为外国企业打工，只是满足于挣钱，而缺少发展和创造自己品牌的意识。这样，前些年虽然生产了很多产品，而实际上主要的利润却被外国公司赚去了。我们只是出卖了劳动力和资源，而外国企业和商人凭着他们的专利，赚去了主要的利润。除此以外，他们还占领了市场，抢占了最好的商机。比如说服装业和制鞋业，中国的纺织品和鞋子的出口差不多都是生产外国的名牌。几乎全世界的名牌中国都生产，而且有的世界级名牌干脆就把他们的工厂和生产线都搬到了中国。

A：原来是这样！那么中国的公司就没有想办法来改变这种局面吗？

B：当然想办法了。这些年有远见的中国企业家开始开发了新产品。他们开始走出国门，到全世界去调查研究，了解国际市场，现在已经初步开发出了一些知名的品牌；首先占领国内市场，但是他们的长远目标还在于今后占领国际市场。

A：可是中国的品牌能够受欢迎吗？我看到中国的很多年轻人都在用世界上的名牌产品甚至模仿的这类产品。你觉得他们会喜欢中国品牌吗？

B：中国品牌当然能够受欢迎。比如说，中国的电脑设备现在已经在中国和全世界开发出了市场。中国品牌的手机也有着数以亿计的用户。

A：可是外国人能够喜欢中国研发的产品吗？

B：当然了。现在的“中国制造”已经开始了变制造为创造。中国的电器产品近年来已经走遍了世界。中国品牌的特色是便宜、质量好，而且绿色节能。我看到报纸上介绍，在纽约的家用电器商店，中国的电器产品琳琅满目，在纽约的住宅区窗户上也到处都可以看到中国的空调。另外，中国的陶瓷产品也非常受欢迎。最近很多美国大学和公司全部的楼房都换成了中国陶瓷抽水马桶，因为这种设计省水、节能。此外，我在美国读书的同学告诉我，现在他们住宅区的整个楼群也都置换、使用了中国设计和制造的卫生陶瓷。中国文化中有着节俭的传统，我们在产品设计上也首先考虑这一点，这种主张和理念也潜移默化地体现在我们的产品中了。这一点正符合现在全球低碳减排的主张呢！

A：日常生活中的其他消费品呢？

B：这类商品当然也能够受欢迎。比如说，空调、洗衣机、电视机、DVD播放机、手机等等都有大量的中国自己的品牌出口。你别担心，退一步说，即使中国的产品一时不能够完全被外国接受，只要我们设计和研发的水平高，只在中国市场销售也会有很大的利润。因为中国的老百姓本身就是个巨大得消费市场。像服装、化妆品、家具、电器和装潢建材品，甚至汽车和其他大型消费品等等，如果仅仅是中国人使用自己的产品，就会比依赖出口所赚回的利润巨大得多。我们总有一天会让中国人都穿上中国品牌的衣服和鞋子，坐上中国人自己设计制造的车、船和飞机，使用中国人自己研发的电器产品。我们不仅要让中国人使用中国品牌，我们还要让全世界都欢迎中国品牌。

A：好极了。我希望中国的工业能够尽快地发展，我当然也希望能用上又便宜又好，而且又有中国特色的新产品。

生词 Vocabulary

1. 便宜(便宜)	piányi	(形)	inexpensive, cheap
2. 训练(訓練)	xùnliàn	(动)	training, educate
3. 质量(質量)	zhìliàng	(名)	quality
4. 原料(原料)	yuánliào	(名)	raw material, material
5. 加工(加工)	jiāgōng	(动)	machining, process
6. 涨价(漲價)	zhǎng jià		markup, raising price
7. 销售(銷售)	xiāoshòu	(动)	distribution, sell
8. 竞争力(競爭力)	jìngzhēnglì	(名)	competitive strength; competence
9. 沿海地区(沿海地區)	yánhǎi dìqū		littoral
10. 廉价(廉價)	liánjià	(形)	cheapness; sale price
11. 含量(含量)	hánliàng	(名)	content
12. 着重(著重)	zhuózhòng	(动)	emphasize; to stress
13. 文具(文具)	wénjù	(名)	stationery
14. 精美(精美)	jīngměi	(形)	fancy; fine
15. 文雅(文雅)	wényǎ	(形)	refinement; urbanity; elegant
16. 精致(精緻)	jīngzhì	(形)	delicacy; exquisite
17. 精益求精(精益求精)	jīng yì qiú jīng		keep improving
18. 同义词(同義詞)	tóngyìcí	(名)	synonymous words; synonym
19. 回顾(回顧)	huígù	(动)	look back; review
20. 优势(優勢)	yōushì	(名)	advantage; predominance
21. 忽略(忽略)	hūlüè	(动)	ignore; overlook
22. 研发(研發)	yánfā	(动)	research & development

23. 组装(組裝)	zǔzhuāng	(动)	to fabricate
24. 提供(提供)	tígōng	(动)	to provide, to offer
25. 占领(佔領)	zhànlǐng	(动)	occupy; take possession of
26. 商机(商機)	shāngjī	(名)	business opportunity
27. 干脆(乾脆)	gāncuì	(副/形)	neck and crop; without further ado; point-blank
28. 生产线(生產線)	shēngchǎnxiàn	(名)	product line
29. 远见(遠見)	yuǎnjiàn	(名)	far-sight; foresight
30. 手机(手機)	shǒujī	(名)	cell phone
31. 节能(節能)	jiénéng	(动/形)	economize on energy;
32. 琳琅满目(琳琅滿目)	línláng mǎnmù		full of beautiful things in eyes
33. 住宅区(住宅區)	zhùzháiqū	(名)	uptown; resident area
34. 空调(空調)	kōngtiáo		air condition
35. 抽水马桶(抽水馬桶)	chōushuǐ mǎtǒng		lavatory; toilet bowl
36. 置换(置換)	zhìhuàn	(动)	replacement; permutation
37. 节俭(節儉)	jiéjiǎn	(形)	frugality; austerity
38. 理念(理念)	lǐniàn	(名)	concept; theory
39. 潜移默化(潛移默化)	qián yí mò huà		exert a subtle influence on; to change and influence unobtrusively and imperceptibly
40. 符合(符合)	fúhé	(动)	accord with; conform to; fit
41. 低碳减排(低碳減排)	dī tàn jiǎn pái		low-carbon emission reduction
42. 化妆品(化妝品)	huàzhuāngpǐn	(名)	cosmetic; makeup
43. 装潢(裝潢)	zhuānghuáng	(动)	upholster; to decorate
44. 依赖(依賴)	yīlài	(动)	depend on; rely on
45. 尽快(儘快)	jǐnkuài	(副)	as soon as possible

词汇知识 Vocabulary Build-up

词义辨析练习：两人一组讨论并选出与黑体字意思相近的词语，如果需要，可先查词典。

便宜	廉价√	贱价√	平价
着重	重要	强调	重视
精美	文雅	精致	昂贵
节俭	简单	明了	节约
装潢	化妆	装饰	装束

语法 Grammatical Points and Idiomatic Expressions

1. "……以及……"

这种句型常常用来连接并列的词、词组或短句子，表示它们之间的联合关系。这种表达比较正规和书面化，特别是在使用了"和"或者顿号以后，再用"以及"也有避免重复的效果。例如：

(1) 我知道这些年来产品的原料、加工技术和工资以及其他东西都在涨价。

(2) 他问了我在上海生活习惯不习惯，上海的气候怎么样，上海东西贵不贵以及上海老百姓对人热情不热情等方面的问题。

2. "已经……，已经……，已经……"

这是一种排比句型。使用排比句型有强调的作用。排比不是一种简单的重复，它是一种修辞方式。它一般是把三个或三个以上内容相关、结构相同或相近、语气一致的词组或句子组成一串，以表现语言的节奏感和形式美，从而产生强烈的语势和加强的效果。例如：

(1) 中国到现在实行改革开放政策已经三十年了，中国的工业生产已经形成了规模，特别是中国沿海地区的工业已经开始向技术型和科技型转变。

(2) 这件事我已经跟他说过好多遍了，他也承认他已经听懂了，所有的人也都已经认为他完全学会了，可是这次他为什么又犯下了这样低级的错误呢？这件事真让人难以理解。

3. "……，而且……"

这种句型常常表示更进一层的意思。这种表述前面往往有"不但、不仅"这样的表述或语义在内与之呼应。例如：

(1) 几乎全世界的名牌中国都生产，而且有的世界级名牌干脆就把他们的工厂和生产线都搬到了中国。

(2) 他的学习非常好，而且做人谦虚懂礼貌，所以大家都愿意跟他交朋友。

4. "……，退一步说，……"

这种句式往往表示一种让步状态。有时候它表示对前面所述的情形给予考虑但并未完全认可，有时候表示虽然有所考虑但并不担心。它通常表示对所面临的情形已经有所准备，即使有意料之外的情形发生，也不必担心。例如：

(1) 你别担心，退一步说，即使中国的产品一时不能够完全被外国接受，只要我们设计和研发的水平高，只在中国市场销售也会有很大的利润。

(2) 你放心，我们早已跟他约好了，他不会不来的。退一步说，即使今天他不来，我们也会按照原来商量好的方案去做，相信他也不会有什么意见的。

句式和词汇练习

Speach Patterns and Word Usage

一、用所给的词语完成下面的句子：

1. 他的讲话虽然没有专门谈到目前的经济危机，但____。（着重）

2. 她是一个做事情非常认真的人，____。（精益求精）

3. 在寻找这个问题的解决方案时，我们应该研究它的全部历史，而____。（忽略）

4. 数学这么难学，我真想______________________________________

____。（干脆）

5. 要想真正学会中文，你必须能够在日常生活中应用它，____。（依赖）
6. 等到毕业的时候再找工作就会有点太晚了，____。（尽快）

二、用括号里的句型改写下面的句子

1. 这些年真是什么东西都贵了。吃的东西在涨价，穿的东西在涨价，学费在涨价，连买一张电影票都比前些年贵了一倍。（……以及……）
2. 他每天都锻炼，吃东西也很注意，没想到这次别人都还好好的，他却得了这么重的病。（……，而且……）
3. 他的成绩一直都很好，每年夏天还去公司实习，所以他一毕业就找到了那么好的工作。（……，而且……）
4. 现在的天气在短时间内不会变化，就是变化了，我们的计划也不会改变。你不必太担心。（……退一步说，……）
5. 现在的经济危机应该是暂时的，你真的不必担心。而且你还有三年才能毕业呢！那时候再着急也不晚。（……退一步说，……）

词法与句法练习

Word Usage Exercise

一、根据词义搭配画线连词

加工	技能	占领	市场
训练	历史	抢占	接受
提供	原料	改变	主张
回顾	产品	符合	局面
研发	服务	完全	商机

二、用下面的词语造句

1. 竞争力：

2. 廉价：

3. 着重：

4. 精致：

5. 优势：

6. 忽略：

7. 干脆：

8. 远见：

9. 节俭：

10. 潜移默化：

11. 依赖：

12. 尽快：

1.2　变“中国制造”为“中国创造”

生词 Vocabulary

1. 标志(標誌)	biāozhì.	(名)	sign; symbol
2. 面临(面臨)	miànlín	(动)	be confronted with; face
3. 危机(危機)	wēijī	(名)	crisis; conjuncture
4. 遭遇(遭遇)	zāoyù	(动/名)	encounter;
5. 宏大(宏大)	hóngdà	(形)	magnificence; grand
6. 专利(專利)	zhuānlì	(名)	patent;
7. 抵得上(抵得上)	dǐ de shàng		be equal to;
8. 赢利(赢利)	yínglì	(动/名)	gain; profit
9. 隐藏(隱藏)	yǐncáng	(动)	hide; conceal
10. 凭借(憑藉)	píngjiè	(动)	by means of; on the strength of
11. 并列(並列)	bìngliè	(动)	appose; juxtapose; parataxis
12. 回报(回報)	huíbào	(动)	return; to repay
13. 跨国公司(跨國公司)	kuàguó gōngsī		multinational company
14. 重型(重型)	zhòngxíng	(形)	heavy-duty; heavy
15. 立足(立足)	lìzú	(动)	base oneself upon; have a foothold somewhere
16. 任人宰割(任人宰割)	rèn rén zǎigē		to allow oneself to be trampled upon; to be partitioned by others at will
17. 核心(核心)	héxīn	(名)	core; pith
18. 订单(訂單)	dìngdān	(名)	order form
19. 挑战(挑戰)	tiǎozhàn	(动)	challenge

20. 固守(固守)	gùshǒu	(动)	to defend tenaciously; stick to; keep to one's position
21. 飞跃(飛躍)	fēiyuè	(动)	overfly; forward leap; 3advancing rapidly
22. 苦力(苦力)	kǔlì	(名)	coolie; hard labor
23. 经营(經營)	jīngyíng	(动)	manage
24. 打造(打造)	dǎzào	(动)	build; build up
25. 精力(精力)	jīnglì	(名)	energy; vigor
26. 引进(引進)	yǐnjìn	(动)	fetch in; introduce into
27. 消化(消化)	xiāohuà	(动)	assimilation; digest
28. 吸收(吸收)	xīshōu	(动)	absorb
29. 尽管(儘管)	jǐn guǎn	(副/连)	despite; though
30. 具备(具備)	jùbèi	(动)	be provided with; have; possess
31. 崇洋(崇洋)	chóngyáng	(动)	worship and have blind faith in foreign things
32. 精密仪器(精密儀器)	jīngmì yíqì		precision instrument
33. 倾向于(傾向於)	qīngxiàng yú		be apt to; squint towards
34. 航天(航天)	hángtiān	(名)	spaceflight; aerospace
35. 不言而喻(不言而喻)	bù yán ér yù		speak for itself; went without saying
36. 振兴(振興)	zhènxīng	(动)	develop vigorously; to give life to; to promote
37. 环境(環境)	huánjìng	(名)	circumstance; environment
38. 氛围(氛圍)	fēnwéi	(名)	atmosphere
39. 激励(激勵)	jīlì	(动)	inspire with; prompting
40. 信心(信心)	xìnxīn	(名)	confidence; belief
41. 指日可待(指日可待)	zhǐ rì kě dài		can be expected soon; to be just round the corner

Preparing to Read　Reading for Main Ideas：这篇文章谈了"中国制造"和"中国创造"的不同以及它们之间的主要问题。请找出文章的主要观点（有的这里已经列出，请补出其他的部分）。

1. "中国制造"虽然产品不少，但中国人并没有得到相应的经济利益。
2. ______________________________
3. 要想改变中国经济面临的不利局面，必须变"中国制造"为"中国创造"。

变"中国制造"为"中国创造"

这些年，几乎在全世界到处都可以看到"中国制造"的产品。这是中国近二十年来工业发展进步的一个标志。中国在国际上有着"世界工厂"的名声，在整个世界范围内，差不多各个国家、各类产品都有"中国制造"的影子。但是，随着近年来世界经济的发展和所面临的共同危机，"中国制造"正在遭遇着新的问题。

"中国制造"实际上是一个宏大的产业，它不一定是中国人创造的，相反，很多是国外设计或专利的产品。很多国际知名品牌虽然是"中国制造"，但实际上不是中国自己的品牌。换句话说，这些产品是外国设计和创造的品牌而在中国组装和生产的。比如近年来在中国生产的大量的电脑产品、著名的服装和鞋类制品以及照相器材、电子器材等等。有很多"中国制造"的产品并没有太高的技术含量，而是由外国生产的原配件，利用中国的廉价劳动力来组装和生产的。中国劳动力付出了大量的劳动，但是收入却不高。中国流传着一句话："八亿件衬衫才抵得上一架波音飞机。"这里面表达着中国制造业深深的痛苦。

我们下面有两组数字说明了一些问题：第一组是目前全球60%的家用电器产品都来自中国，但这仅是一个生产数量的百分比而非技术含量和赢利的百分比。有人做过统计和分析，这些年里，中国虽然生产了世界上最多的家电产品，但日本的收入和产值仍然是中国的2到3倍。这个数字对比背后隐藏着一个事实：中国是世界第一大组装国，日本却凭借它的技术优势与德国、美国并列为国际制造业的三大中心。据中国国家发改委统计，中国出口的服装，有自己品牌的不到10%，它们大都是贴牌生产或来料加工。到中国东南沿海的一些小城镇看一看，不少企业的"中国制造"实际上是给国外品牌打工，它们生产能力很强，利润回报却不高。

第二组数字是根据最新的统计数据，在中国的企业每年申报的专利数量中，有80%是来自跨国公司，这些知识产权成了跨国集团在中国市场上的重型武器；这也就是说，有80%的中国国内市场产品有可能被外国集团所控制，它们的赢利当然也是为外国集团拥有。如果不创造中国人自己的品牌和技术产品，在将来，中国企业连在国内市场都无法立足，更不用说要走出国门了。有人指出，根据先走了一步的台湾企业几十年的发展经验看，制造业永远是"任人宰割"的对象，如果缺乏核心技术、缺乏优势品牌，外国的订单会不断飞向成本更低的地方——企业要么降价，要么"饿肚子"，它们没有选择。这样看来，中国制造业的发展正面临着严峻的挑战，固守"世界工厂"必将越来越难以生存，中国企业如何才能实现从"中国制造"到"中国创造"的飞跃？

"一流企业卖标准，二流企业卖品牌，三流企业卖产品，四流企业卖苦力"。国际上流行的这一新的经营理念，使自主知识产权、创新能力等"核心竞争力"越来越显示出重要意义。因此，打造"中国品牌"的呼声越来越高，开发具有自主知识产权的品牌，成为中国现在转变经济增长方式、推进工业化进程的重要一环。

"中国制造"为什么不能变成"中国创造"呢？经过研究，发现这方面的主要问题在下列方面。

首先，中国制造业前些年的主要精力放在了技术引进，在引进技术中，有少部分被消化和吸收，成为自主创新的基础，但更多的情况却是企业形成技术依赖，自己的开发能力不足。以汽车工业为例，尽管中国具备"以市场换技术"的绝好条件，但国产自主品牌轿车的产量仍不足20%，"中国制造"还停留在"在中国制造"的层面。

其次，中国有很多厂商缺乏自主品牌经营的能力和意识，而习惯于下游加工，往往以挣"辛苦钱"为满足。

第三，某些消费者也比较"崇洋"，他们购买汽车、电脑、精密仪器等大型消费品时更多的时候还是倾向于选择洋品牌，而一些政府部门也片面强调吸引外资，支持引进外国企业并给予优惠，这样国内企业自创品牌又受到了不公平的竞争和其他局限。

事实上，在今天的中国，越来越多的国内企业家和老百姓都意识到了像过去那样"国外买一点，自己造一点，拼起来就是自己的"时代已经过去了。中国人必须创造自己的自主品牌才能跟上世界的潮流，否则，中国工业的进步就要受到极大的影响。

中国人自古就不缺乏创造的能力。他们在古代就创造了四大发明，为世界科技史做出过重要的贡献，中国也向世界提供过很多著名的优秀科技产品。今天，当代的中国人在航天科技和很多重要的领域都有着世界一流的科技能力，只要中国人充分认识到了开发科技和创造品牌的重要性，相信他们一定会开发出自己的成果。

中国本身就是一个巨大的经济体，它是一个巨大的工场，同时也是一个巨大的市场。今天的市场已经由"产品消费"走向"品牌消费"，品牌的重要性已经不言而喻。因此，相信中国人一定能担起振兴民族品牌的重任，只要在中国能营造出有利于创新的环境和氛围，激励起中国人的积极性和创造性，建立起从"中国制造"到"中国创造"的信心和能力，相信创造出优秀中国品牌应该是个指日可待的事实。

After Reading Reading for Details：完成下面的句子：

1. 在整个世界范围内，差不多________、________都有“中国制造”的影子。
2. 很多国际知名品牌虽然是________，但实际上________。
3. 虽然目前全球________的家电产品是中国生产的，但日本在这方面的收入和产值仍然是中国的________倍。
4. 国际上流行着这样的新观念：一流企业卖________，二流企业卖________，三流企业卖________，四流企业________。
5. 中国制造不能变成中国创造的主要原因是________；________和________。

阅读与讨论

Reading Comprehension and Discussion

小组讨论：两人一组根据课文内容讨论下列问题并写出答案及做出这样结论的原因。

描 述	举 例	原 因
全世界都可以看到“中国制造”		
“中国制造”并非中国的专利		
“中国制造”的产品虽多可中国并没有赚到很多钱		
中国有潜力把“中国制造”变为“中国创造”		
中国人已经开始想创造自己的品牌		
中国有着创造自己品牌的优势		

词汇知识 Vocabulary Build-up

词义辨析练习：两人一组讨论并选出与黑体字意思相近的词语，如果需要，可先查词典。

危机	危险 √	机会	困境 √
标志	指示	符号	象征
赢利	利益	赚钱	胜利
经营	管理	经理	处理
具备	具体	具有	拥有
激励	积极	刺激	激动

语法 Grammatical Points and Idiomatic Expressions

1. “换句话说，……”

这种句型往往表示对内容的进一步解释。用“换句话说”句型的目的是为了把问题说得更明白、更透彻或更浅显、容易理解。有时候，这种句式也是为了缓和语气，目的是把内容介绍得更加婉转一些。例如：

(1) 很多国际知名品牌虽然是“中国制造”，但实际上不是中国自己的品牌。换句话说，这些产品是外国设计和创造的品牌而在中国组装和生产的。

(2) 如果你要是不愿意接受这个条件，你可以随时退出这个项目。换句话说，就是你可以不干这份工作，随时去找其他工作。

2. “也就是说，……”

这种句型常常是对一种情况的纵深解释或强调。它往往是在陈述了一种事实以后，为了加强语气，对情况的进一步突出介绍。例如：

(1) 在中国的企业每年申报的专利数量中，有80%是来自跨国公司，这也就是说，有80%的中国国内市场产品有可能被外国集团所控制。

(2) 经济危机造成了美国汽车工人空前的失业。据报道,这种情况已经达到了18%;也就是说,每一百个汽车工人里就有十八个工人失去了工作。

3. “……,更不用说……”

这种句式往往表现一种让步的状态。它通常强调前面的情况已经非常严重,然而后面的情形却更加难以处理。这种句式常常表达强调的意义,是用一种反面的效果来突出正面的意义。例如:

(1) 如果不创造中国人自己的品牌和技术产品,在将来,中国企业连在国内市场都无法立足,更不用说要走出国门了。

(2) 如果你不努力赶上去,就你现在的成绩,连毕业都很难,更不用说你还想去考研究生了。

4. “尽管……但……”

这种句型表示一种让步状态,一般指虽然有了前面所遇到的障碍或某种不利因素,后面仍然要通过努力来克服或用其他的方式来解决。有时也表示相反,指虽然有着诸多有利的因素,但事情的结果却向相反方向发展。例如:

(1) 以汽车工业为例,尽管中国具备“以市场换技术”的绝好条件,但国产自主品牌轿车的产量仍不足20%。

(2) 尽管今天外面下了很大的雨,但每个人还是都准时来到了会场。

5. “……往往……”

这种句型原来表示一种经常发生的状况,通常用来表述一种正常情况下发生的事情或习惯性的行为;但有时候也预示或暗示一种对比的情形。例如:

(1) 中国有很多厂商缺乏自主品牌经营的能力和意识,而习惯于下游加工,往往以挣“辛苦钱”为满足。

(2) 他平时开会往往迟到,可是今天他第一个就来到了会场。大家都感到有些奇怪,觉得今天或许会有些什么特殊的事儿要发生。

词法与句法练习

Word Usage Exercise

一、根据词义搭配画线连词

统计	记载	执行	下降
根据	发达	急剧	发展
遭受	资料	受到	报复
延续	侵略	控制	增长
经济	政策	无限量	政策

二、根据课文判断下面句子的正误

1. 中国被称为"世界工厂"，是因为中国生产的产品质量最有名。（　　）
2. 中国制造的产品都是中国人具有专利的产品。（　　）
3. "八亿件衬衣才抵得上一架波音飞机"这个事实说明了中国制造的产品很廉价。（　　）
4. "全球60%的家电产品都来自中国"，说明中国的电器工业产品很先进。（　　）
5. 日本虽然不直接生产电器产品，但它在这方面的收入和产值都很高。（　　）
6. 中国企业申请专利有80%可能被外国集团控制，因此这些专利产品的赢利会被外国人拥有。（　　）
7. 台湾企业的经验说明，如果缺乏核心技术和优势品牌，制造业将永远任人宰割。（　　）
8. "中国制造"要想站住脚，就不但要卖产品和劳力，而且也要卖品牌和标准。（　　）
9. 因为有了古代的"四大发明"，中国人今天当然能够创造出世界知名的品牌。（　　）
10. 除了是世界工厂，中国也是一个巨大的消费市场，因此它具有创造自己民族品牌的潜力。（　　）

三、用下面的词语造句

1. 廉价：

2. 着重：

3. 精美：

4. 文雅：

5. 精益求精：

6. 回顾：

7. 忽略：

8. 远见：

9. 节俭：

10. 潜移默化：

11. 依赖：

12. 尽快：

四、根据课文回答下面的问题

1. “中国制造”和“中国创造”有什么不同？中国为什么有着“世界工厂”的名声？
2. “中国制造”都是中国人设计的产品吗？为什么外国人设计的产品要到中国去生产？
3. 中国人为什么乐于生产“中国制造”的产品？它的好处和坏处是什么？
4. 请你谈谈“中国制造”服装面临的问题和解决的办法。
5. 中国人为什么对申报专利没有热情？这样会导致什么样的结果？
6. 课文上为什么说“一流企业卖标准，二流企业卖品牌，三流企业卖产品，四流企业卖苦力”？你对这句话是怎么理解的？
7. “中国制造”变为“中国创造”的难点在哪里？你认为应该怎样做？
8. 以中国的汽车工业为例，请你谈谈中国的优势和不利因素在哪里。
9. 中国人怎样克服“外国买一点，自己造一点，拼起来就是自己的”这样的创造模式？

五、写作练习

1. 请用一句话来概括这篇文章，写出它的主要意思。
2. 请你分析这篇课文的内容，写出它的段落提纲。
3. 重新仔细阅读一下这篇文章，对中国近年来工业发展的情况做一些进一步的了解，写一篇短文谈谈你对中国工业发展的见解。
4. 以美国或其他西方国家的工业发展为例，研究一下它们走过的道路，写一篇短文谈谈它们的经验和不足。
5. 回顾一下你自己国家的工业发展，同本文中国工业近二十年发展的情况比较，谈谈你对它们各自的见解。

阅读课文

重工业、轻工业、第三产业

在中国，**重工业**是相对"轻工业"而言的，重工业是指为国民经济各部门提供物质技术基础的主要生产资料的工业。按其生产性质和产品用途，重工业大致上可以分为下列三类：一、采掘（伐）工业，是指对自然资源的开采，包括石油开采、煤炭开采、金属矿开采、非金属矿开采和木材采伐等工业；二、原材料工业，指向国民经济各部门提供基本材料、动力和燃料的工业，包括金属冶炼及加工、炼焦及焦炭、化学化工原料、水泥、人造板以及电力、石油和煤炭加工等工业；三、加工工业，是指对工业原材料进行再加工制造的工业，包括装备国民经济各部门的机械设备制造工业、金属结构、水泥制品等工业，以及为农业提供生产资料的化肥、农药等工业。根据上述划分原则，修理业中以重工业产品为修理作业对象的就划为重工业，反之就被划为轻工业。一个国家重工业的发展规模和技术水平，是体现其国力的重要标志。

另外一种划分轻、重工业的标准是把提供生产资料的部门称为重工业，提供生产消费资料的部门称为轻工业。

以上这两种划分原则是有区别的。中国国家统计局对轻重工业的划分接近于后一种标准，《中国统计年鉴》中对重工业的定义是：为国民经济各部门提供物质技术基础的主要生产资料的工业；轻工业为：主要提供生活消费品和制作手工工具的工业。在研究中，常将重工业和化学工业合称为重化工业。

轻工业指主要提供生活消费品和制作手工工具的工业。按照使用原料的不同，轻工业又可分为两大类：一、以农产品为原料的轻工业，是指直接或间接以农产品为基本原料的轻工业，主要包括食品制造、饮料制造、烟草加工、纺织、缝纫、皮革和毛皮制作、造纸以及印刷等工业；二、以非农产品为原料的轻工业，是指以工业品为原料的轻工业，主要包括文教体育用品、化学药品制造、合成纤维制造、日用化学制品、日用玻璃制品、日用金属制品、手工工具制造、医疗器械制造、文化和办公用机械制造等工业。

第三产业又称第三次产业，是指除第一、二产业以外的其他行业。第三产业指不生产物质产品的行业，即服务业。中国的第三产业包括流通和服务两大部门，具体分为四个层次：一是流通部门：交通运输业、邮电通信业、商业饮食业、物资供销和仓储业；二是为生产和生活服务的部门：金融业、保险业、地质普查业、房地产管理业、公用事业、居民服务业、旅游业、信息咨询服务业和各类技术服务业；三是为提高科学文化水平和居民素质服务的部门：教育、文化、广播、电视、科学研究、卫生、体育和社会福利事业；四是国家机关、政党机关、社会团体、警察、军队等，但在国内不计入第三产业产值和国民生产总值。由此可见，这种第三产业基本是一种服务性产业。

生词 Vocabulary

1. 采掘(採掘)	cǎijué	(动)	excavate; fossick
2. 开采(開採)	kāicǎi	(动)	exploitation; mine
3. 燃料(燃料)	ránliào	(名)	fuel; elding
4. 冶炼(冶煉)	yěliàn	(名)	smelt
5. 焦炭(焦炭)	jiāotàn	(名)	coke
6. 水泥(水泥)	shuǐní	(名)	cement; concrete
7. 人造板(人造板)	rénzàobǎn	(名)	artificial board; man-made wood board

8. 化肥(化肥)	huàféi	(名)	chemical fertilizer
9. 农药(農藥)	nóngyào	(名)	pesticide; agricultural chemical; farm chemical
10. 年鉴(年鑑)	niánjiàn	(名)	annals; yearbook
11. 定义(定義)	dìngyì	(名)	definition; define
12. 间接(間接)	jiànjiē	(形)	indirect
13. 缝纫(縫紉)	féngrèn	(动)	tailoring; sewing
14. 皮革(皮革)	pígé	(名)	leather
15. 印刷(印刷)	yìnshuā	(动)	printing; presswork
16. 合成纤维(合成纖維)	héchéng xiānwéi		synthetic fibre
17. 仓储业(倉儲業)	cāngchǔyè	(名)	store in a warehouse
18. 普查(普查)	pǔchá	(动)	general investigation

一、根据课文回答下面的问题

1. 划分重工业和轻工业的基本标准有哪些？请举例说明。
2. 重工业有哪些特征？它有哪些基本上的分类？重工业在一个国家的国民经济发展中的地位如何？
3. 轻工业的特征有哪些？它包括哪些主要的内容？
4. 请你谈谈轻工业跟老百姓生活的关系。
5. 化学工业属于什么工业？它跟重工业和轻工业有些什么样的联系？
6. 什么是第三产业？它有哪些主要特征？
7. 第三产业包括哪些主要的部门？它有哪些具体的项目？
8. 谈谈第三产业的重要性以及为什么它在今天人们的生活中扮演着这么重要的角色。
9. 什么是流通业？它包括哪些主要内容？
10. 什么是服务业？它包括哪些主要内容？
11. 根据课文内容，请指出金融业、旅游业和教育分别属于哪些部门。
12. 国家机关、警察和军队属于第三产业吗？为什么？请解释。

1.3 神奇的第三产业

生词 Vocabulary

1. 猛一(猛一)	měngyī	(副)	act with a rush; suddenly ...
2. 运输(運輸)	yùnshū	(动)	conveyance; transportation;
3. 邮电(郵電)	yóudiàn	(名)	postal and cable service
4. 饮食(飲食)	yǐnshí	(名)	bite and sup; food and drink
5. 供销(供銷)	gōngxiāo	(名)	supply and marketing; supply and distribution
6. 储藏(儲藏)	chǔcáng	(动)	reposition; storage
7. 金融(金融)	jīnróng	(名)	finance
8. 保险(保險)	bǎoxiǎn	(形/名)	insurance
9. 房地产(房地產)	fángdìchǎn	(名)	real estate
10. 旅游(旅遊)	lǚyóu	(动)	tourism; travels; trips
11. 咨询(咨詢)	zīxún	(动)	consultation; to seek advice from; to consult
12. 素质(素質)	sùzhì	(名)	quality; stuff; timber
13. 交流(交流)	jiāoliú	(动)	to exchange; to communicate; communication
14. 采矿(採礦)	cǎi kuàng		mining
15. 综合(綜合)	zōnghé	(形)	integrate; synthesis; colligate
16. 就业(就業)	jiù yè		to get a job; to take up an occupation; to obtain employment
17. 缓解(緩解)	huǎnjiě	(动)	to buffer; remission; remittence
18. 丰衣足食(豐衣足食)	fēng yī zú shí		have ample food and clothing

19. 大行其道(大行其道)	dà xíng qí dào		sth prevail / flood everywhere in its way
20. 佼佼者(佼佼者)	jiǎojiǎozhě	(名)	outstanding person
21. 担当(擔當)	dāndāng	(动)	take on
22. 关注(關注)	guānzhù	(动)	attention; pay attention to

Preparing to Read Reading for Main Ideas：这篇文章谈了中国第三产业发展的情况和历史，请找出文章的主要观点（有的这里已经列出，请补出其他的部分）。

1. 第三产业的内容和基本范围。
2. ______________________________
3. ______________________________

神奇的第三产业

什么是第三产业？这个问题刚提出来时，在80年代初的中国猛一听挺新鲜的。但是那时候，这个说法已经在西方流行了近五十年了。其实，这个说法虽然听起来新鲜，但实际上中国已经有"第三产业"一两千年了。

什么是第三产业呢？第三产业总的来讲就是流通业和服务业。它包括：1. 流通部门，也就是交通运输、邮电通信、商业饮食、物资供销和储藏等；2. 为生产和生活服务的金融业、保险业、房地产、旅游、居民服务、信息咨询等部门；3. 提高科技和居民文化素质的教育、文化、广播电视、科研、卫生体育等部门；4. 国家机关、党政团体、警察军队等等。总的来讲，第三产业基本上是服务性的产业。

如果以上面的标准来看，中国的第三产业早在一两千年以前就很发达了。中国有着古老的文明，中国古代的城市也发展最早，在中世纪以前，中国就有着世界上最大、最繁华的城市，它的城市服务业当然也是很先进的。那时候中国有着国际闻名的商贸城市，而且有的城市是著名的政治文化中心。它的交通运输、商业和物资交流能力也是世界一流的。中国人在宋代就创造了人类历史上最早的纸钞，而且有了像今天的银行一样的机构。那时候，城市服务业发达，饭店林立，市场上有各种各样的商品，有一些著名的学校和各种机构，也有先进的管理系统。那时候的城市在中华文明历史上扮演着很重要的角色，只是那时候我们还不把这些叫做"第三产业"罢了。但是，说起第三产业，中国人真的一点儿也不感到陌生。

新中国成立以来，刚开始，政府特别重视重工业，重视钢铁、采矿和大型的机器生产，希望尽快赶上和超过西方的强国。那时候，有点儿忽略了第三产业，政府认为像工商服务、吃饭穿衣这样的事情是小事，应该把主要精力放到钢铁、采矿和油田开发这样的关系到国计民生的大事情上。可是，到了后来，人们发现，如果不重视第三产业，人民的生活搞不好；国家的运输、金融、流通、保险和服务业等搞不上去，重工业生产也很难搞好。另外，第三产业还是国家经济的一个重要的领域，也是国民经济最重要的一个收入和利润的来源，当然不能放过这个重要的阵地。

第三产业在全国生产计划中也有着不可替代的作用。除了创造产值，第三产业还有利于建立和完善中国的市场经济。它有利于加快中国经济发展，提高公民经济素质和综合国力。此外，它还有利于安排和扩大就业市场，缓解中国劳动力就业的压力。更重要的是，第三产业的发达有利于提高全国人民的生活水平和教育水平，尽快地让中国人实现小康的目标。

事实证明，第三产业发达了，老百姓的生活就搞上去了，人民就丰衣足食，大家的工作效率就提高了。同时，第三产业也是赢利和创造价值较快的产业。它不像重工业等部门，第三产业往往是投资少、见效快、利润高。搞好第三产业，既丰富了老百姓的生活，又促进了人们的生活多样化和富裕化，利国利民，皆大欢喜。

比如说，近年来，在中国城市新兴的金融服务业、保险业和各种金融产品大行其道，创造了大量的产值。中国的房地产业当然也非常兴旺，成了近二十年来中国国内的一个重要的服务性赢利部门。中国城市的其他服务业如物流、餐饮和服装、工艺品、化妆品等等产业的生产和销售也一直是中国国民生产的重要资源。此外，近年来在中国得到了极大发展的旅游业、影视业、广告业、文艺演出等等都是值得专门提出的第三产业中的佼佼者。当然，说到第三产业，我们也一定不能忽略中国传统的服务业，如铁路和公路运输、航空业、邮电以及新兴的信息服务业等等部门，它们也都在提高中国的国民总产值方面担当着非常重要的角色。

第三产业是近年来中国发展最快的产业，也是充满希望的产业，中国的老百姓从中得到了好处和实惠，中国的政府也从中认识到了它的真正价值。第三产业是中国今后发展最有希望的领域之一，希望大家都来关注它。

After Reading Reading for Details：选择下面的正确答案：

1. 在中国，第三产业的名字是在＿＿＿提出来的。
   A. 一两千年前　B. 80 年代初　C. 近五十年
2. 第三产业基本上是＿＿＿的产业。
   A. 工业性　B. 旅游性　C. 服务性
3. 中国人在＿＿＿创造了纸钞。
   A. 两千年以前　B. 中世纪以前　C. 宋代
4. 新中国成立时，政府最重视＿＿＿。
   A. 重工业　B. 第三产业　C. 服务业
5. 指出下面哪个不是第三产业：
   A. 金融业　B. 采矿业　C. 广播电视
6. 指出下面哪个不是第三产业中发展较快的：
   A. 旅游业　B. 广告业　C. 邮电业

词汇知识 Vocabulary Build-up

词义辨析练习：两人一组讨论并选出与黑体字意思相近的词语，如果需要，可先查词典。

咨询	疑问	顾问 √	询问 √
素质	品质	朴素	质量
综合	结合	一起	合作
佼佼者	优秀者	杰出者	缺席者

语法 Grammatical Points and Idiomatic Expressions

1. "……只是……罢了"

这种句型首先展示事实，然后用"……罢了"表示一种让步状态来做进一步的解释。此类句式一般都有一种补充和表示"退一步讲"的辩驳的意思。例如：

(1) 那时候的城市在中华文明历史上扮演着很重要的角色，只是那时候我们还不把这些叫做"第三产业"罢了。

(2) 你别以为她不再跟你说此事就是她错了，她只是不愿意再跟你打交道罢了。

2. "如果……也……"

这种句型表示一种条件转换状态下的结果。它通常表达一种前提转换而后面的结局也会随之受影响的情形。例如：

(1) 如果国家的运输、金融、流通、保险和服务业等搞不上去，重工业生产也很难搞好。

(2) 你现在不必为赚钱而放弃读书。如果你不趁年轻的时候好好学习一些知识，就是你现在真的挣了一些钱，到以后你也会深深后悔的。

词法与句法练习

Word Usage Exercise

一、填空(用所给的词语完成下面的句子)

包括　而且　总的来讲　尽快　其实　如果　只是　除了　事实证明

1. 这个说法已经在西方流行了近五十年了。________,这个说法虽然听起来新鲜,但实际上中国已经有"第三产业"一两千年了。
2. 第三产业________就是流通业和服务业。它________流通部门、为生产和生活服务的部门等。
3. ________,第三产业基本上是服务性的产业。
4. ________以上面的标准来看,中国的第三产业早在一两千年以前就很发达了。
5. 中国人在宋代就创造了人类历史上最早的纸钞,________有了像今天的银行一样的机构。
6. 那时候的城市在中华文明历史上扮演着很重要的角色,________那时候我们还不把这些叫做"第三产业"罢了。
7. ________创造产值,第三产业还有利于建立和完善中国的市场经济。
8. 第三产业的发达有利于提高全国人民的生活水平和教育水平,________地让中国人实现小康的目标。
9. ________,第三产业发达了,老百姓的生活就搞上去了,人民就丰衣足食,大家的工作效率就提高了。

二、用下面的词语造句

1. 咨询:

2. 素质:

3. 缓解:

4. 丰衣足食:

5. 大行其道：

6. 担当：

7. 关注：

三、根据课文回答下面的问题

1. 本文为什么说中国第三产业的历史已经有一两千年了？
2. 举例说明中国古时候第三产业的情况如何。
3. 新中国成立以后的一段时间里，政府为什么不太重视第三产业？
4. 最近这些年中国政府对第三产业为什么重视起来了？
5. 请你谈谈现在第三产业在中国的意义。
6. 请你谈谈第三产业和中国其他工业部门及其跟老百姓生活的关系。
7. 为什么说"第三产业是近年来中国发展最快的产业，也是充满着希望的产业"？请你举例说明。

阅读课文

旅游业算不算工业？

旅游业算不算工业？这个问题今天问起来大家会觉得有点多余，可是在二十年前问到这个问题，大部分人可能一下子还真的回答不出来呢。

原来人们心中的工业的概念应该是钢铁、矿山、重工业或机器制造、交通运输或棉纺、化学等性质的大型工厂才算"工业"。像旅游这样的游山玩水、吃吃喝喝能算是"工业"吗？那时候人们想不清楚，直到好多年以后我们才知道它是一项多么重要的工业，而且它在国民总产值上担当了一个多么举足轻重的角色。

中国旅游业的发展起步比较晚，但发展速度却是世界上最快的。在1978年以前，旅游业在中国基本上只有个雏形，还不能算是一个产业。那时候的游览事业以外事接待为主，一般到中国的国外游客和中国的普通老百姓能到处去旅游的还不多。直到1984年开始，中央政府提出国家、地方、部门、集体、个人一齐上，自力更生与利用外资一齐上的旅游建设方针，才揭开了中国全方位发展旅游产业的序幕。

从"事业型"到"产业型"的转变是中国旅游业发展的一大进步。1986年，中国国务院决定将旅游业纳入国民经济与社会发展计划，正式确立了它在国民经济发展中的地位。1992年中共中央明确提出旅游业是第三产业中的重点产业。从那以后，中共中央提出了一系列的文件，旅游业被列为第三产业中积极发展的新兴产业序列的第一位。1998年中央经济工作会议提出旅游业作为国民经济新的增长点。此后，国家计委把旅游项目列入中国的国债项目，铁路部门及时开行了数百列旅游专列，中央和国务院的支持为旅游业发展打下了坚实的基础。

回顾一下这段历史，中国的旅游业借着改革开放之力，20多年来持续快速发展，从无到有，从小到大。它的产业形象日益鲜明，产业规模不断壮大，成为了中国国民经济中发展速度最快的行业之一。

现在，整个世界都公认，中国是当今世界上旅游业发展速度最快的国家之一。它从旅游小国发展到旅游大国，只用了不到二十年的时间。据统计，1978年中国国际旅游接待人数是180万人，仅为世界这类统计人数的0.7%，居世界第41位；2002年中国接待海外旅游者达到9791万人次，跃居世界第五大旅游吸引国、亚洲首位旅游大国，还形成了世界上数量最大、增速最快、潜力最强的国内旅游市场。近年来，这个数字更以突飞猛进的速度增长。旅游工业的发展，不止是创造了产值，还推进了国民总产值各个方面的发展。它也带动了中国的劳动力就业市场，据不完全统计，中国现在跟旅游相关的从业人员大约已经超过了四千万人。这是一个宏大的数字。

此外，旅游业日益成为中国经济的新的增长点。据2002年的统计，中国的旅游业当年已经实现了旅游总收入5566亿元，比2001年增长12%，高出国民经济总体增长速度3个多百分点，旅游业总收入相当于当年国内生产总值的5.4%，占到第三产业的16%强，旅游外汇收入已占国家服务贸易创汇额的半数以上。现在，中国旅游业增长的速度就更快了。

中国旅游业发展速度飞快，除了政府支持、行政管理能力的提高和经济发展潜力大等原因以外，主要还在于中国本身具有丰富独特的旅游资源。中国地大物博，历史悠久，有着无数的古迹及自然风景，是拥有世界文化遗产和世界自然遗产最多的国家。有了这些本钱，中国当然吸引了世界各地的游客。

中国旅游业发展的前景也非常吸引人。首先是国民经济持续快速健康的发展推动着旅游业再上新台阶。21世纪前10年，中国国民经济年平均增长速度一直保持在7%以上，综合国力进一步提高。中国对外开放的发展，经济社会的全面进步，产业结构的调整，都将推动旅游业发展。

其次是全面建设小康社会所带来的机遇。旅游业不仅吸引外国人和国际市场，中国国内游客的数量也是与日俱增；老百姓的生活富裕了，中国的旅游市场也大幅度地发展，中国现在已经形成了全世界规模最大的国内旅游市场和发展最快的出国旅游客源市场。

第三，中国现在正在实行大力发展西部的战略，中国西部的不少世界级的旅游资源得到了充分的开发。它们已经从资源优势转化为经济优势，从而不断提高了中国旅游业的国际竞争力和发展的后劲，形成了中国旅游业新的增长潜力。

第四，中国加入了WTO以后，旅游业及其相关产业都加快了与国际接轨的步伐，旅游的发展环境也进一步得到了优化，这些都促进了国际商务旅游的增长。

第五，中国现在是世界上最安全的旅游目的地国。美国“9.11”事件和美伊战争爆发导致全世界旅游业下滑，但因为中国政治稳定、经济持续快速发展以及中国政府所实施的一系列重大举措，反而强化了中国作为最安全的旅游目的地形象。

第六，中国加入了世贸组织、北京申奥成功、上海成功申办世博会、杭州成功申办了2006年世界休闲博览大会以及2003年10月世界旅游组织大会在北京召开等等，都表明了中国在国际旅游业的地位和影响力日益增强，从而更加推动了中国旅游业的快速发展。

旅游业在今天的中国经济发展中承担了非常重要的角色。从无到有，从轻到重，从被忽视到被重视，短短的时间内，它走过了一段辉煌的历史。从跟国际旅游市场的比较我们可以看出，今天的世界，不管是发达国家还是发展中国家，旅游业都是必须重视的一个重要的国民经济总产值的重要资源。中国在这方面赶了上去而且后来居上，真是可喜可贺。

旅游业还是一个国家的形象展示，它创造的产值巨大而且付出不多，所以它被称为是一个国家的软工业，无烟工业，无害工业和绿色工业。旅游业是工业而且是一项重要的工业，在今天的中国，已经没有人会怀疑这一点了。

生词 Vocabulary

1. 多余(多餘)	duōyú	(形)	superfluous; redundant
2. 棉纺(棉紡)	miánfǎng	(名)	cotton textile; cotton spinning
3. 游山玩水(遊山玩水)	yóu shān wán shuǐ		to travel high and low and enjoy the sights of mountains and rivers
4. 国民总产值(國民總産值)	guómín zǒng chǎnzhí		Gross National Product
5. 举足轻重(舉足輕重)	jǔ zú qīng zhòng		to hold the balance; to prove decisive; to play a decisive role
6. 起步(起步)	qǐbù	(动)	start; underway
7. 雏形(雛形)	chúxíng	(名)	rudiment; an embryo

8.	自力更生(自力更生)	zì lì gēng shēng		self-dependence; to rely (or depend) on one's own efforts
9.	方针(方針)	fāngzhēn	(名)	policy; guiding principle
10.	揭开(揭開)	jiēkāi	(动)	unclose; uncover
11.	序幕(序幕)	xùmù	(名)	prelude; a curtain-raiser
12.	纳入(納入)	nàrù	(动)	bring into
13.	计划(計畫)	jìhuà	(名)	plan; intend to;
14.	国债(國債)	guózhài	(名)	national debt; the stocks; the funds
15.	日益(日益)	rìyì	(副)	increasingly; day by day
16.	公认(公認)	gōngrèn	(动)	to be generally acknowledged; be accepted
17.	地大物博(地大物博)	dì dà wù bó		vast territory and abundant resources
18.	古迹(古跡)	gǔjì	(名)	historic site
19.	本钱(本錢)	běnqián	(名)	capital
20.	吸引(吸引)	xīyǐn	(动)	attract; to engage
21.	与日俱增(與日俱增)	yǔ rì jù zēng		grow day by day; increase steadily
22.	大幅度(大幅度)	dà fúdù		by a wide margin; substantially
23.	战略(戰略)	zhànlüè	(名)	tactic; strategies
24.	后劲(後勁)	hòujìn	(名)	aftereffect; delayed effect
25.	接轨(接軌)	jiēguǐ	(动)	connection of tracks; joint
26.	优化(優化)	yōuhuà	(动)	optimize
27.	举措(舉措)	jǔcuò	(名)	act; to behave
28.	辉煌(輝煌)	huīhuáng	(形)	splendid; magnificent; brilliant
29.	后来居上(後來居上)	hòu lái jū shàng		the later comers surpass the formers

一、根据课文,选择正确的答案

1. 过去,大部分中国人认为旅游是________。

A. 重工业　B. 轻工业　C. 游山玩水　D. 举足轻重的角色

2. 中国旅游产业的形成是从________年开始的。

A. 1984　B. 1978　C. 1986　D. 1992

3. 中国旅游事业发展的主要原因是因为它走向了________。

A. 产业型　B. 事业型　C. 新兴产业　D. 国债项目

4. 中国旅游业得到了巨大发展是因为它的________。

A. 发展速度快　B. 接待人数多　C. 旅游资源丰富　D. 吸引外国人

5. 中国国内旅游市场游客大增是因为________。

A. 政府支持　B. 老百姓富裕　C. 地大物博　D. 历史悠久

6. 中国开发西部旅游战略的目的是________。

A. 联系西方游客　B. 发展经济　C. 强化中国的旅游潜力　D. 开发国内市场

7. 旅游业也被称为________。

A. 手工业　B. 轻工业　C. 绿色工业　D. 国际工业

二、根据课文判断下面句子的正误

1. 二十年以前,如果问起旅游业是不是工业,大家会觉得这个问题多余。(　　)

2. 作者认为,旅游业跟钢铁、矿山、重工业等一样,都应该算作工业的一种。(　　)

3. 中国的旅游业的发展速度是最快的,因为它的起步比较晚。(　　)

4. 中国旅游业刚开始不能算是产业,它只是一种接待外宾的工作。(　　)

5. 1986 年以后,政府反对把旅游业看成是工业,提出了一系列的文件。(　　)

6. 中国在 1978 年的时候国际旅游接待的人数是 180 万人,跃居成为世界第五大旅游吸引国。(　　)

7. 中国现在跟旅游相关的从业人员是 9791 万人次,是亚洲首位旅游大国。(　　)

8. 中国成为旅游大国的主要原因是中国的历史长、地方大、古迹多和自然风景美丽。(　　)

9. 中国老百姓生活富裕了,他们也开始喜欢旅游了。(　　)

10. 中国跟西方国家开始联合发展了西部旅游项目,让老百姓到外国旅游,提高了国际竞争力。(　　)

11. 因为旅游业非常赚钱,所以它又被称作"软工业"。(　　)

三、根据课文回答下面的问题

1. 你认为旅游业算不算工业？人们心中传统的工业理念是怎样的？
2. 为什么说旅游业在国民总产值上担当了一个举足轻重的角色？
3. 为什么说中国的旅游业是世界上发展得最快的？举例说明中国旅游业发展的状况。
4. 中国的旅游产业是什么时候开始形成的？什么是从“事业型”向“产业型”的转变？
5. 请举例说明中国政府是如何支持旅游业发展的。
6. 根据课文内容，说说近年来旅游业给中国带来的好处。
7. 中国的旅游业为什么发展得这样快？它有哪些特点？
8. 中国的旅游业有哪些前景？请举例说明。
9. 除了创造产值以外，你认为旅游业还有什么其他的好处？
10. 你喜欢旅游吗？你去过中国旅游吗？如果你去过，请谈谈你的旅游经验。如果你没有去过，你是否打算去中国旅游？为什么？

1.4 世界工厂和世界市场

生词 Vocabulary

1. 甘心(甘心)	gānxīn	(动)	reconcile to; willingly;
2. 误解(誤解)	wùjiě	(动)	misunderstanding; misconstruction
3. 息息相关(息息相關)	xīxī xiāngguān		be closely bound up; be closely linked
4. 眼光(眼光)	yǎn guāng	(名)	foresight; vision
5. 迷信(迷信)	míxìn	(动/名)	superstition; to have blind faith in
6. 健康(健康)	jiànkāng	(形)	health
7. 有效(有效)	yǒuxiào	(形)	in effect; valid
8. 自给自足(自給自足)	zì jǐ zì zú		autarky; self-sufficiency
9. 必将(必將)	bìjiāng	(副)	will; surely will

Preparing to Read Reading for Main Ideas：这篇文章谈了近年来中国工业发展的成绩和不足的地方。请你写出文章的主要观点来。有的观点我们已经提供了。

1. ________________
2. ________________
3. 中国已经从生产转向消费，从贫穷走向小康，从自给自足走向拥抱世界。

世界工厂和世界市场

中国的工业在过去的几十年比较落后，但是现在已经进步了。今天在整个世界范围内几乎没有人不知道现在中国的工业发展的成就。中国出口的产品已经走遍了全世界，而中国也已经有了"世界工厂"的名称。

"世界工厂"是个好名称呢,还是个提醒人们需要继续进步的名称呢?中国人前些年非常满足于这个称呼,可是这些年开始有了更高的目标。中国制造了很多的产品,但中国不再甘心只当一个世界工厂来生产产品,它还要创造产品,对世界文明有更多的贡献,赚更多的钱。

大家知道,"工厂"是生产产品的,但工厂生产的产品却不一定是自己创造的,它生产的也可能是别人设计的产品。如果是这样,这个工厂只是替别人加工、替别人组装甚至于是用自己的原材料、自己的工人、自己的技术在帮别人制造他们设计的产品。这样的产品虽然也是"中国制造",但是当它们走上国际市场时卖的却是别人的品牌,产品的名声是别人的,主要利润当然也是别人的,"中国制造"在里面只能赚得很少的一点辛苦钱。

这样,虽然中国生产的产品多,但是中国自己创造和设计、生产的民族品牌却不多。这个世界工厂生产了大量的产品,但是却没有得到应该得到的好处。而且,由于原来设定的目标比较低,某些产品的技术含量比较少,而有的产品因为价钱低、质量也不够好,所以有时候在海外某些国家给人们以"中国制造"就是便宜的误解。这样的"世界工厂"不是中国工业的最后出路。

中国的工业在近年来开始寻找自己发展的更进一步的道路。首先,中国的工业认识到了必须创造自己的品牌,必须有自己的先进技术才能成功的道理,在尖端科技、电脑技术、交通、航天等领域开始开创自己的品牌,同时,也更加注重民族工业的发展,在通信、服装、服务业、旅游和传统工艺上也在不断发展和完善自己的品牌。中国也在开发环保、医药、卫生和化学工业的潜力;同时中国也更加关注跟中国广大老百姓生活息息相关的生活产品的开发和创新。中国的工业开始意识到,我们不应该仅仅是个世界工厂,我们有着世界上最多的人口,有着越来越多的消费者,中国人的日子在走向小康,我们不止是生产者,中国人现在也是消费者。我们的眼光不必仅仅放到国外,我们十几亿中国人本身就是世界上最大的一个消费市场。我们不要仅仅想着用中国制造去替外国企业和外国设计的品牌服务,我们把自己的品牌搞好了,中国老百姓自己消费自己的产品,就是一个了不得的市场!

中国已经成为了一个世界市场,这是近些年中国老百姓都知道了的道理。如果我们不开发自己的产品而仅仅靠迷信外国的品牌或只消费外国牌子的产品,中国的工业就没有办法健康地发展。而相反,如果中国人有了自己创造品牌的意识、中国人都消费自己的品牌，那么，哪怕不靠出口产品到国外，中国人也会有着巨大的生产、消费潜力和巨大的利润！这样中国人就可以消费自己的产品而不必靠替外国人生产他们的品牌在中国销售反过来让他们再赚中国人的钱了。

据统计，现在中国是世界上最大的汽车消费市场，而现在中国制造的汽车还多是靠着外国的品牌或跟他们合作生产。中国完全有能力和条件造出自己的品牌，中国是这样大的消费市场，如果中国人都开中国车，那么中国的汽车工业一定会飞速发展。

现在，中国在很多方面都做得不错，比如在通信工业，如手机和电子器材生产方面、环保工业和很多第三产业方面都很出色。中国的工业和“中国制造”一定还能不断进步，因为中国是一个最有活力的巨大市场，这是中国工业发展的一个最基本、最有效的保证。

所以，中国从世界工厂到世界市场的转变是一个了不起的转变，它不仅代表着中国老百姓的生活模式开始了从生产型向消费型的发展，而且验证了“中国需要世界，世界更需要中国”这个伟大的真理。在当前全世界经济都受到了冲击的情况下，中国的经济仍然在积极地向前发展，中国已经从生产转向消费，从贫穷走向小康，从自给自足走向拥抱世界，但回过头来，中国自己市场的巨大消费潜力更给了中国人坚强的信心。虽然中国经济的发展前面还有着很多的困难，但可以想见，中国工业发展的前途必将是更加光明的，中国的市场是中国的工业和中国经济发展的底气和支柱。

【注】此节是刻意重复一些前面学习过的第一课的相关内容并以之为复习和循环学习的重点，检查学生掌握情况的。

After Reading Reading for Details：请标出下面句子的信息对不对：

1. 今天几乎全世界都有中国制造的产品，所以中国被称为“世界工厂”。（　）
2. 中国制造的产品有很多都是外国人设计的，中国只是加工生产。（　）
3. 因为这些产品是“中国制造”，中国在国际市场上赚了很多钱。（　）
4. 中国人要想在世界经济舞台上站住脚，必须设计和生产自己的产品。（　）
5. 中国的老百姓不喜欢消费外国的产品，所以他们只买中国制造的商品。（　）
6. 中国的汽车业在发展民族品牌方面做得不够，但是中国的手机工业做得不错。（　）
7. 中国是个世界工厂但不是世界市场。外国人应该更多地购买中国产品。（　）

语法 Grammatical Points and Idiomatic Expressions

1. “是……还是……”

这种句型表示一种选择。提问者事实上通常已经有了自己的答案，提出问题的目的是为了加强语气而并不是通常意义上的问句。它在提醒读者做出一种必要的选择。例如：

(1) “世界工厂”是个好名称呢，还是个提醒人们需要继续进步的名称呢？

(2) 那个时候，是走自己民族发展的道路还是无条件地学习西方，走全盘西化的道路呢？这个问题在整个中国的知识界引起了大讨论。

2. “不……（仅仅）……，就是……”

这种句型表示一种选择性的强调。它的前面部分往往以否定性的内容来给以提示，而在后面的部分正面阐述自己的主张。这种句式有着比较强烈的论争色彩。例如：

(1) 我们的眼光不必仅仅放到国外，我们十几亿中国人本身就是世界上最大的一个消费市场。

(2) 我们不要仅仅想着用中国制造去替外国企业和外国设计的品牌服务，我们把自己的品牌搞好了，中国老百姓自己消费自己的产品，就是一个了不得的市场！

3. "……，(而)相反……"

这种句型一般表示一种强调，它有一种论辩式的语气。这种句式往往以一种比较强烈的观点反对前面的立论，从而提出自己不同的主张。例如：

(1) 如果我们不开发自己的产品而仅仅靠迷信外国的名牌或只消费外国牌子的产品，中国的工业就没有办法健康地发展。而相反，如果中国人有了自己创造品牌的意识，中国人都消费自己的品牌，那么哪怕不靠出口产品到国外，中国人也会有着巨大的生产、消费潜力和巨大的利润！

(2) 我们要是仅仅听他一个人的意见就会以为他是对的，而且他受了很多的委屈；而相反，如果我们再听听对方的意见就会知道他也有很多的缺点和错误。所以我们必须倾听双方面的观点才能有正确的结论。

词法与句法练习

Word Usage Exercise

一、填空(用所给的词语完成下面的句子)

所以　　可是　　不止是……也是　　据统计　　如果

就是　　比如　　虽然……但是　　必将是　　几乎

1. 今天在整个世界范围内__________没有人不知道现在中国的工业发展的成就。
2. 中国人前些年非常满足于这个称呼，__________这些年开始有了更高的目标。
3. 这样的产品__________也是"中国制造"，__________当它们走上国际市场时卖的却是别人的品牌，产品的名声是别人的。
4. 有的产品因为价钱低、质量也不够好，__________有时候在海外某些国家给人们以"中国制造"就是便宜的误解。
5. 中国人的日子在走向小康，我们__________生产者，中国人现在__________消费者。

6. 我们把自己的品牌搞好了，中国老百姓自己消费自己的产品，________一个了不得的市场！
7. ______我们不开发自己的产品而仅仅靠迷信外国的名牌或只消费外国牌子的产品，中国的工业就没有办法健康地发展。
8. ______，现在中国是世界上最大的汽车消费市场，而现在中国制造的汽车还多是靠着外国的品牌或跟他们合作生产。
9. 现在，中国在很多方面都做得不错，________在通信工业，如手机和电子器材生产方面、环保工业和很多第三产业方面都很出色。
10. 可以想见，中国工业发展的前途________更加光明的，中国的市场是中国的工业和中国经济发展的底气和支柱。

二、用下面的词语造句

1. 甘心：

2. 误解：

3. 息息相关：

4. 迷信：

5. 有效：

6. 必将：

三、根据课文回答下面的问题

1. 中国为什么会有“世界工厂”的名声？这是个好名声还是个不好的名声？
2. 本文分析中国制造存在着哪些问题？应该如何解决？
3. 中国制造为什么便宜？中国人为什么赚的利润不多？
4. 创造自己的品牌有什么意义？
5. 为什么说今天的中国人不止是生产者而且也是消费者？
6. 中国的消费者为什么喜欢洋品牌？中国在哪些方面做得不错，老百姓喜欢消费自己的品牌，而在哪些方面还应该做得更好？
7. 为什么说“中国需要世界，世界更需要中国”是一个伟大的真理？

阅读课文

传统工业、现代工业和新兴工业

传统工业又被称作夕阳工业。这个名词主要为西方经济学家使用，指经济发达国家的整个工业中地位在逐渐下降的工业部门，主要是指传统的基础工业，如钢铁、汽车、建筑、纺织、橡胶、造船以及与它们相关的一些附属工业部门。在20世纪70年代后，西方国家的经济危机日益频繁，导致许多传统的工业部门相继衰落，如开工严重不足，产品市场萎缩，从而使传统工业在整个社会生产中的比重不断下降。传统工业大多是工业革命后机器大工业发展鼎盛的标志。随着现代科学技术和经济结构的发展，新兴工业在不断兴起而且发展迅速，如石油化工、合成材料、电子技术、原子能、宇航工业等，它们极大地冲击和改变了原有的工业结构，使传统工业生产停滞不前甚至衰退。但传统工业目前在经济发达国家的经济中仍占有着主要地位，在较短时间内还不可能为新兴工业所取代。而在发展中国家，传统工业仍处于兴起、兴盛时期，尚待大力发展。所以传统工业只是一个相对概念。通过引入、采用新技术，对它进行改造，提高它的生命力，是传统工业继续发展、适应工业现代化要求的重要途径。在区域工业发展规划中，必须重视对传统工业的技术改造与引导，重视它在现代工业结构中的地位与特点，而在许多相对落后地区的经济发展中，传统工业仍将是工业发展的主体。

现代工业指采用现代生产技术设备的工业生产。它主要包括生产工艺过程的机械化、电气化、自动化、化学化等。现代工业一般指18世纪工业革命以来的机器大工业，它不同于“新兴工业”的概念。现代工业主要特征有：①工业生产技术现代化，即劳动手段的机械化、电气化、强速化、精密化和自动化；②工业结构现代化，主要指产业结构与规模结构的合理组成比例；③工业生产组织的现代化，生产实现高度集中化、专业化、协作化和联合化，具有较高的劳动生产率；④工业企业管理手段和方法的现代化；⑤工业职工结构的现代化，要求拥有大量素质高、技术熟练的生产工人、科技人员与管理人员。现代工业在国民经济中占有主导地位，它反映一个国家、地区的经济发展水平与阶段。工业现代化是经济发展的必经之路和中心环节，一个国家必须选择符合现代工业基础的工业现代化途径与目标，选择科学的跳跃追赶战略，才能保证工业现代化的顺利进行。这也是国家与地区工业发展规划与布局研究中的一个重要内容,现代工业布局必须重视和满足现代工业的各种特点和布局要求。

新兴工业是相对于传统工业而言的工业。它主要指随着当代科技进步而迅速发展起来的富有生命力的工业部门。它们在现有工业结构中,虽不占主要地位,但其发展速度较快,代表着未来工业的方向。新兴工业主要包括电子技术、激光、光纤通信、信息技术、机器人、宇航、新型能源、海洋开发、新型材料及生物工程等工业部门。新兴工业是现代科技发展的产物,它具有高科技的特征。它们在发展与布局上不同于传统工业,要求有高投资,大型、超大型设备,高科技投入,高精密度、高质量的环境条件,要求接近科研技术中心。它的发展还要同基础材料工业的发展相配套。新兴工业的兴起,将促进工业和整个经济实现新飞跃,它的影响必将深远。近年来,新兴工业在西方国家得到了迅速的发展,对各国经济起了巨大的推动作用,同时也为社会提供许多新的就业机会。中国新兴工业尚处在初创或起步阶段,北京、上海、天津、西安、深圳等地兴建的经济技术开发区、新技术产业开发区和试验区、科学工业园等,将是中国新兴工业发展的重要基地。

生词 Vocabulary

1. 橡胶(橡膠)	xiàngjiāo	(名)	latex; rubber
2. 附属(附屬)	fùshǔ	(形)	subsidiary; auxiliary
3. 频繁(頻繁)	pínfán	(形)	frequent
4. 导致(導致)	dǎozhì	(动)	bring about; cause; result in
5. 相继(相繼)	xiāngjì	(副)	in succession; one by one
6. 衰落(衰落)	shuāiluò	(动)	decline; be on the wane; go downhill
7. 萎缩(萎縮)	wěisuō	(动)	recession; atrophy
8. 比重(比重)	bǐzhòng	(名)	proportion

9. 鼎盛(鼎盛)	dǐngshèng	（形）	at the height of power and splendor
10. 原子能(原子能)	yuánzǐnéng	（名）	atomic energy; A-energy
11. 宇航(宇航)	yǔháng	（名）	space navigation
12. 停滞不前(停滯不前)	tíngzhì bù qián		stagnate; be at a standstill; be bogged down
13. 取代(取代)	qǔdài	（动）	displace; substitute; replace; supersede; supplant
14. 尚待(尚待)	shàngdài	（动）	still wait for
15. 引导(引導)	yǐndǎo	（动）	guide; lead
16. 电气化(電氣化)	diànqìhuà	（动）	electrization
17. 自动化(自動化)	zìdònghuà	（动）	automatization; robotization
18. 精密化(精密化)	jīngmìhuà	（动）	preciselization
19. 激光(激光)	jīguāng	（名）	laser
20. 光纤通信(光纖通信)	guāngxiāntōngxìn		optical fiber communication
21. 生物工程(生物工程)	shēngwù gōngchéng		bioengineering
22. 配套(配套)	pèitào	（动）	form a complete set

一、根据课文回答下面的问题

1. 为什么传统工业也被称为夕阳工业？它包括哪些部门？
2. 传统工业的标志是什么？请用中文解释什么是“工业革命”。
3. 传统工业在今天的世界中的地位如何？请举例说明它在不同国家中的特征。
4. 现代工业的基本特点是什么？它的主要内容有哪些？
5. 现代工业是从什么时候开始的？它对工人和管理人员有什么不同的要求？
6. 请你谈谈现代工业跟一个国家和地区的经济发展水平之间的关系。
7. 新兴工业的主要特征有哪些？它是以什么为标志的？
8. 在现有的工业结构中，为什么新兴工业不占主要地位？
9. 说说新兴工业跟现代科技之间的关系。
10. 新兴工业跟传统工业有什么主要的不同？
11. 请谈谈为什么有了新兴工业，我们还需要传统工业。

1.5 你喝过燕京啤酒吗

生词 Vocabulary

1. 经传(經傳)	jīngzhuàn	(名)	classical works; Confucian classics and commentaries on them
2. 跻身于(躋身於)	jīshēn yú		ascend
3. 措施(措施)	cuòshī	(名)	measures;
4. 集团(集團)	jítuán	(名)	group
5. 取胜(取勝)	qǔshèng	(动)	get victory; win
6. 信条(信條)	xìntiáo	(名)	credendum; credo
7. 借鉴(借鑑)	jièjiàn	(动)	use for reference; to draw on the experience of
8. 兼并(兼併)	jiānbìng	(动)	to annex (territory, property, another country, etc.); to merger
9. 梦想(夢想)	mèngxiǎng	(名/动)	dream
10. 综合性(綜合性)	zōnghéxìng	(名)	synthetical; comprehensive; multipurpose; composite; all-round
11. 参与(參與)	cānyù	(动)	participate in; be concerned with
12. 赞助(贊助)	zànzhù	(动)	sponsor; support
13. 平分秋色(平分秋色)	píng fēn qiū sè		leg and leg; to share on a fifty-fifty basis
14. 略逊一筹(略遜一籌)	lüè xùn yì chóu		slightly worse; be a cut below; have an edge on

Preparing to Read Reading for Main Ideas：这篇文章谈了近年来中国的一个企业突飞猛进的发展情况。请找出文章的主要的观点(有的这里已经列出，请补出其他的部分)。

1. ______________________________

2. 中国人口世界最多，它有着成为世界啤酒消费大国的最有利的条件。

你喝过燕京啤酒吗

差不多每一个中国人都喝过或听说过青岛啤酒，可是，你喝过燕京啤酒吗？你可能没喝过。但是，你也许还不知道，现在，燕京啤酒已经是世界上啤酒的十强之一了。

大约在十几年前，燕京啤酒厂还只是个名不见经传的小企业，那时的燕京啤酒厂靠着两千六百多辆三轮车在北京大街小巷叫卖啤酒的时候，没有人会想到，这个小企业今天的产量已经超过了三百万吨，早已成功地跻身于世界啤酒十强。燕京啤酒厂的领导人自豪地说：燕京只用二十年时间就跨越了世界大型啤酒厂一百年才能走过的历程。

北京的夏天比较热，人们一般都爱喝啤酒，可是以前北京没有自己的啤酒品牌。从那时候起，燕京啤酒厂就下决心要做出最好的啤酒。他们不但要供应北京人，也要让全中国的人甚至全世界的人都来尝尝燕京啤酒的滋味。燕京啤酒厂首先注重技术和产品质量，同时也注重引进国外的先进技术，当然也注意它的市场广告。有了这些措施，再加上工人的努力工作，燕京啤酒很快就越来越成功，也越来越有名了。现在，据统计，燕京啤酒的产量、赢利总额在中国啤酒行业中名列第一位。它也被指定为人民大会堂国宴特供酒、中国国际航空公司空中旅客专用酒，还多次在国内啤酒质量评比中获大奖，成了中国的著名品牌。

燕京啤酒1980年建厂，1993年组建集团。在发展中，燕京本着“以情做人、以诚做事、以信经商”的企业经营理念，始终坚持以产品质量取胜，让消费者满意的信条来扩大生产道路。除了在质量和市场上下工夫以外，燕京啤酒还非常注重经营方式。燕京啤酒集团公司借鉴了国内外先进的管理经验，积极参与国内外市场竞争，创造了最佳社会效益和经济效益。它不仅注重产品的生产和市场的占领，而且注意收购和兼并其他的啤酒企业，在整合啤酒工业的利润和集团冲锋上效益显著。从2000年开始，燕京共收购了15家外省市的啤酒企业，其中绝大部分都在赢利。

燕京啤酒集团公司有一个梦想，他们决心建成一个具有先进技术水平、一定的生产规模、经济效益好的大型综合性企业集团，为民族啤酒工业的振兴做出自己的贡献。

中国有着世界上最多的人口，是世界上最大的啤酒消费市场。从2002年起，中国啤酒年产量在持续9年世界第二之后，首次超越了美国成为世界第一，达到了2386.83万吨，成了全球最大的啤酒产销国。

除了占领国内市场外，燕京啤酒还将坚持“发展民族啤酒工业，争创国际知名品牌”的信念，积极参与国际市场竞争。燕京啤酒现在也在开始寻求走向世界的道路，它赞助了2008年的北京奥运会，希望向全世界展示自己的品牌。燕京啤酒的广告也最早出现在美国NBA的赛场上。目前，在香港、澳门、台湾等地区，以及美国、法国等欧美国家都能喝到来自燕京的啤酒。

看了上面的介绍，你当然会问，在国外，一般听说最多的是青岛啤酒。那么，燕京啤酒和青岛啤酒哪个更好、哪个更有名呢？

当然，青岛啤酒是个百年老品牌，它在国外非常有名，差不多就是“中国啤酒”的同义词。在国内，青岛啤酒也是全国知名的品牌。可是，这些年燕京啤酒发展迅速，据统计，年轻的燕京啤酒已经在国内市场上跟青岛啤酒平分秋色，但在国际市场上还是略逊一筹。发展国外市场，创立民族品牌，是燕京啤酒现在的重要目标。燕京啤酒现在在中国占领的市场越来越大，据说，燕京总部已经是亚洲最大的啤酒生产厂了。

燕京啤酒正在全力拓展国外市场。它梦想着也许有一天，全世界的人们都能喝到燕京啤酒。如果你来到了北京，你别忘了，先尝尝燕京啤酒，告诉我你是不是喜欢它。

After Reading Reading for Details：请标出下面句子的信息对不对：

1. 燕京啤酒现在是世界十强啤酒，差不多每个中国人都喝过。(   )
2. 燕京啤酒在全中国的名气已经有十几年了。(   )
3. 因为北京的夏天比较热，所以北京人都喜欢喝青岛啤酒。(   )
4. 燕京啤酒现在在中国啤酒的产量和赢利两方面都是全国第一。(   )
5. 燕京啤酒不仅在中国国内有名，而且在国际上也有名。(   )
6. 在国内市场上，青岛啤酒比燕京啤酒更有名。(   )
7. 在国际市场上，燕京啤酒比青岛啤酒更有名。(   )

语法 Grammatical Points and Idiomatic Expressions

1. “以……做/verb……”

这种句型一般描述事情进行过程的一种状态或方法，同时强调一种目的。“以 A 做 B”的意思是在完成 B 的过程中融入了 A，把 A 作为完成 B 的条件和手段，强调这种过程的出发点和目的，同时突出了一种信心和努力。例如：

(1) 在发展中，燕京本着“以情做人、以诚做事、以信经商”的企业经营理念，始终坚持以产品质量取胜，让消费者满意的信条来扩大生产道路。

(2) 他是个非常认真的人，处处以身作则，做事严格要求自己，所以受到了大家的共同赞扬。

词法与句法练习

Word Usage Exercise

一、填空(用所给的词语完成下面的句子)

大约　同时　那么　不仅……而且　据说　目前

可是　其中　除了……以外　据统计

1. 差不多每一个中国人都喝过或听说过青岛啤酒,________,你喝过燕京啤酒吗?
2. ________在十几年前,燕京啤酒厂还只是个名不见经传的小企业。
3. 燕京啤酒厂首先注重技术和产品质量,________也注重引进国外的先进技术。
4. ________在质量和市场上下工夫________,燕京啤酒还非常注重经营方式。
5. 它________注重产品的生产和市场的占领,________注意收购和兼并其他的啤酒企业,在整合啤酒工业的利润和集团冲锋上效益显著。
6. 从2000年开始,燕京共收购了15家外省市的啤酒企业,________绝大部分都在赢利。
7. ________,在香港、澳门、台湾等地区,以及美国、法国等欧美国家都能喝到来自燕京的啤酒。
8. 在国外,一般听说最多的是青岛啤酒。________,燕京啤酒和青岛啤酒哪个更好、哪个更有名呢?
9. ________,年轻的燕京啤酒已经在国内市场上跟青岛啤酒平分秋色,但在国际市场上还是略逊一筹。
10. ________,燕京总部已经是亚洲最大的啤酒生产厂了。

二、用下面的词语造句

1. 跻身于:

2. 借鉴:

3. 兼并:

4. 梦想:

5. 参与：

6. 赞助：

7. 平分秋色：

8. 略逊一筹：

三、根据课文回答下面的问题

1. 燕京啤酒是怎样成功的？它的秘密在哪里？
2. 举例说明燕京啤酒是运用了哪些经营策略发展成世界啤酒十强之一的。
3. 燕京啤酒的梦想是什么？你认为他们能够实现自己的梦想吗？
4. 燕京啤酒是怎样策划走向世界的？它运用了哪些具体措施？
5. 本文是怎样比较青岛啤酒和燕京啤酒的？你觉得这样比较有道理吗？

阅读课文

中国特色工业：茶饮料的开发和拓展

中国是个巨大的消费市场，它的人口世界最多，人民的消费能力也在日益增强，全世界的眼光都聚焦在中国，特别是它的食品市场。

按理说，中国美食世界闻名，但是，这并不是说这方面就没有了外国企业拓展的空间。比如像麦当劳、肯德基甚至必胜客等等都在中国这个饮食大国站住了脚而且赢得了很好的利润。此外，中国的饮料市场也是西方饮料竞争的战场。

现在中国的饮料市场有相当大的一部分被西方企业占据着，特别是针对中国年轻人的市场。像可口可乐、百事可乐以及咖啡、外国的葡萄酒等等，每年在中国都有着巨大的赢利，中国的一些企业已经把这个市场拱手让给了西方饮料。

可是，并不是所有的中国老百姓都喜欢这类的“洋饮料”。据调查，西方在中国销售量巨大的主要是碳酸饮料，因为中国的大众消费者的口味是以甜为主，所以这类产品广受欢迎。但是近年来糖价高涨，使碳酸类饮料的成本增加，所以它的促销力度受到了削弱，这种形势使得中国注重开发自己的特色新产品茶类饮料得到了极好的发展空间。

调查显示，由于茶饮料比碳酸饮料更加爽口解渴，而且它又比饮用水可口怡人，更加上茶饮料具有清香淡雅、回味无穷、富有保健成分的特点，因此茶饮料在中国饮料市场有着巨大的发展空间。

茶饮料在中国最突出的特色是打健康牌。它以其特别具有的天然、健康、解渴、提神等特色迎合了眼下老百姓追求健康生活方式的消费潮流。

除了打健康牌以外，茶饮料也善于打中国的文化传统牌。中国人喝茶的历史悠久，喝茶的习惯也根深蒂固，这是任何外来的饮料都无法代替的。中国茶饮料市场正是充分利用了这个特色，把平时出门在外不太容易冲泡或享用的茶用不同的口味调配并用现代的科技灌装，使它成为了方便携带、方便保存、随时可以饮用的各种口味的茶，极大地满足了消费者的需要，而且从中挖掘出了极好的利润，从而创造了良好的市场价值。根据有关调查数据显示，进入上个世纪 90 年代，世界上的茶饮料保持着以 17% 的年增长速度，被誉为“新时代饮料”，风靡世界。中国茶饮料市场也增长迅速，2000 年茶饮料的产量已经达到了 185 万吨，它在中国饮料市场上所占的份额直逼碳酸饮料、瓶装水而成为了国内饮料市场中一道亮丽的风景线。

茶饮料的开发者并没有满足于上面的成功，他们还在继续研发新的品种。

近年来，中国的茶饮料开始拓宽视野，重创意、讲时尚，不断创造新的口味。据了解，近几年的饮料市场在比拼创意和时尚，就像买衣服要讲究潮流一样，每年的饮料潮流也在为消费者所关注。这几年的茶饮料在延续前几年基本走向的基础上，更加注重了茶饮料的饮用实效。其中随着近年来韩国电视剧在中国的热播，韩式口味的大麦茶也和红茶、绿茶、柠檬茶等成为中国消费者的新喜好。

除此以外，茶饮料也在跟别的饮料结合创出新的品种。在“喜新厌旧”的消费者看来，今年的主流茶饮料还是比较具有创意的，比如，前几年市场上推出新意十足的“冰结”果酒和“花间清源”调制茶饮料，现在则又推出一些胡萝卜、蔬菜口味的调制茶饮料，其中“糙米汁”和“米奶”之类的饮料还是首次亮相。另外，在业界还发展了菊花保健茶、含有中药保养成分的茶，也受到了欢迎。茶饮料在不断推陈出新，把茶和饮料的功能都发挥到极致，使得茶与保健、茶与健康、茶与口味、茶与风格等等内容都有了新的发展。

据调查，茶饮料未来的走向有着更好的前途。茶是中国的民族工业，有着中国自己的民族特色，这个阵地没有人能够代替和抢占。但是它也有着不少新的动向，也有一些必须留心的发展变化。比如说，从消费者对不同种类茶饮料的购买情况来看，茶饮料中最早出现的是花茶，但往日受人们喜爱的花茶现在已经渐渐被绿茶、乌龙茶抢走了不少风光。现在的消费者最喜欢的三种茶饮料是绿茶、红茶、乌龙茶，它们分别占被访者消费市场的36.4%、28.4%和17.2%，而原来占市场份额较大的花茶则是一路低走，仅占被访者市场的4.9%了。

从今后的发展趋势上看，业内人士认为，今后中国茶饮料市场将会出现下面的几个特点：

一是绿茶将会成为市场中的主导产品，因为中国是一个喝绿茶的大国，而且茶饮料本来就是以健康为卖点，而绿茶在抗肿瘤、抗心血管病等方面的作用更是得到了医学界的充分肯定；二是保健类茶的发展空间巨大；三是随着绿色消费的进一步发展，有机茶的市场潜力大有可挖。

调查显示，女性最常喝茶饮料的比例高于男性，这与女性消费者看重茶饮料的健康、时尚的特性有很大的关系；另外喝茶饮料不发胖也是女性多于男性选择茶饮料的主要原因之一。调查还显示，15岁至25岁消费者是茶饮料的主要目标消费群体，其次是26岁至35岁年龄段的消费者，这两个年龄段占茶饮料消费者总体的69.5%，成为茶饮料的消费主体。这些调查结果对茶饮料市场的开发有着极为重要的意义。

茶饮料是中国自己开发的、足以和西方企业抗衡的民族工业，它的消费群跟西方饮料消费群有着交叉和重合的特点；发展中国的茶饮料，有利于中国饮料市场的发展。同时，茶饮料的开拓还应该投入更多的人力物力研究如何占领更多的市场份额，创造更多合适的产品，把中年人和老年人的饮料市场也开发和占领下来。

生词 Vocabulary

1. 占据(佔據)	zhànjù	(动)	hold; take up
2. 拱手让给(拱手讓給)	gǒngshǒu rànggěi		yield to someone submissively; give up something without fighting for it
3. 碳酸饮料(碳酸飲料)	tànsuān yǐnliào		soft-drink; beverage
4. 削弱(削弱)	xuēruò	(动)	weaken; to cripple; to wear down
5. 怡人(怡人)	yírén	(形)	pleasant; make one feel good
6. 无穷(無窮)	wúqióng	(形)	infinite; boundless; inexhaustible; endless
7. 保健(保健)	bǎojiàn	(动)	health care; health protection
8. 提神(提神)	tíshén	(动)	give oneself a lift; refresh oneself
9. 潮流(潮流)	cháoliú	(名)	the trend; the tide
10. 根深蒂固(根深蒂固)	gēn shēn dì gù		in grain; bred-in-the-bone; rooted
11. 风靡(風靡)	fēngmí	(动)	fashionable; to became a fad or vogue
12. 份额(份額)	fèn'é	(名)	a share; a portion;

13. 风景线(風景線)	fēngjǐngxiàn	(名)	scenery line
14. 视野(視野)	shìyě	(名)	field of vision; view
15. 时尚(時尚)	shíshàng	(名)	the vogue; a trend; the fashion; a fad
16. 喜新厌旧(喜新厭舊)	xǐ xīn yàn jiù		to like the new and loathe the old; to be fickle in affection
17. 亮相(亮相)	liàngxiàng	(动)	to make a stage pose; to declare one's position; to state one's views
18. 推陈出新(推陳出新)	tuī chén chū xīn		to weed through the old to bring forth the new; to find new ways of doing things from old theories
19. 极致(極致)	jízhì	(名)	superlative; the ultimate attainment; the acme; the height
20. 主导(主導)	zhǔdǎo	(形)	dominant; leading; guiding
21. 肿瘤(腫瘤)	zhǒngliú	(名)	tumor;
22. 心血管病(心血管病)	xīnxuèguǎnbìng	(名)	heart and blood vessel disease
23. 抗衡(抗衡)	kànghéng	(动)	to contend with; to match
24. 交叉(交叉)	jiāochā	(名)	intercross; to intersect; overlapping
25. 重合(重合)	chónghé	(动)	superposition; to overlap; to match together

一、根据课文选择正确的答案

1. 现在，全世界的眼光都聚焦在中国，因为中国是个巨大的________。

　A. 消费市场　B. 美食大国　C. 拓展空间　D. 战场

2. 现在中国的饮料市场主要是被________占领着。

　A. 年轻人　B. 西方企业　C. 民族工业　D. 老百姓

3. 中国近年来赢得了发展自己茶饮料的空间主要是因为________。

　A. 中国人喜欢甜　B. 糖涨价　C. 洋饮料太甜　D. 碳酸饮料脆弱

4. 中国的茶饮料的主要特点是它在打________牌。

A. 民族　B. 可口　C. 解渴　D. 健康

5. 中国人喜欢喝茶饮料的原因是________。

A. 习惯深　B. 茶不容易泡　C. 喜欢科技灌装　D. 利润好

6. 茶饮料要想在今天的中国成功，它必须注重________。

A. 学习洋饮料　B. 价格便宜　C. 创新　D. 多放糖

7. 现在中国的茶饮料发展潜力最大的是________。

A. 花茶　B. 红茶　C. 果汁茶　D. 绿茶

二、根据课文判断下面句子的正误

1. 中国美食闻名天下，所以外国人想在中国做生意没有空间。(　　)
2. 虽然中国人有很多自己的民族饮料，但中国饮料市场相当大的一部分还是被西方企业占领着。(　　)
3. 由于最近几年糖越来越贵，西方饮料的赢利状况受到了影响。(　　)
4. 茶饮料在中国开始流行，跟中国人的文化和健康意识有关。(　　)
5. 有的茶饮料不仅仅是茶，而且包括果酒、果汁和其他保健和中药成分。(　　)
6. 现在，在茶饮料的消费者中，最受欢迎的是花茶。(　　)
7. 调查显示，购买茶饮料最多的消费者一般是老年人。(　　)
8. 年轻的女性比其他性别和年龄段的人更喜欢消费茶饮料。(　　)
9. 研究证明，今后在茶饮料市场上绿茶的销路应该最好。(　　)

三、根据课文回答下面的问题

1. 为什么外国的商人们关心中国的食品市场？
2. 中国是个美食大国，外国商人还有开发空间吗？
3. 如果你是个外国商人，你准备到中国去做什么生意？你希望推销什么样的商品？
4. 中国的老百姓为什么喜欢“洋饮料”？近年来洋饮料在中国遇到了什么样的问题？
5. 中国的茶饮料和洋饮料有什么不同？它在市场上打的是什么牌？
6. 中国的商人们在推销茶饮料时采用了什么样的办法来使它让消费者欢迎？
7. 中国的茶饮料是如何跟上时尚的？请举例说明。
8. 除了茶以外，中国人在茶饮料的开发上还做了些什么？
9. 为什么说“茶是中国的民族工业”，“这个阵地没有人能够代替和抢占”？
10. 茶饮料有哪些品种？哪些发展和进步的潜力最大？
11. 你喝过茶饮料吗？你喜欢哪些品种？

12. 中国的茶饮料市场有哪些发展趋势?
13. 绿茶饮料有哪些特色? 你相信本文说的内容吗?
14. 你是为了解渴喝茶还是为了健康和防病治病喝茶?
15. 请谈谈饮用茶饮料者的性别特征和他们饮用茶饮料的原因。
16. 本文为什么说茶饮料是中国的民族工业? 你认为可口可乐是美国的“民族工业”吗?

第二章

农业是中国的命脉

2.1 对话：中国为什么需要农业

A：我来到中国已经快一年了，记得来中国前，世界各国的媒体总是喜欢说中国是一个农业国，可是来到了中国以后，我并没有看到过很多的农民。我见到的都是大城市，我认识的中国人都是城里人。人们为什么说中国是个农业国呢？

B：哈，你说的看起来对，但事实上不是这样。虽然你在中国生活了不算短的时间，但你对中国的了解还是比较少。你在中国去了不少地方，可是你去过中国的农村吗？你见过中国的农民吗？

A：谁说我没去过中国农村？我当然也见过农民。我刚来中国时就去过上海旁边的周庄，也去过浙江的乌镇，还去杭州附近参观过出产龙井茶的一些村镇呢！

B：哦，看起来你还真的去过不少地方。但是你看到的农村都是中国南方比较富有的地方。你对那儿的感觉怎么样？

A：我觉得那些地方都很美丽。那里的房子都很老很有风格，看上去像是有几百年了。那里也有很多的小河，很多美丽的古代石桥；也有很多的小街和市场，卖各种各样的东西。那里的农民都很有钱，生活也很幸福。他们每天差不多都是坐在自己的家门口卖东西，摇着船唱歌。那里的小吃真是棒极了，现在想起来都让我流口水。中国的农村真的很美。在中国当农民很幸福。

B：你说得对，可是，你只是看到了中国农村的一部分；中国很大，中国的农村情况并不都一样。总的来说，中国南方的农村生活好一些，可是中国的西部和很多其他地区的农村生活并不那么好，有的地方生活仍然很苦。

A：为什么呢？中国现在开放了，不是各个地方的生活都很好吗？

B：这你还并不十分理解。中国虽然开放了，可是中国各个地区的发展程度并不完全一样，中国农村的经济发展也不完全平衡。比如说，中国的西部和中部地区是中华文明起源的地方，那里的土地开发很早，已经有几千年了。几千年来，那里的农民全部是靠种庄稼为生。那里的土地已经开发耕种了几千年，因此土地都比较累了，有的地方土地出产并不好。另外，长期耕种土地需要水源，那里有些地方没有足够的水源。有的地方有河流，会好一些，可是没有河流的地方有时候会干旱，要靠天吃饭。而有河流的地方有时候也会发生洪水灾害。这样，农民的生活就过得比较苦。

A：哦，你说土地还会跟人一样，也会"累"吗？

B：那当然了。我爷爷就是一个农民，他现在还是在我的河南老家。他告诉我，土地耕种久了就会疲劳，要给它施肥灌水保护它。现在农村大多是使用化学肥料，这对土地的破坏很厉害。而且我们老家靠近黄河边，过去常常受到涝灾的侵害。这几十年政府开始治理黄河，情况才好了起来。我们老家农民的生活还是很苦，过去，有的人家连电视机都买不起。

A：是吗？我原来以为中国的农村都是像周庄那样呢！

B：不过，最近二十年来，中国的农村发生了很大的变化。我们老家这些年也开始变化了。听说那里的农民在黄河边种上了很多果树，我们老家现在除了种粮食，也种了很多蔬菜，运到城市里去卖，可以赚很多钱。

A：那真是太棒了！

B：除了种粮食种菜，更棒的是我们老家还种了很多鲜花。

A：种鲜花干吗呢？

B：种鲜花卖钱啊。把鲜花送到城里去卖，可以赚很多很多钱。城里人可喜欢鲜花了。爷爷说，我们老家人还在山上种茶树，每年也会赚很多钱。这些年我们老家的农民富多了。他们已经不再是全靠种粮食生活，而且，种鲜花和做其他的都比种粮食赚钱多。

A：那可真是好极了。既然做别的要比种粮食赚钱，那农民为什么还要种粮食呢？要我说，农民们干脆就不要种粮食了，干脆做什么赚钱就做什么。大家都一起种鲜花、种茶树，这样不就很快都赚大钱了吗？

B：你说得听上去有道理，可是不能这样做。

A：为什么呢？这明明是赚钱的好主意，为什么不这样做呢？

B：你知道中国的农民为什么叫农民吗？

A：为什么？

B：农民就是种粮食的。农业是中国的命脉。农民祖祖辈辈种粮食，这是他们的信仰，是他们的责任。如果人人都种花赚钱，中国的农民就不再是农民，就都是商人了。

A：可是种花赚钱也没有什么不好啊？

B：你知道中国有多少人口吗？

A：我当然知道，差不多是十四亿。

B：你知道这些人口每天要吃多少粮食吗？你知道这些人口一年要吃多少粮食吗？

A：这…… 我不知道。

B：中国是一个人口大国。中国要消费很多粮食。这就是我们说的"农业是中国的命脉"。如果没有了粮食，中国人一天都活不了。中国的农民自古以来就懂得这个道理。种粮食是中国农民神圣的使命。就是赚再多的钱也没有种粮食重要。另外，中国政府也有法律规定，中国的农田不能够用来做别的事情，必须用来做耕地；中国政府也支持和鼓励农民种粮食，帮助农民解决困难，甚至补贴农民种粮食。农民种粮食是中国的一项基本国策。

A：啊！原来这件事有这么重要。

B：那当然了。你们美国没有这样的政策吗？

A：这，我不太清楚。我从报纸上看到中国的农民人口很多，可是美国的农民人口很少，他们差不多只是美国人口的2%左右。而且这么少的农民种的粮食美国人都吃不了。据说现在国际上的粮食价钱都很便宜，中国为什么不在外国买粮食呢？这样又便宜，又能让农民们做别的事情。

B：中国这么大一个国家、这么多人口要吃粮食，能自己不种粮食而依靠别的国家吗？

A：为什么不能？

B：你想一想，如果万一别的国家也遇到了问题或因为其他原因不卖给中国人粮食了，中国那么多人口怎么活下去啊！

A：这个…… 我好像还没有想过。

B：在粮食问题上，我们永远不能依靠别的国家。这也是中国人的命脉。中国有着近九亿的农民，他们有足够的能力去生产足够的粮食来养活中国人。中国自古以来就是个农业国，到了今天，中国经济有了很大的发展，但中国的农业仍然很重要。中国即使是在过去最困难的时候都从来没有放弃过农业，也没有在粮食上依靠过别的国家。在今天，中国更是提出“以粮为纲”的政策，在保证生产足够粮食的基础上，发展别的副业，这才是中国农业的根本出路。

A：哦，今天听你这么一讲，我才明白原来粮食和农业在中国是这么重要。今天跟你真是学了不少关于中国的知识。你能不能再给我介绍一下最近几十年中国城市发展的情况？

B：当然可以。可是，你今天的作业写完了没有？我记得你告诉过我要我今天晚上提醒你的。

A：啊，天哪！我差不多把这件事忘了，还没有做哪。这作业明天一大早就要交呢！谢谢你提醒我。这样吧。我现在先做作业，咱们下次再找时间谈这个好吗？

B：没问题！你专心做你的作业吧，下次再谈。

生词 Vocabulary

1. 媒体(媒體)	méitǐ	(名)	media
2. 棒极了(棒極了)	bàngjí le		magnificent, terrific
3. 平衡(平衡)	pínghéng	(形)	balance; equilibrium
4. 庄稼(莊稼)	zhuāngjia	(名)	away-going crop; emblement; crops
5. 干旱(乾旱)	gānhàn	(形)	drought; arid; dry
6. 洪水(洪水)	hóngshuǐ	(名)	waterflood; deluge; flood
7. 灾害(災害)	zāihài	(名)	damage; disaster
8. 疲劳(疲勞)	píláo	(形)	tired; fatigued
9. 涝灾(澇災)	làozāi	(名)	damage or crop failure caused by waterlogging
10. 祖祖辈辈(祖祖輩輩)	zǔzǔ bèibèi		for generations; from generation to generation;
11. 命脉(命脈)	mìngmài	(名)	lifeblood; lifeline
12. 神圣(神聖)	shénshèng	(形)	sacred; holy
13. 使命(使命)	shǐmìng	(名)	mission
14. 补贴(補貼)	bǔtiē	(动/名)	subsidy; allowance
15. 纲(綱)	gāng	(名)	outline; key link; class,

词汇知识 Vocabulary Build-up

词义辨析练习：两人一组讨论并选出与黑体字意思相近的词语，如果需要，可先查词典。

平衡	平常	均等 √	平和
灾害	伤害	灾难	祸害
疲劳	脾气	劳累	困乏
神圣	神秘	神奇	崇高

语法 Grammatical Points and Idiomatic Expressions

1. "就是……也……"

这种句型通常表示一种条件状态。一般情况下，它的前面部分提出一种观点或结果，然后用这种句型来进行进一步的强调。它的内容往往是为了突出前面的结论而做出的条件性的否定和肯定，用以凸显前面内容的意义。例如：

(1) 种粮食是中国农民神圣的使命。就是赚再多的钱也没有种粮食重要。

(2) 你选修这门课的主要任务是学好电脑，你不上电脑课却每天忙于画画儿；你就是画儿画得再好对电脑课的成绩也没有什么帮助呀！

2. "……，甚至……"

这种句型表示一种强调。它通常在上半句陈述一种事实，而下半句用"甚至"的句式来强调某种结果。这种句型强调的结果是表述一种刻意让读者注意的事实，换句话说，也就是一些不普通和不寻常的内容，以便引起留心或达到强调的效果。例如：

(1) 中国政府也支持和鼓励农民种粮食，帮助农民解决困难，甚至补贴农民种粮食。

(2) 我们都认为丽丽的妈妈的确对她太溺爱了。她都上大学了，可是连衣服都不会洗，甚至她的宿舍都是每个周末妈妈来帮她清理。

句式和词汇练习 Speach Patterns and Word Usage

一、完成下面的句子

1. 我记得我要学中文前，很多人都说中文是世界上最难学的语言，可是____。

2. 为什么人人都说中文难学呢？我觉得________________________

________________。

3. 总的来说，中国近年来在经济方面有了很大的进步，______________________________

____。

4. 并不是所有的美国人都很富有，比如说，____

____。

5. 他最近常常生病，主要是他平时休息不好，另外，____________________________________

____。

6. 虽然他的语言能力差一些，不过，____

________________。

7. 凯文最近的成绩好多了，他不仅自己学习好了，而且______________________________

____。

二、用括号里的词语改写下面的句子

1. 你别再劝她学医了。她说上医学院要花那么多年，毕业后挣再多的钱，她也不愿意吃那么多的苦。 （就是……也……）

2. 你别想让他跟你去。他妈妈和家人劝了他好久他都不听，我想你最好别再费事了。 （就是……也……）

3. 这次的考试容易极了，我连复习都没有复习就得了一个 A。 （……，甚至……）

4. 为了能来中国读书，他做了很多的努力。他自己攒了一年多的钱，整个暑假他都在饭店里打工。现在他终于如愿以偿来到了中国。 （……，甚至……）

词法与句法练习

Word Usage Exercise

一、根据课文内容，选出下列词语的正确解释

1. 农业国

A. 农民的国家　　B. 主要生产农产品的国家

C. 落后的国家　　D. 农民占人口多数的国家

2. 生活很<u>苦</u>

A. 吃的不好　　B. 困难　　C. 忙　　D. 累

3. 靠<u>天</u>吃饭

A. 气候　　B. 上帝　　C. 脾气　　D. 运气

4. 太<u>棒</u>了

A. 好　　B. 破　　C. 坏　　D. 硬

5. 命脉

A. 运气　　B. 血管　　C. 生命线　　D. 生病

6. 使命

A. 宗教　　B. 职业　　C. 任务　　D. 专业

7. 以粮为<u>纲</u>

A. 全部　　B. 大概　　C. 重要部分　　D. 次要部分

二、用下面的词语造句

1. 棒极了：

2. 平衡：

3. 疲劳：

4. 神圣：

5. 使命：

6. 命脉：

2.2 中国的新农业和新农民

生词 Vocabulary

1. 园艺(園藝)	yuányì	(名)	horticulture; gardening
2. 渔业(漁業)	yúyè	(名)	fishery industry; fishery; fishing
3. 畜牧业(畜牧業)	xùmùyè	(名)	animal [livestock] husbandry; graziery; stock [livestock] farming
4. 养殖业(養殖業)	yǎngzhíyè	(名)	fish breeding and poultry raising; livestock breeding
5. 饲养(飼養)	sìyǎng	(动)	raise; rear; feeding
6. 生态(生態)	shēngtài	(名)	modes of life and relation to their environment; ecology
7. 储备(儲備)	chǔbèi	(动/名)	store for future use; reserve
8. 免于(免於)	miǎnyú	(动)	avoid; avert
9. 环节(環節)	huánjié	(名)	link; segment
10. 生力军(生力軍)	shēnglìjūn	(名)	fresh troops

Preparing to Read　Reading for Main Ideas：这篇文章谈了中国今天新农业和新农民的状况。请你找出文章的主要观点（有的这里已经列出，请补出其他的部分）。

1. 农业是中国非常重要的一个基础产业，中国的农业人口占中国总人口的大部分。
2. ______________________________
3. ______________________________

中国的新农业和新农民

农业是全人类维持生命和生产活动的根本。人活着就要吃饭穿衣，早在两千多年以前，中国的古人就说过“民以食为天”，意思是说，农业和老百姓生活的事情是头等大事。

中国在五千年以前就有了文明，中国农业的历史比这还要早。而今天的“农业”一词意思就是指栽种农业作物和园艺作物，也包括林业、渔业、畜牧业和养殖业等等。

根据1999年的统计，那时的中国农业人口为9.43亿人，占当时全国总人数的74.93%。中国加入了WTO后，农业的规模开始缩小，有些农业人口转成了非农业人口，但是整体上的中国农业人口在今天的中国仍然占绝大多数。这种状况在今后较长的时间内仍然难以改变，因此，农业仍然是中国国民经济中重要的基础产业。在中国这样一个大国，农业的地位任何时候都不能被忽视。

在今天，整个世界都在进步，人类的农业发展当然也有了巨大的进步。今天世界农业的发展趋势是走向现代化，中国的农业当然也在向现代化迈进。什么是现代化的农业呢？那是中国经济发展的新的目标，也就是我们的新农业。

现代化的新农业包括哪些内容呢？首先，它代表着农业发展的世界先进水平。农业现代化的目标是实现大地园林化、操作机械化、农田水利化、品种良种化、栽培科学化、饲养标准化和农业工业化。仔细划分，它又可以概括为下面五个方面的基本内容：一是用现代工业来装备农业，打破过去小生产的自然农业的局面；二是用现代科学技术来武装农业，逐步取代或提高过去的生产技术和传统经验；三是注重培养新型的农民，由掌握了科学技术知识的劳动者从事农业，使农民的劳动技能和创造力大大提高；四是在充分认识和掌握自然规律的基础上，比较合理地利用自然资源，不断挖掘土地和气候资源来提高增产潜力；五是采用现代化的经营体系来管理农业，实行专业化、商品化、社会化生产，充分发挥人类智慧的作用，把农业对人类的服务作用提高到新的水平。

这样看来，中国的新农业会是一个伟大的方向，它将在中国农业历史上开辟出一条全新的道路。那么，怎样才能实现上面的目标呢？

首先，要想实现农业现代化，中国的农业要跟现代工业很好地结合起来。农业要用现代工业的知识和技术来装备自己，同时，还要用现代的科技、用现代的生物知识和其他的知识来改造中国的农业。只有这些还不够，现代农业还要有市场经济的观念，用组织生产的方式来管理农业，创造更好的农业生产价值；另外，现代农业还要注重生态和环境保护，把农村建设成富裕的文明家园。

除了上面农业生产本身的发展以外，农业现代化的目标还应该包括：1. 要努力提高农民的社会地位和经济地位，逐渐缩小城乡差别；2. 改造新农村，实现多种经营，使农村人口城镇化；3. 保护自然资源，注重农业生产的可持续性发展；4. 确保粮食生产的安全。在今天，粮食安全的涵义已经不仅是在保证粮食生产和储备数量的意义了。粮食安全除了要保障人民免于饥饿以外，还要包含食品的健康(如绿色食品、营养等)、生物多样性、卫生、维护民族食品文化等方面的新的观念。

其实，今天农业的现代化也与中国城市化的目标在相互促进。中国的工业现代化和农业现代化的目标不论怎样表述，最终都必须落实到让中国的老百姓尽快富裕，尽快走向小康的目标。中国过去农民收入增长比较缓慢，这里面的原因很多，其中最根本原因是农业生产率低，农业剩余劳动力多，农民就业不够充分；新农业的概念则是要充分解放生产力，让农村人口城镇化，农业劳动力向非农村产业转移。这将是中国实现全面现代化的目标之一。

因此，在中国广大农村完善教育制度是很重要的环节，要想实现农业现代化，必须培养出有知识的农民。新农民是中国的未来，今后，没有知识的农民根本没法种好庄稼。新农民是中国未来的很重要的一支生力军。

After Reading　Reading for Details：标出下面句子的信息对不对：

1. 中国农业的历史要比中国文明的历史悠久。(　　)
2. 虽然中国农业人口在减少，但农民仍然是中国人口的大多数。(　　)
3. 农业现代化就是今天中国走向现代化的根本目标。(　　)
4. 有了现代工业的支持，农业现代化的任务就一定能够全部实现。(　　)
5. 改造新农村的任务之一是使中国的农村人口乡镇化。(　　)
6. “民以食为天”的意思是说古代的老百姓认为粮食是神给的。(　　)
7. “粮食安全”的意思是说不仅要有足够的粮食，而且还要保证食品的健康、卫生等。(　　)
8. 走向小康的目标是让中国的老百姓特别是农民尽快富裕起来。(　　)

阅读与讨论

Reading Comprehension and Discussion

小组讨论：两人一组根据课文内容讨论下列问题并写出答案及做出这样结论的原因。

描写	举例	原因
中国农业发展的历史非常早		
中国的农业人口现在在逐渐减少		
现代化农业包含的内容非常丰富		
中国的新农业将对中国未来有深远的影响		
中国农业现代化跟中国的城市化是两个相互促进的目标		

语法 Grammatical Points and Idiomatic Expressions

1. "……，因此……"

这种句型一般表达一种因果关系。前面的部分往往是后面部分的条件或原因，而后面的部分则往往是前面状态下的结果。"此"是指前面整个句子的内容，即前面的全部前提。例如：

(1) 这种状况在今后较长的时间内仍然难以改变。因此，农业仍然是中国国民经济中重要的基础产业。

(2) 我知道你能够熟练地使用电脑，而且能够写一些简单的电脑程序，但是你却并不熟悉电脑的全部性能。因此，我还不能够说你已经是电脑专家了。

2. "……免于……"

这种句型用来表示一种"不被某种事情涉及""不被某种事情伤害"的意味。它通常用"于"来引出不利的因素。例如：

(1) 粮食安全除了要保障人民免于饥饿以外，还要包含食品的健康、生物多样性等方面的新的观念。

(2) 这种新政策的制定能够更好地使人类免于战争威胁、免于核武器的灾难和环境污染的破坏，所以它一发表就受到了世界上热爱和平人士的赞扬。

3. "……，最终……"

这种句型表示一种目的性，往往突出后面的事实。它的前面部分可以是一种努力，可以是一种条件，也可以是一种强调，但"最终"后面的事实却是真正的重点所在，是这个句子强调的目标。例如：

(1) 中国的工业现代化和农业现代化的目标不论怎样表述，最终都必须落实到让中国的老百姓尽快富裕，尽快走向小康的目标。

(2) 不管这所房子盖得多么漂亮，最终还是要被卖掉的；你付出那么多的感情干什么？

(3) 他的能力强不强，最终要看他是不是能找到好工作，现在就这样给他下结论似乎是太早了。

词法与句法练习

Word Usage Exercise

一、填空(用所给的词语完成下面的句子)

当然　根本　根据　首先　要想　其中

1. 农业是全人类维持生命和生产活动的________。
2. ____________1999年的统计，那时的中国农业人口为9.43亿人。
3. 在今天，整个世界都在进步，人类的农业发展________也有了巨大的进步。
4. 现代化的新农业包括哪些内容呢？________，它代表着农业发展的世界先进水平。
5. 中国过去农民收入增长比较缓慢，这里面的原因很多，________最根本原因是农业生产率低，农业剩余劳动力多。
6. ________实现农业现代化，必须培养出有知识的农民。新农民是中国的未来。

二、用下面的词语造句

1. 生态：

2. 储备：

3. 免于：

三、回答下面的问题

1. 中国的古人为什么说“民以食为天”？
2. 请举例说明中国的“新农业”和传统农业有什么不同。
3. 请你说说农业现代化包括哪些最基本的内容。
4. 农业现代化为什么要跟工业和现代科技相结合？
5. 举例说明现代农业跟商业和市场是什么样的关系。
6. 现代农业为什么要注重培养新型的农民？
7. 请你谈谈现代农业跟生态保护有什么样的关系。
8. 你认为，在今天的中国，应该怎样缩小城乡差别？

四、写作练习

1. 请你模仿这篇文章的方法，介绍一下你们国家的农业情况。请注意介绍细节和数据，同时用具体的层次标号提纲来介绍详细内容。
2. 请你用这篇文章的方法来介绍一门新学科或者新的知识，从宏观到具体描写，同时注重历史的线索，最好也介绍到未来和对它前途的展望。
3. 写作题：

   “2050 年时的农业状况”

   “我怎样在中国做农民”

   “火星人在美国农场的日记”

阅读课文一

中国古代农业发展简史

大家都知道，农业是人类为了自己的生存而从事的最早的生命活动和生产劳作活动，它的历史起源很早。远古时代，人类就开始了原始的采集、狩猎、养殖和培育野生植物的农业活动了。根据现在的考古发掘资料，中国人早在一万多年以前就开始种植粮食作物，那就是早期农业的发端。

我们今天说的农业，其实就是指利用土地、阳光、水分、空气与矿物质等自然条件来培育动物、植物或其他微生物，用来获得生活物资或维护生活环境的一种产业。它包括栽植农艺和园艺作物，广义的农业应该包括一般的农业，还有林业、畜牧业、渔业和副业等产业。

人类农业发展的历史应该是很久了，最早起源在史前时代，但一般学者认为人类真正开始形成有规模的农业活动是在公元前一万年左右。那时候整个地球的气候开始变得比较温暖湿润，野生的谷物开始扩张地生长。人们为了采集食物的方便，开始在平原上生活。而一些在采集和储存时无意中遗落下的种子在住家附近发芽生长，刺激了人们栽种的想法，使人们逐渐掌握了野生谷物的生长规律，开始有意识地种植谷类作物。

谷物的栽种使人们的生活更有了保障，而居住地周围空地的开发也给猎人提供了饲养动物的机会，因此产生了最早的农业和畜牧业。随着那时气候逐渐变得温暖、植物逐渐变得茂盛，人口也增加了。人口的增加就需要更多的食物，靠采集已经不能满足生存的需要，这也是刺激早期的种植野生谷物和发现新的粮食来源的一个动力。这样的人口增加和发现新的粮食来源的压力促进了人们改进种植技术和提高产量的愿望，原始农业就在这样的过程中开始不断发展。

中国古代农业的发展一般认为大约经历了五个阶段。

第一个阶段是原始农业时期。这个时期大约离现在有一万年左右，那时的劳动工具以石器为主，也使用其他的竹木棒等。开始时的耕地可能是在山地，后来发展到河岸和平原地区，那时已经开始了耕种制度。那时的技术特点是刀耕火种，而且那时有了原始的畜牧业，牲畜实行野放，后来也有了简单的栏圈和驯化家畜等等。那时的人们已经开发了很多的谷物和畜牧技术，有了“五谷”和“六畜”的概念。

第二期是夏商周时代，是从原始农业向精耕细作的农业过渡的时期。这一时期木石工具仍在广泛使用，但青铜农具已日益普遍地应用于农业生产中。农业生产有了很大的发展。这一时期的耕地主要在华北大平原和其他江河两岸比较低平的地区，有了较好的灌溉技术，有了天文历法。畜牧业技术也有了革新，生产能力提高，人口大量增加。

第三期是精耕细作农业成型时期，包括战国、秦朝、汉朝等时期。它的主要特点是北方旱田精耕细作技术体系的形成。这一时期，铁农具获得普遍使用，农业动力也由纯粹人力发展到畜力以至水力和风力。农业工具和动力的这种变化使整个农业生产和社会经济大为改观。这时的农业更为关注肥料、选种、病虫害的问题，已经发展成比较完备的农业状态了。

第四个阶段是精耕细作农业扩展时期，包括隋、唐、宋、元时期。它的主要特点是南方水田精耕细作技术体系的形成。这个时期的特点是全国经济重心从黄河流域转移到长江以南地区。由于人口增加（尤其是在南方）和土地兼并的发展，出现了“与山争地”和“与水争地”的浪潮。在耕作制度方面，这一时期轮作复种有所发展，最突出的是南方以稻麦复种为主的一年两熟制已相当普遍。

第五个阶段是精耕细作农业持续发展时期，包括明、清两代。它的主要特点是为了适应全国性人多地少的情况，农业上多熟种植得到推广，耕作技术更加精细化。农业生产工具在这一时期没有重大的发展，这一方面是因为中国小农经营条件下，农具改进已临近它的历史极限；另一方面也由于中国人多地少、劳力充裕从而抑制了提高劳动效率的新式工具的产生。

这一时期中国的人口激增，耕地开始严重不足，而在人均土地面积减少的条件下，解决老百姓的粮食问题的主要途径是提高土地利用率。多熟种植的迅速发展成了这一时期农业生产的突出标志。在江南地区，双季稻开始推广，在华南和台湾部分地区，出现了一年三熟的种植制度。而在北方，二年三熟制获得了发展。有些地方甚至出现了粮菜间套作的最大限度利用土地的方式。这一时期作物构成的变化也是显著的，影响最为深远的是引进了国外的粮食作物。玉米、甘薯、马铃薯等耐旱耐瘠高产作物恰好适应了人口激增的需要，因此获得了迅速的推广，为中国农民征服贫瘠山区和高寒地区、解决民食问题作出了巨大贡献。而烟草、花生、蕃茄、向日葵等经济作物的引进也丰富了中国人民的经济生活。在作物构成的总体上，高产水稻的优势进一步加强。相比之下，牲畜结构的变化不大。上述历史一直延续了几千年，到了今天的中国，开始确立了农业机械化和农业现代化的方向，中国的今天正在努力地向着现代农业的方向发展和迈进。

生词 Vocabulary

1. 简史(簡史)	jiǎnshǐ	(名)	a brief history of
2. 狩猎(狩獵)	shòuliè	(动)	hunting; venery
3. 考古(考古)	kǎogǔ	(动/名)	archaeology
4. 作物(作物)	zuòwù	(名)	crop
5. 发端(發端)	fāduān	(名)	make a start; initiative; inception
6. 矿物质(礦物質)	kuàngwùzhì	(名)	mineral substance
7. 微生物(微生物)	wēishēngwù	(名)	microbe; germ; microform; microorganism

8. 湿润(濕潤)	shīrùn	(形)	moist; humectation; humidification
9. 扩张(擴張)	kuòzhāng	(动)	expand; enlarge, spread; dilate; aggrandize
10. 茂盛(茂盛)	màoshèng	(形)	luxuriant; flourishing; exuberant; prosperous
11. 刺激(刺激)	cìjī	(动)	stimulate; excite; provoke
12. 驯化(馴化)	xùnhuà	(动)	acclimatization; domestication; docile
13. 精耕细作(精耕細作)	jīng gēng xì zuò		intensive and meticulous farming; intensive cultivation
14. 过渡(過渡)	guòdù	(动/名)	transition; transit
15. 纯粹(純粹)	chún cuì	(形/副)	pure; complete; solely
16. 极限(極限)	jí xiàn	(名)	the limit; the maximum; extremity
17. 抑制(抑制)	yì zhì	(动)	restrain; control; suppression

一、根据课文内容,选择正确的答案

1. 下面的哪些活动跟原始农业有关
   A. 采集　B. 狩猎　C. 养殖　D. 培育野生植物
2. 人类开始农业活动的原因是因为:
   A. 采集食物方便　B. 野生谷物扩张　C. 地球变暖　D. 人们开始打猎
3. 人口增加需要粮食,所以
   A. 气候温暖　B. 植物茂盛　C. 产生农业　D. 饲养动物
4. 中国最早的农具是
   A. 青铜农具　B. 刀耕火种　C. 木石工具　D. 铁器农具
5. 中国古代农业生产收成最多的是
   A. 一年一熟　B. 一年两熟　C. 一年三熟　D. 两年三熟
6. 中国最早引进国外的作物如玉米、甘薯、花生等是在中国的
   A. 史前时代　B. 春秋战国时期　C. 汉代时期　D. 明清两代

二、根据课文，判断下面句子的正误

1. 农业是人类社会最早开始进行的生产活动，它在的历史大约有一万年。（　　）
2. 农业最早是从种植开始的。（　　）
3. 先有了畜牧业，然后古人又发展出了农业。（　　）
4. 中国原始农业的工具是刀耕火种，非常简单。（　　）
5. 在夏商周时代，农民使用的主要是青铜农具。（　　）
6. 在中国原始农业时期，古代的农民发明了最早的日历。（　　）
7. 春秋战国时期，中国的农业得到了很大的发展，开始使用铁器农具。（　　）
8. 在秦朝和汉朝，中国的农业重点转移到了黄河流域和长江以南地区。（　　）
9. 中国在古代就开始引进国外的粮食作物如玉米、甘薯、马铃薯等。（　　）

三、回答下列问题

1. 农业是怎样起源的？最早的农业是什么样的形态？
2. 广义的农业除了种田还包括哪些内容？请举例说明。
3. 是什么直接刺激了农业的产生？农业与早期人口发展的关系如何？
4. 谈谈农业劳动工具的发展史。工具和农业的发展有什么样的关系？
5. 请查字典并解释什么是“五谷”，什么是“六畜”。
6. 自古以来中国的人口就一直比较多，古代的中国人是怎样在农业上解决这个问题的？
7. 中国古代从国外引进的粮食和蔬菜、副食等品种对中国的农业有什么样的意义？
8. 今天的中国农业应该怎样进步？请谈谈你在这方面的建议。

阅读课文二

什么是“现代农业”？

现代农业(modern agriculture)是跟传统农业相对而言的一个概念。它的基本内容是指广泛应用现代科学技术、现代工业提供的生产资料和科学管理方法进行的社会化农业。现代农业是按农业生产力性质和水平划分的农业发展史上的最新阶段。它有下面的基本特征：

一、它有建立在现代自然科学基础上的一整套的农业科学技术，使农业生产技术由传统的经验转向科学。现代农业在植物学、动物学、遗传学、物理学、化学等科学发展的基础上，利用育种、栽培、饲养、土壤改良、植保畜保等农业科学技术迅速提高产量和增进效率。

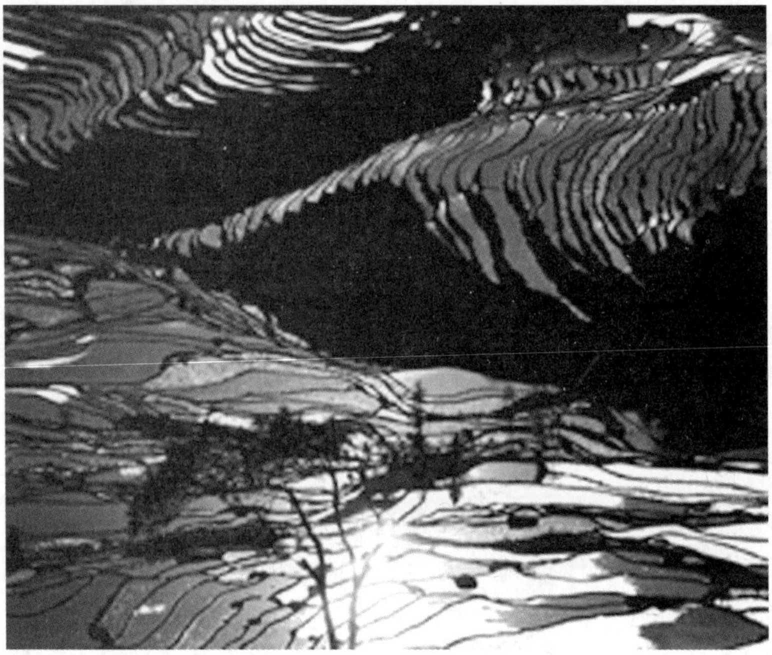

中国云南农村的梯田　王海涛　摄

二、现代化机器体系的形成和农业机器的的广泛应用，使农业由手工畜力农具生产转变为机器生产。现代农业大量使用性能优良的拖拉机、耕耘机、联合收割机、农用汽车、农用飞机以及林、牧、渔业中的各种机器，这些机械成为农业的主要生产工具，使投入农业的能源显著增加。同时，在现代农业中，电子、原子能、激光、遥感技术以及人造卫星等也开始运用，形成良好的、高效能的生态系统。

三、现代农业生产的社会化程度有很大提高。现代农业企业规模将扩大，农业生产的地区分工、企业分工日益发达，“小而全”的自给自足生产被高度专业化、商品化的生产所代替，农业生产过程进一步同加工、销售以及生产资料的制造和供应紧密结合，形成农工商一体化。它的管理方法也会显著改进。现代农业大幅度地提高了农业劳动生产率、土地生产率和农产品商品率，使农业生产、农村面貌和农户行为发生重大变化。

另外也有的观点认为现代农业就是用现代工业、现代科学技术和现代管理方法来经营的农业。现代农业应该具备田园化、机械化、专业化、规模化、科学化等基本特征。

具体地说，农业现代化就是实现大地园林化、操作机械化、农田水利化、品种良种化、栽培科学化、饲养标准化和农村工业化。它们又可以被概括为五个方面的内容：一是用现代工业装备农业，打破传统式小生产的自然农业的局面；二是用现代科学技术管理农业，逐步取代或提高相形见绌的生产技术和传统经验；三是由掌握现代科学技术知识的劳动者从事农业，使劳动技能和创造力大为提高；四是在充分认识和掌握自然规律的基础上，比较合理地利用自然资源，不断挖掘土地和气候资源的增产潜力；五是采用现代化的经营体系管理农业，实行专业化、商品化、社会化的生产，大力培养造就高素质新型农民，充分发挥人类智慧的能动作用和物质条件作用。

生词 Vocabulary

1. 遗传学(遺傳學)	yíchuánxué	(名)	genetics; hereditism
2. 遥感技术(遥感技術)	yáogǎn jìshù		remote sensing technique; remote sensing technology
3. 相形见绌(相形見絀)	xiāng xíng jiàn chù		be inferior by [upon] comparison; be outshone; fail to secure a leading place; When compared with others, it looks very poor. ;

一、根据课文内容，选择正确的答案：

1. 指出下面的哪些内容跟现代农业无关

   A. 自然科学　　B. 机器体系　　C. 服务业　　D. 现代医学

2. 现代农业的特色是

   A. 小而全　　B. 注重科技　　C. 采集狩猎　　D. 小农经济

3. 现代农业的概念跟下面的哪些内容是不相符合的？

A. 传统经验　　B. 农工商一体化　C. 经营体系化　D. 社会化生产

二、根据课文，判断下面句子的正误

1. 现代农业是跟现代工业和现代科技相结合的产物。（　　）
2. 现代农业不需要农民，它是由农业科学和技术来生产和管理的。（　　）
3. 现代农业充分使用了现代的机械设备来进行农业生产。（　　）
4. 现代农业是一种“小而全”的自给自足的生产方式。（　　）
5. 现代农业跟工业、商业的关系密切。（　　）

三、回答下列问题

1. 举例说明现代农业跟传统农业有什么根本不同。
2. 为什么现代农业的标志是农业机器的广泛应用？
3. 现代科技在现代农业中扮演着什么样的角色？
4. 现代农业为什么要与工商业结合？
5. 什么是大地园林化？它跟现代生态有什么样的关系？

2.3 中国免除农业税，农民树碑纪念

生词 Vocabulary

1. 征收(徵收)	zhēngshōu	(动)	levy; collect; impose
2. 支撑(支撐)	zhīchēng	(动)	prop up; sustain; support
3. 实惠(實惠)	shíhuì	(形)	material benefit; tangible benefits
4. 试点(試點)	shìdiǎn	(名)	make experiments; conduct tests at selected points; launch a pilot project
5. 赔钱(賠錢)	péi qián		sustain losses in business; compensate

Preparing to Read Reading for Main Ideas：这篇文章介绍中国农民对免除农业税的感激心情，请找出文章的主要的观点（有的这里已经列出，请补出其他的部分）。

1. ______________________________

2. 为了看看免除农业税是否合适，中国政府先在一些地方做了试验。

3. ______________________________

中国免除农业税，农民树碑纪念

2005年12月29日，中国政府宣布，从2006年开始，中国将对全部农村免除征收农业税，中国的九亿农民依法告别了中国历史上延续了2600年的交“皇粮国税”——农业税的规矩。全中国的农民听到了这个消息，都高兴万分。

中国自古从春秋时代（差不多就是孔子生活的时代；另一种说法是在夏代，时间更久，离现在有4200年了）政府就向农民征收农业税（当时叫田赋）了。两千多年来，农民的生活一直很苦，税收一直是压在农民身上的一个重大的负担。

同样，农业税在中国历史上也一直是政府财政收入的主要来源。在1949年新中国成立初期，农民缴纳的税费支撑了中国工业化的初期经济积累。近年来，随着工业和服务业的快速发展，农业税在国家财政中的比重逐步变小。中国全国财政收入中来自农业税的收入从1950年的41％下降到了2005年的不到1％。

根据中国近年来农村经济发展的实际情况来制定新的农业政策是中国政府关心的一个重要问题。中国改革开放二十多年来，中国的经济和城市建设有了很大的发展，中国开始逐渐向工业化和小康的道路发展。中国的广大农村也开始变化，向城镇化的方向靠近。很多的农村人口开始走向城市，很多的农村土地也开始变成城镇、工业区和商业用地。因此，重新调整中国的农村政策，鼓励农民安心农业生产、让农民得到实惠就成了中国政府应该考虑的一个重大问题。就是在这样的背景下，中国政府提出了在全中国免除农业税的新政策。

在全国实行这个政策以前，中国政府在一些省市先做了试点，事实证明，减免农业税的政策有效地调动了亿万农民种田的积极性，让很多在外打工的农民重新回到了农田。河南省的农民郭天朝告诉记者，他家以前种地农业税收的负担太重，种粮根本不合算，种地不只是不赚钱而且赔钱，他们就都出去打工，没有人愿意种地了。没想到现在政府把农业税全免了，这样种地就有了赚头，他们不用在外面四处打工了，在家里好好种庄稼，一样可以致富发财。

这位农民的话代表了全中国农民的心声。政府宣布了2006年全国免除农业税的消息后，全中国的农民都喜出望外。四川省南部县有500多个农民凑钱在村委会门口树立了一个纪念碑，用这个碑介绍了中国征收农业税2600年的历史和今天免除农业税的好政策，表达了对政府的感激之情。

在中国的河南省，70岁的老农民赵世民也在自己家的院子里立下了这样一块纪念碑，他要让自己村里的人和自己的子孙后代都记着这件事，感谢政府对农民的好政策，让大家努力种田，世世代代当一个好农民。

中国政府近年来除了免除农业税，还积极帮助农民开展多种经营，帮助他们增加收入。现在，在中国各地有着不少的种粮大户、养殖专业户、蔬菜专业户和各种副业的生产户。今天的农民有的种粮食，有的种蔬菜或从事养殖等等，有的生产工艺品，他们在用勤劳的双手养活着自己，养活着自己的国民，同时，也丰富着中国老百姓的生活，装点着自己美丽的国家。

中国政府不仅免除了农业税，还有各类帮助农民的农业补贴，同时还有粮食最低保护价收购、农村合作医疗、农村最低生活保障、农民子女免费上学、农民工免费技术培训等惠农政策。这些政策积极地调动了中国农民的生产热情和主动性。今天，中国的农村也在不断地向前发展，中国农民正在迎来他们史无前例的最好时代。

After Reading Reading for Details：选择下面的正确答案并补足信息：

1. 中国政府宣布在________年免除农业税。
   A. 2005　　B. 2006　　C. 2600
2. 中国早在________就开始征收农业税了。
   A. 2005 年　　B. 春秋时代　　C. 1949 年
3. 免除农业税的好处是：
   A. 让农民回来种地　　B. 让农民出去打工　　C. 种地赔钱
4. 政府免除了农业税，农民觉得：
   A. 不合算　　B. 致富发财　　C. 喜出望外
5. 农民立碑的目的是为了：
   A. 教育子孙　　B. 感谢政府　　C. 世世代代做农民
6. 指出下面哪一个政策跟帮助农民无关：
   A. 农业补贴　　B. 计划生育　　C. 免费上学

词汇知识 Vocabulary Build-up

词义辨析练习：两人一组讨论并选出与黑体字意思相近的词语，如果需要，可先查词典。

征收	收获	收取 √	征集 √
支撑	支持	支援	支出

实惠　　好处　　实在　　实际

语法 Grammatical Points and Idiomatic Expressions

1. “自古……就……”

这种句型常常用来表示一种天经地义的道理或事实。它往往用强调时间的悠久来表示内容的权威性，它的目的是强调约定俗成和习惯的力量。例如：

(1) 中国自古从春秋时代政府就向农民征收农业税了。

(2) 中国人自古就强调中庸之道，特别是强调和谐和不争的理论。所以历史上的中国人很少到别的国家去进行侵略活动。

2. “同样……”

这种句型往往表达遵循前面的情况；但有时候也表达一种相反相成的结果状态，有一种比较甚或相反的意义在内。例如：

(1) 同样，农业税在中国历史上一直也是政府财政收入的主要来源。

(2) 他喜欢打牌，同样，他太太也喜欢打牌。有时候他们家常常打牌打通宵，而且吵闹声音很大，邻居们常常抱怨他们。

(3) 他不喜欢我，同样，我也不喜欢他。所以这些年来我们俩的关系一直不好。

词法与句法练习 Word Usage Exercise

一、填空(用所给的词语完成下面的句子)

近年来　没想到　一直　一样　除了　根据　同时　不仅

1. 两千多年来，农民的生活一直很苦，税收__________是压在农民身上了一个重大的负担。
2. ______，随着工业和服务业的快速发展，农业税在国家财政中的比重逐步变小。
3. ______中国近年来农村经济发展的实际情况来制定新的农业政策是中国政府关

心的一个重要问题。

4. ________现在政府把农业税全免了，这样种地就有了赚头，他们不用在外面四处打工了。
5. 现在由于国家取消了农业税，农民们在家里种好庄稼，________可以致富发财。
6. 中国政府近年来________免除了农业税，还积极帮助农民开展多种经营帮助他们增加收入。
7. 中国的农民在用他们勤劳的双手养活着自己和自己的国民，________，也丰富着中国老百姓的生活，装点着自己美丽的国家。
8. 中国政府________免除了农业税，还有各类帮助农民的农业补贴等惠农政策。

二、用下面的词语造句

1. 征收：

2. 支撑：

3. 实惠：

4. 免除：

5. 延续：

三、根据课文回答下面的问题

1. 中国征收农业税的历史有多久？古代的政府为什么要征收农业税？
2. 请你谈谈新中国征收农业税的情况。
3. 新中国成立六十年了，为什么要到 2006 年才开始取消农业税？
4. 什么是试点？取消农业税为什么要先做试点？
5. 本文报道，农民对取消农业税的反应怎么样？他们为什么会有这样的反应？
6. 除了免除农业税，中国政府还采取了什么措施来帮助农民？

阅读课文

中国历史上的农业税

中国开始有了成熟发展的农业以后，中国的历史书上就有了征收农业税的记载。它大约开始于公元前两千年的夏代；可以说农业税同中国最早的朝代是一起诞生的，从那以后一直贯穿了历朝历代。

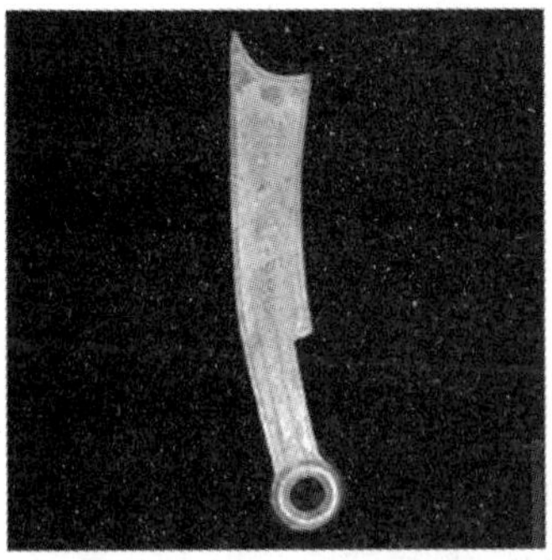

中国从公元前的夏代起就规定对公田私田一律按亩缴税，称为田赋，经过各个朝代、民国时期，直到中华人民共和国成立后的 2006 年全面取消农业税，先后经历了 4200 年。农业税的共同特征是土地及跟土地有关的农业收入始终是国家税收的基本来源；纳税人或税地、纳物或纳钱始终是税收制度设计的主要命题；税收负担的高低始终随着改朝换代和税费改革起伏变化。只有今天的政府在第三次农业革命的推动下，才彻底取消了农业税，开创了中国农民无税的新时代。

农业税是怎么起源的呢？在公元前 2200 年左右，中国形成了历史上第一个朝代——夏王朝。有了国家就有了税收制度，而当时国家的主要劳动者都是农民，最早的税收当然就是农业税，这些在孟子的著作和司马迁的历史书《史记》上都有记载。他们说，那时候不仅有了农业税，而且有了完整和系统的农业税法《尚书·禹贡》，对于农业税的情况有着详细的规定和介绍。

第二个时期是中国农业税的确立和巩固时期。到了春秋时期，农业生产力发展了，由集体耕作向个体家庭经营演变，土地私有制发展了，国家又规定了新的农业税法案。而到了秦朝，建立了统一的中央集权后，在政府机构中设立了专门的财政部门来统一农业税收制度。秦朝除了田赋外还设立了人口税，对农民的剥削非常残酷，逼得农民不断地造反，秦王朝随之不久也灭亡了。

后来，汉代开始吸取前面朝代的教训，对农业税进行了改革与完善。封建的统治阶级为了缓和与农民的矛盾，巩固自己的统治，在农业税上，各个朝代都采取了不同的名称和做法。唐朝中期开始实行变征实物为征钱，反映了从实物税向货币税的过渡。到了明中叶时推行一条鞭法，将各种各样的杂税合并编成总数按亩征收，使货币税确定为主流。清代中期实行了新的方法，把各种应收的人口税（丁银）摊入地亩之中，废除了历史上长期存在的人头税，结束了长期以来地户、人口分别征收的混乱现象，完成了役赋合并，即人头税归于财产税的过程。

清朝政府被推翻后的一段时间，中国面临着外来帝国主义侵略和国内军阀混战的局面，这一时期的农业税非常繁重，广大农民负担加重，民不聊生，造成了社会的混乱和贫困。

新中国建立以后，政府对农业税开始采取轻税政策。它的目的是减少农业经济利益的向外转移，使农民得到休养生息，促进农业生产发展。从1985年起，农业税由原来征收粮食改为按粮食倒三七比例价折算成货币金额进行征收，农业税实现了从实物税向货币税的过渡，农业税占农业生产总值的比例不断下降。此外，各种税收优惠政策增加，有优待减免（如开垦荒地、兴修水利、植树造林等）、灾歉减免（实行“轻灾少减、重灾多减、特重全免”）和社会减免（如对革命烈士家属、残废军人和老、弱、孤寡户等）。1952年，中国农业增加值占中国GDP的50.5%，提供的农业税25.5亿元，占财政总收入13.8%。而到了1978年，农业增加值占中国GDP的28.1%，提供农业税收31.65亿元，占当年财政收入的2.7%。到了2002年，农业增加值占中国GDP的15.4%，提供各种农业税收 717.85 亿元，占当年财政收入的 4%。

2005 年 12 月 29 日，十届全国人大常委会第十九次会议高票通过决定，自 2006 年 1 月 1 日起废止《农业税条例》。2006 年中国全面取消农业税后，与农村税费改革前的 1999 年相比，中国农民每年减负总额将超过 1000 亿元，人均减负 120 元左右。全面取消农业税表明中国在减轻农民负担，实行工业反哺农业、城市支持农村方面取得了重要突破。

2006 年，中国全面取消农业税，比原定用五年时间取消农业税的时间表整整提前了三年。据统计，自 2001 至 2004 年，全国共减免农业税 234 亿元，而 2005 年全国进一步减轻农民负担 220 亿元。

2005 年岁末免除农业税的惠农政策以法律的形式固定下来，让 9 亿中国农民彻底告别了缴纳农业税的历史。这是中国农民命运开始重大变化的标志性事件。废止农业税条例，标志着中国农民的命运开启了一个不同以往任何历史时期的崭新阶段。

生词 Vocabulary

1. 演变(演變)	yǎnbiàn	(动)	develop; evolve; evolution
2. 法案(法案)	fǎàn	(名)	proposed law; bill
3. 教训(教訓)	jiàoxùn	(动/名)	lesson
4. 缓和(緩和)	huǎnhé	(动)	relax; allay; calm; ease up; mild
5. 主流(主流)	zhǔliú	(名)	main stream; essential or main aspect; main trend
6. 摊(攤)	tān	(动)	apportion; quotas; charges and "denotions"

7.	民不聊生(民不聊生)	mín bù liáo shēng		the people live on the edge of starvation; life is impossible for the people; People have nothing to depend on for their living
8.	折算(折算)	zhésuàn	(动)	obversion; convert
9.	优待(優待)	yōudài	(动)	give preferential treatment
10.	减免(減免)	jiǎnmiǎn	(动)	deduct, reduce, remit
11.	开垦(開墾)	kāikěn	(动)	open up wasteland for farming; reclaim wasteland; bring under cultivation
12.	烈士(烈士)	lièshì	(名)	a person of high endeavor; martyr
13.	残废(殘廢)	cánfèi	(形)	maimed; crippled; (physically) disabled
14.	孤寡(孤寡)	gūguǎ	(形)	orphans and widows
15.	废止(廢止)	fèizhǐ	(动)	abolish; annul; put an end to

一、根据课文内容,选择正确的答案

1. 中国最早征收农业税的朝代是

   A. 历朝历代　　B. 辛亥革命　　C. 夏代　　D. 民国时期

2. 最早记载农业税的书是

   A. 孟子的著作　　B.《史记》　　C.《尚书·禹贡》

3. 中国历史上征收农业税和对农民剥削残酷的朝代是

   A. 秦朝　　B. 夏朝　　C. 汉代　　D. 明中叶

二、根据课文,判断下面句子的正误

1. 中国关于农业税最早的记录是在 2200 年前。(　　)
2. 中国征收农业税的历史一共有 4200 年之久。(　　)
3. 在中国的唐朝,农业税可以用钱来缴纳。(　　)
4. 在清朝被推翻到 1949 年的这一段时间里没有农业税。(　　)

5. 中国政府原来决定从 2009 年起全国取消农业税。(　　)
6. 中国实际上在全国取消农业税的日子是 2005 年 12 月 29 日。(　　)

三、根据课文回答下面的问题

1. 什么是农业税?为什么中国历史上所有的朝代都有农业税?
2. 中国的农业税是从什么时候开始的?
3. 中国历史上哪些著作里最早提到了关于农业税的记载?
4. 说说秦朝农业税的特点。那时的农业税跟秦朝的灭亡有什么关系?
5. 新中国建国以后,在农业税方面采取了哪些办法?
6. 新中国建立以后,有哪些农业税方面的减免优惠政策?
7. 中国政府为什么要彻底免除农业税?请你说说农业税在新中国 GDP 中的比例情况。

2.4 "农民工":是工人还是农民?

生词 Vocabulary

1. 摩天大楼(摩天大樓)	mótiān dàlóu		skyscraper
2. 下水道(下水道)	xiàshuǐdào	(名)	sewer; gully drain
3. 采访(採訪)	cǎifǎng	(动/名)	have an interview with; be on assignment (for a newspaper); gather material
4. 朴实(樸實)	pǔshí	(形)	simple; plain
5. 鞭炮(鞭炮)	biānpào	(名)	firecrackers; maroon
6. 融入(融入)	róngrù	(动)	to get into; become involved; integrated; merge
7. 边缘(邊緣)	biānyuán	(名)	border; edge; fringe; margin
8. 见世面(見世面)	jiàn shìmiàn		see the world; enrich one's experience
9. 向往(嚮往)	xiàngwǎng	(动)	yearn for; look forward to; be attracted toward
10. 待遇(待遇)	dàiyù	(名)	treatment; benefit
11. 急迫(急迫)	jípò	(形)	urgent; pressing; imperative
12. 妥善(妥善)	tuǒshàn	(形)	appropriate; proper; well arranged

Preparing to Read Reading for Main Ideas：这篇文章谈了中国近年来城市化的发展和农民工问题，请找出文章的主要的观点（有的这里已经列出，请补出其他的部分）。

1. <u>农民工在今天的中国无处不在，但他们的身份很难定位</u>。
2. ____________________
3. ____________________

农民工：是工人还是农民？

最近二十年，在中国出现了一个非常流行的词"农民工"。差不多每一个中国人都接触过农民工，即使是外国人在中国也会见到农民工。

什么是农民工呢？不专门说出来，你简直不知道。我们住的宾馆的门卫小伙子、柜台的服务员、在这里清理房间的女孩和做洗衣服务的中年妇女很多都是农民工；我们出去旅游时看到的在修建高速公路的工人是农民工；在我们这条街上建造摩天大楼的那些建筑工人是农民工；昨天帮助我们楼修理下水道、在烈日下挖沟的那些人是农民工，我们老师家里的保姆也是农民工。从报纸上看，中国到处都是农民工，从建造著名的北京奥林匹克体育馆“鸟巢”的，到在全中国开车搞运输的，到在市场里卖菜的，到在城里找零活儿做的，都有农民工的身影。2008年夏天在中国的电视上我看到了一个采访节目，一大群农民工在北京建造“鸟巢”体育场四年了，他们每天工作很辛苦，盖好了“鸟巢”，他们回家了。可是他们村里的人不相信他们就是在北京建造“鸟巢”的人。奥运会开始了，这些农民工不能去参观奥运会，电视台的记者想着他们，在奥运会期间到农村去访问他们而且播出了他们建造“鸟巢”时候的录像，这些朴实的农民工看到这些时感动得哭了，他们村里的人看到电视也哭了。那天，村子里放了鞭炮，像是在过年一样。这个故事很感人，很多观众看了以后也哭了。我觉得，农民工就是中国人的代表，他们是一些很好的人。

可是，我又发现，在中国，很多人看不起农民工。农民工一般干比较粗、比较累和比较脏的活儿，城里人往往觉得他们比较穷、比较笨、比较没文化。真的是这样吗？

农民工工作这样努力，他们能建这么高大的楼房、操作非常精致的机器，做漂亮的衣服和高级的电器，很多城里人没有了他们差不多什么都做不成，我们能说农民工笨吗？

那么，农民工跟城里人或城里的工人有什么不同呢？他们为什么被叫做“农民工”呢？

其实，这个问题在中国老百姓那里也有争论。有人认为，所谓农民工其实就是农民工人。可是这个说法有有点矛盾，农民就是农民，工人就是工人，什么叫农民工人呢？后来又有人说农民工是指一些农民不做农民的工作而到了城里去做工；他们不再是农民，可是他们也没有完全融入城市的生活，就这样，他们既不是农民也不是工人，同时，他们又是农民又是工人，是一个身份不定的社会群体，所以有人给他们起了一个新的名字叫“农民工”或者是“边缘人”。

从上面我们可以看出农民工在城里的待遇是不够好的。那么，农民们为什么又要到城里去呢？那是因为城里有更多的机会，他们在城里能多挣一点钱，他们在城里能多见一些世面，他们向往着城里的生活。

其实，在城里，农民工很辛苦，他们的日子过得也不算舒服。他们往往被看成是社会的底层，干最苦最累最危险的活儿。可是也有的人不这样认为，比如我的一个中国朋友的亲戚过去也是农民工，但是他们有本事，后来变成了老板，在城里买了汽车和房子，他们嘴里常常说"农民工如何如何"，好像他们已经不是农民工了。因为他们穿得好吃得好很有钱，别人也就不觉得他们是农民工了。其实虽然他们是老板，他们还是要带着农民工干活儿。

这些有了钱的农民工到底还算不算是农民工呢？算不算农民工是要用钱来做标准的吗？为什么他们有了钱就可以看不起自己的农民工兄弟了呢？

城市里少不了农民工，但是农民工在城里的生活却不一定幸福。农民工为城市做了很多的事，可是他们在城里的地位很低。近年来农民工在城里生活的主要的问题是他们基本上没有医疗保险，农民工的工作很艰苦甚至有时候很危险，他们出了事故或生了病有没有保障是一个大问题。另外，农民工的社会福利也是一个大问题。农民工在年龄合适和身体强壮的时候可以工作，可是当他们生病或年纪老了的时候有谁来关心他们的生活？农民工可不可以像城里的工人一样享受退休制度呢？

另外，农民工子女的教育也是一个非常重要的问题。有的农民工家庭是夫妻都在城里做工，他们的孩子因为没有城市户口而不能享受城市的待遇在城里上学，而他们在农村已经没有了家，也不能回到农村上学，这个问题是一个很大的问题。考虑到中国差不多每个城市都有成千上万的农民工，上面说的问题就很普遍而且很急迫了。近年来，中国政府也已经关心到了这些问题，他们在试图解决农民工的医疗、福利、劳动制度和子女教育的问题，而且这方面已经有了很多的进步。希望在不久的将来，这些问题都能够得到妥善的解决。

After Reading Reading for Details：请标出下面句子的信息对不对：

1. 农民工是一些在城市里做苦活儿的农民，但他们不做家务活。（ ）
2. 农民工在北京建“鸟巢”体育场，但体育场里人太多，他们不能去。（ ）
3. 因为农民工没有钱去看奥运会，他们村里人都哭了。（ ）
4. 虽然农民工比较没有文化，但是他们很善良、很努力。（ ）
5. 农民工不再是农民，可是因为他们不是城里人，所以也不能算是工人。（ ）
6. 农民工为了多挣一点钱和见世面到城里，可在城里日子过得并不舒服。（ ）
7. 有的农民工老板有了钱就看不起农村人，也不承认自己是农民。（ ）
8. 农民工面临着很多问题，其中比较重要的是医疗保险和子女上学问题。（ ）

语法 Grammatical Points and Idiomatic Expressions

1. “…… 简直……”

这种句型往往用来表示一种强调语气。它是用一种较夸张的语气来表达“差不多就是这样”或“完全就是这样”的意思。它往往表达较为强烈的感情色彩。例如：

(1) 什么是农民工呢？不专门说出来，你简直不知道。
(2) 他的这幅画画得真好，看上去简直就像是一片真的山水在你眼前。
(3) 你们怎么能这样对待他呢？他已经工作了一天一夜没休息了，简直都快累死了，你们还要给他新的任务！

2. “从……到……都……”

这种句型一般强调一种范围。这种范围可以是实际的，也可以是一种抽象的。但不管是什么样的范围，这里突出的都是一种深和广的意思。而且它通常都有一些夸张强调的意味。例如：

(1) 中国到处都是农民工，从建造著名的北京奥林匹克体育馆“鸟巢”的，到在全中国开车搞运输的，到在市场里卖菜的，到在城里找零活儿做的，都有农民工的身影。

(2) 去年我开车旅行，发现中国到处都在盖房子，整个像是一个大工地。从上海到苏州，从市区到郊区，到处都是盖房子的工地和农民工。

(3) 我发现，最近的金融危机影响到了美国人生活的各个方面，从旅游业到市场，从国际贸易到教育，各方面都波及到了。

3. “……，就这样……”

这种句型表示一种结果。这种结果往往是一种无奈或是消极性的内容。所以这种句型代表着一种被动的结局，这是使用这种句型时需要留心的。例如：

(1) 农民工脱离了农村，可是也没有完全融入城市的生活，就这样，他们既不是农民也不是工人，同时，他们又是农民又是工人。

(2) 他刚开始以为这只是个小病，因为忙就没有及时去医院。后来虽然觉得不舒服却因为怕花钱又把检查拖了下来，就这样一拖再拖，最后终于发现是个绝症，但后悔已经晚了。

(3) 他刚上大学时比较贪玩，没有好好学习，后来又因为选课没有经验而漏掉了一些必修的课程。就这样一再的出现失误，结果现在大家都毕业了，他还是没能毕业。

词法与句法练习

Word Usage Exercise

一、填空(用所给的词语完成下面的句子)

简直　差不多　比如　可是　其实

那么　甚至　好像　而且

1. ________每一个中国人都接触过农民工，即使是外国人在中国也会见到农民工。
2. 什么是农民工呢？不专门说出来，你________不知道。
3. ________，农民工跟城里人或城里的工人有什么不同呢？他们为什么被叫做“农民工”呢？
4. 可是也有的人不这样认为，________我的一个中国朋友的亲戚过去也是农民工……

5. 他们嘴里常常说"农民工如何如何"，________他们已经不是农民工了。
6. ________虽然他们是老板，他们还是要带着农民工干活儿。
7. 农民工为城市做了很多的事，________他们在城里的地位很低。
8. 农民工的工作很艰苦________有时候很危险，他们出了事故或生了病有没有保障是一个大问题。
9. 近年来中国政府也已经关心到了这些问题并在试图解决这些问题，________这方面已经有了很大的进步。

二、用下面的词语造句

1. 朴实：

2. 融入：

3. 向往：

4. 急迫：

5. 妥善：

三、根据课文回答下面的问题

1. 为什么在最近这二十年中国才出现了这么多农民工？
2. 请你举例说明农民工主要做什么工作，他们和城市工人有哪些区别？
3. 农民工的待遇为什么不好？它主要体现在哪些方面？
4. 为什么有的农民工自己也会看不起农民工？
5. 如果你是一个农民工，你认为应该怎样去寻求更好的生活？
6. 如果你是一个城里人，你认为应该怎样妥善地对待农民工？

2.5 农民眼中的当家做主

生词 Vocabulary

1. 边远(邊遠)	biānyuǎn	(形)	far from the centre; remote; outlying;
2. 公款(公款)	gōngkuǎn	(名)	public funds; government expense
3. 报销(報銷)	bàoxiāo	(动)	apply for reimbursement; hand in a list of expended articles; write off; wipe out
4. 投诉(投訴)	tóusù	(动/名)	write to state or request; complain; complaint
5. 考察(考察)	kǎochá	(动)	inspect; investigate; make an on-the-spot investigation;
6. 透明(透明)	tòumíng	(形)	transparent; verification; hyaline;
7. 理财(理財)	lǐcái	(动)	manage money matters; conduct financial transactions
8. 暗合(暗合)	ànhé	(动)	agree without prior consultation; (happen to) coincide
9. 制衡(制衡)	zhìhéng	(动)	check and balance
10. 挥霍(揮霍)	huīhuò	(动)	spend lavishly; spend freely
11. 生硬(生硬)	shēngyìng	(形)	rigid; stiff; arbitrary; inflexible
12. 模仿(模仿)	mófǎng	(动)	imitate; copy; model oneself on

Preparing to Read Reading for Main Ideas：这篇文章用了一个很生动的例子谈了今天在中国农村如何理解“民主”的问题。请找出文章的主要的观点（有的这里已经列出，请补出其他的部分）。

1. ______________________
2. ______________________
3. 真正的民主是大家都来关心集体的事情，都有说话和参加管理的权利。

农民眼中的当家做主

在中国边远的省份贵州省有一个村子，这个村的农民因为发明了一个特殊的“公章”而一下子闻名全国。这是一个什么样的公章呢？

表面上看这是一个圆形的公章，跟中国其他的公章没有什么不同，但是仔细看才发现这个圆形的公章却被分成了五瓣——这就奇怪了，一个公章为什么要分成五瓣呢？

原来，这是一个非常穷困的村庄，在这个村，政府每年发给5000元的办公经费，还有一些其他的收入。这些钱很少，当然不够用，可是多年来，这很少的一点公款怎么用、用在哪儿却常常引起村民们的不满和怀疑。

这样，在2006年2月21日，这个村的领导和10位村民忽然想出了一个主意："我们能不能刻制一枚公章，再把它分成五瓣，全村四个村民小组各选一个代表再加上一名村里的领导，五个人每人拿上一瓣，以后村里因为公事花钱必须经过其中至少三人同意后，把五瓣合并起来再盖章才能报销。"会计谭先生的这个提议马上得到了村委会和全村农民的认同。

自从采用这个"五瓣公章"后，村民们关于村委会的财务投诉就没有了。村里理财小组的账目记录得特别详细，在他们的账本上，2007年4月17日的支出是这样的："米酒3斤×1.7元 = 5.1元，豆腐两块2元，猪腿3.8斤×7元 = 26.6元，香烟1包12元，招待县委陈书记到我村考察工作全部花销45.7元"。当记者问到这样的公章的好处和它的民主意义时，这个村的老百姓说："民主就是为了实现大家的意图。"这比领导签字或者让每个人去按手印都更透明。

有的专家认为这个农民自己当家做主的例子非常好，这种理财方式实际上暗合了"分权制衡"的原理。采用这种方式真正实现了从结果公开到过程公开、从专制政策到民主决策、从纵向监督到横向监督、从对上负责到对下负责的转变。有了这些转变，村组干部们就不能随便挥霍村民的钱，一切都要在老百姓的监督之下了。这个村作为中国近70万个行政村之一，它用民主的方式来理财的榜样作用还是值得肯定的。

这个村用"民主选举、民主决策、民主管理、民主监督"的方式来管理自己的例子受到了很多人的赞成和支持。它表明中国的农民在开始更深地理解了民主的意义并用民主的方式来表达自己的想法，对村里的大事发表自己的意见、积极参与政府的管理。这个"五瓣公章"也迅速地成为了中国农民关心的话题。但是更多的人认为，"五瓣公章"只是个形式，人们没有必要去生硬地模仿它，也不必每个地方都要做出这样的"五瓣公章"。民主，对广大农民和老百姓来说，最重要的不是大家都来模仿"五瓣公章"，而是要在每一个人心里都有这样的一个"五瓣公章"。只有这样，全国的农民才能真正成为国家的主人。

After Reading Reading for Details：请标出下面句子的信息对不对：

1. 中国贵州省一个村子因为边远而闻名全国。（　　）
2. 因为公款太少不够用，所以老百姓决定要做一个五瓣公章。（　　）
3. 最早提出要做一个五瓣公章的是全体村民。（　　）
4. 采用了五瓣公章以后，干部们觉得没有事情可以做了。（　　）
5. 有的专家认为中国 70 万个行政村都应该学习这个村的做法。（　　）
6. 凡是用上了五瓣公章的村子就达到了民主的要求。（　　）
7. 有的人认为不应该学习五瓣公章，而应该把五瓣公章藏起来。（　　）
8. 有的人认为有没有五瓣公章不重要，重要的是在村民心里要有五瓣公章所代表的民主精神。（　　）

语法 Grammatical Points and Idiomatic Expressions

1. "……暗合了……"

这种句型往往用来表示并非有意，也非事先安排好但却恰恰符合的意思，有一种隐性的强调和惊奇的效果，常常用来表示一种凸显的结局。例如：

（1）有的专家认为这个农民自己当家做主的例子非常好，这种理财方式实际上暗合了"分权制衡"的原理。

（2）虽然我们事先并没有机会讨论这个问题，可没想到"英雄所见略同"，他提出的方案恰恰暗合了我的这个提案。

词法与句法练习

Word Usage Exercise

一、填空(用所给的词语完成下面的句子)

就是　至少　但是　而是　还是　自从　可是

1. 这些钱很少，当然不够用，________多年来，这点公款怎么用、用在哪儿却常常引起村民们的不满和怀疑。
2. 以后村里因为公事花钱必须经过其中________三人同意后，把五瓣合并起来再盖章才能报销。
3. ________采用这个“五瓣公章”后，村民们关于村委会的财务投诉就没有了。
4. 这个村的老百姓说，“民主________为了实现大家的意图”，这比领导签字或者让每个人去按手印都更透明。
5. 专家认为，这个村用民主的方式来理财的榜样作用________值得肯定的。
6. 这个“五瓣公章”迅速地成了中国农民关心的话题；________更多的人认为，“五瓣公章”只是个形式。
7. 最重要的不是大家都来模仿“五瓣公章”，________要在每一个人心里都有这样的一个“五瓣公章”。

二、用下面的词语造句

1. 边远：

2. 投诉：

3. 考察：

4. 透明：

5. 暗合：

6. 制衡：

7. 挥霍：

8. 模仿：

三、根据课文回答下面的问题

1. 你觉得五瓣公章的办法怎么样？它是不是你所理解的民主？
2. 你认为，公款多了他们是不是还会发明五瓣公章？
3. 为什么说“五瓣公章比领导签字或让每个人去按手印都更透明”？你同意这句话的观点吗？
4. 为什么有的专家赞扬五瓣公章，有的专家认为不能提倡和推广这样的方法？
5. 为什么这篇文章说“最重要的不是大家都来模仿‘五瓣公章’，而是要在每一个人心里都有这样的一个‘五瓣公章’”？你同意这个说法吗？

第三章

当代中国城市的发展

3.1 对话：城市的功能和历史

A：没来中国以前，我看过一个美国的电影，叫做《大地》，电影里的中国很有意思。我原来觉得中国大概就是那个样子，而且在很多美国人的想象里中国的风景也就是那个样子。没想到来到中国以后，我发现眼前的中国跟电影里的中国一点儿也不一样。

B：你太有意思了！你知道那是什么时候的中国吗？

A：我知道是过去的中国，但那也许是很多西方人心目中"真实"的中国。可是来到中国以后我发现我们完全错了，那样的中国可能在几十年前就消失了。现在的中国到处都是大城市。我敢说，中国的大城市比美国和欧洲的大城市都要多，真好像是全中国的人都住在城市里！

B：哎！这你就不对了。因为你生活在中国的城市里，你就会觉得中国人都生活在城市里。其实中国最广大的老百姓还是生活在农村的。虽然你也参观过农村，可是你要是多去一些地方，你就会知道，中国的农村才是中国的主流。

A：我相信你说得对，可是中国的城市这些年也在飞快地发展，你承认吗？你能不能给我介绍一下中国城市发展的基本情况、中国城市的分类和它们今后会怎样发展等等？我现在对这些问题很感兴趣。

B：我虽然比你了解得多一些，但我也不是这方面的权威。我只能跟你简单地谈一谈，要真想了解中国城市发展的全部历史，我们还要去查更多的书、资料等等，而且还要去请教有关的专家。

A：哎！算了吧，你别说得那么玄乎了，我并不是现在要专门研究这个题目，你就把你知道的给我介绍一下，好吗？

B：好吧，我尽力而为吧。我觉得现在中国的城市基本上可以分为三类。

A：三类？哪三类？

B：你知道，中国有着世界上非常古老的文明，所以第一类的城市是那些从古代就有的城市。这类城市的历史有的有上千年或几千年，如河南的商丘、江苏的徐州、陕西的西安和南京、北京这些城市。这类城市占着中国城市的主流。从古到今，它们一直都是中国文化发展的枢纽和重要的集结地。当然，除了这些最有名的大都市以外，中国还有很多古老的中小城市，可能你不太熟悉，我不一一说明了；但是这些城市里面外国人知道比较多的举例来说还有洛阳、开封、苏州、杭州和扬州等等，相信你一定知道。

A：这我当然知道，我还基本上都去过呢。那么，第二类呢？

B：第二类的城市差不多只有几百年的历史，或者是原来虽然有历史但名气不太大，是到了最近两百年才变得更加有名的。

A：有哪些城市呢？

B：哦，这些说起来你一定知道。有代表性的如上海、广州、香港等等。

A：啊！这些城市太有名了！我当然知道。可是它们为什么是最近这两百年才有名的呢？

B：这类城市的开发和繁荣跟西方国家对中国的殖民化侵略有关。从差不多两百多年前，有一些西方国家开始比较频繁地跟中国打交道，而且看准了中国这个世界上最大的市场。当时的英国已经把印度变成了它的殖民地，接下来就把注意力转到了中国，开始想把中国也变成它的殖民地。当时对中国感兴趣的当然还不止是英国，还有其他西方国家。

A：这跟我们要谈的中国城市的发展有关系吗？

B：当然有关系了！这些西方国家开始跟当时的中国政府谈判，想在中国做生意。可是当时的中国政府不愿意跟外国人打交道。后来英国人开始向中国贩卖鸦片和毒品。有些中国老百姓吸食鸦片成瘾，中国政府下令禁毒。

可是英国政府命令海军攻打中国，在 1840 年和 1848 年中英两国进行了两次鸦片战争，结果中国都失败了。英国胜利以后，逼迫中国把一些港口城市变成向中国倾销毒品和商品的港口，并逼迫中国政府把当时的香港“借”给了英国当作殖民地城市；这样，就有了后来的香港。而广州、上海等城市也是当时英国迫使中国政府向它开放的港口。由于这些城市后来成了中国进出口货物的中心，同时也成了中国商业发展的中心，所以它们有了现在的规模。

A：噢！原来是这样。我还真不知道这些城市的历史，听起来真的是很不公平。那么，后来中国政府是怎样做的呢？

B：后来中国开始有了反抗帝国主义、封建主义的战争，最后推翻了帝国主义和反动政府的统治，建成了今天的新中国。

A：哦，好棒！那么，第三类城市呢？它们的发展又有些什么样的特色呢？

B：这第三类城市发展的历史就更加短了。它们一般是指在中国改革开放这三十年来新发展的一批新兴城市。这些城市中有的是因为它的地理情况的特殊或重要而一下子发展成了全中国甚至全世界都闻名的城市，比如像深圳、海口、三亚等。另一类的则是大量的、比较广泛发展的一批新兴的城市，这类城市几乎在中国各地都有。它们过去大部分都是些中小城镇，有的是一些县城。随着中国改革开放的进一步发展，中国政府提出了中国要尽快进入工业化、进入“小康社会”的目标。为了达到这个目标，中国需要加速城市化的步伐。在这种形势下，这些县城很快地就变成了城市，那时候叫做“县转市”，更有一些城镇甚至乡也因为社会经济发展的需要而变成了今天的城市。

A：啊，听起来真的是发展得很快呀。从你刚才的介绍中我了解了中国城市发展的过去、现在甚至于将来。这真是一个有意思的变化。古代的城市、最近二百年来发展的城市和今天刚刚发达的城市交织在一起，就像是一个有着不同颜色的美丽的图案，也像是一个使用着不同乐器的交响乐团，它们在一起展现出不同的美来；同时它们也表达着团结、和谐和共同发展进步的声音，所以今天的中国才能有这样的活力，才能这样天天在发展。

B：你的比喻真好，它恰恰说明了今天中国的情况。

A：你说不是吗？

B：当然是。今天的中国在发展进步，但是我们还是面临着很多的问题。

A：面临着什么样的问题呢？

B：首先，现在随着城市人口急速地增长，有着一系列的问题需要解决。比如，关于城市发展的各种规划、城市生态问题、城市人口的住房、教育、医疗、就业、计划生育等等，问题很多啊。

A：嗯，这些问题都很重要。

B：除了这些以外，还有发展和土地开发及环境保护之间的矛盾问题。比如说，现在发展城市必然要占用大量的土地。同时，发展城市、搞活经济、引进外资就要牵扯到发展和维持工业化项目的问题。

A：是啊。农村变成了城市，耕种的土地就越来越少了。农田变成了工厂或公司，就不能种粮食了。而且我听说，有的工业项目引进来了，虽然能够赚钱，可是对环境很不好，造成了很多的污染。你说的是这些问题吗？

B：对，就是这些问题。现在中国面临的问题不仅仅是扩大城市面积，加快城市化的目标，还在于要合理地规划城市发展和环境保护之间的关系。我们不仅要发展城市，而且要防止和杜绝污染，把原有的污染企业消除或转移，最后做到完全合理地发展中国的城市建设。

A：我明白了！你说的是不是我在上海城市建设博物馆里看到的中国城市建设的发展目标？

B：什么目标？

A：就是中国未来城市发展的绿色规划呀！那儿展示了上海城市发展的历史和上海周围城镇今后发展的规划。特别是上海旁边的一个大岛叫什么明的……

B：是崇明岛吧。对了，这个岛要建设成一个中国绿色城镇的模范。除了要很好地发展城市建设，还要同时保持良好的环境，现在"生态""环保"是发展的关键词。现在它是一个县，也许，今后它能够发展成一个新的城市呢！未来的中国城市不但要是工商业和经济文化的中心，而且还要是环保中心，是旅游和观光的风景点，是最适合老百姓生活的乐园。

A：好极了。这样的城市什么时候能建成啊？

B：现在很多城市已经是这样了。比如你去过的苏州、杭州，还有很多中小城市都做到了花园式的管理，你以后再多去一些地方参观，一定还能见到更多。

A：我会去的。前些年听说中国的城市空气污染比较严重，现在看到这个情况正在改观，我好高兴。原来听说很多地方的河水和湖水都受到污染，现在看到苏州河和西湖的水都是绿色的，我感到特别高兴。

B：中国的城市正在发展，不管是老城市还是新城市，在现在的发展中，最重要的就是要注重环保、注重老百姓的生活质量。我相信中国城市的未来发展一定会越来越好的。

生词 Vocabulary

1. 功能（功能）	gōngnéng	（名）	function
2. 分类（分類）	fēnlèi	（名）	to sort, to category
3. 权威（權威）	quánwēi	（名/形）	authority; authentic
4. 玄乎（玄乎）	xuánhu	（形）	unreliable; incredible; a bit iffy
5. 尽力而为（盡力而爲）	jìn lì ér wéi		do one's best; to the best of one's capabilities
6. 枢纽（樞紐）	shūniǔ	（名）	pivot; hub; axis; key position
7. 繁荣（繁榮）	fánróng	（形）	flourishing; prosperous; booming
8. 殖民地（殖民地）	zhímíndì	（名）	colony
9. 谈判（談判）	tánpàn	（动）	negotiations; talks; negotiate
10. 贩卖（販賣）	fànmài	（动）	peddle; sell; marketing
11. 鸦片（鴉片）	yāpiàn	（名）	opium; thebaica
12. 毒品（毒品）	dúpǐn	（名）	narcotic drugs; narcotics
13. 瘾（癮）	yǐn	（名）	addiction; strong interest

14. 倾销(傾銷)	qīngxiāo	(动)	dump; dumping
15. 推翻(推翻)	tuīfān	(动)	overthrow; overturn
16. 新兴(新興)	xīnxīng	(形)	new and developing; rising
17. 比喻(比喻)	bǐyù	(动/名)	metaphor or simile; analogy
18. 恰恰(恰恰)	qiàqià	(副)	just; exactly; precisely
19. 规划(規畫)	guīhuà	(名/动)	planning; plan; schematization
20. 占用(佔用)	zhànyòng	(动)	occupy; occupancy
21. 污染(污染)	wūrǎn	(动)	pollute; contaminate
22. 面积(面積)	miànjī	(名)	area
23. 杜绝(杜絶)	dùjué	(动)	stop; completely eradicate; put an end to
24. 观光(觀光)	guānguāng	(动)	go sightseeing; visit; tour
25. 乐园(樂園)	lèyuán	(名)	paradise; Eden
26. 改观(改觀)	gǎiguān	(动)	change the appearance [face] of; turn around; bring a new look on

词汇知识 Vocabulary Build-up

词义辨析练习：两人一组讨论并选出与黑体字意思相近的词语，如果需要，可先查词典。

功能	功用 √	功夫	效能 √
权威	能力	威望	威风
玄乎	奥妙	模糊	难解
繁荣	繁忙	兴旺	昌盛
推翻	打倒	否定	推动
规划	规定	计划	规矩
杜绝	禁止	制止	消灭

语法 Grammatical Points and Idiomatic Expressions

1. “为了……”

这种句型往往表示动作或行为的目的，然后提出具体的行动、措施和打算；有的时候不提出具体的方案，但提出一种希望和要求。例如：

(1) 中国政府提出了中国要尽快进入工业化、进入“小康社会”的目标。为了达到这个目标，中国需要加速城市化的步伐。

(2) 为了庆祝圣诞节的舞会，我们已经忙碌了三天了。

(3) 为了毕业以后能够尽快找到工作，想想看，你还能做些什么？

2. “……恰恰……”

这种句型表示一种强调，它有“刚刚好”“正好”的意思。但有时候它也作为副词用在正反对比的句子里来加强语气，表示强烈的赞成或反对的意思。例如：

(1) 你的比喻真好，它恰恰说明了今天中国的情况。

(2) 那天我幸运极了，那个商店只有一台打三折的廉价电脑，下午刚刚拿出来，恰恰被我赶上买到了。

(3) 我们这里说的“洋为中用”的目的不是崇洋媚外，恰恰相反，我们的目的是为了更好地创新和拓展民族品牌。

句式和词汇练习 Speach Patterns and Word Usage

一、完成下面的句子

1. 我原来总认为中国是个农业国，没想到＿＿＿＿＿＿＿＿＿＿＿＿＿＿＿＿＿＿＿＿＿＿＿＿＿＿＿＿＿＿。

2. 我敢说，没有用过“中国制造”的产品＿＿＿＿＿＿＿＿＿＿＿＿＿＿＿＿＿＿＿＿＿＿＿＿＿＿＿＿＿＿。

3. 我本来以为美国的一切都是最好的，其实＿＿＿＿＿＿＿＿＿＿＿＿＿＿＿＿＿＿＿＿＿＿＿＿＿＿＿＿。

4. 我虽然比你来中国早了半年，______________________________

______________________________。

5. 我们以前都知道美国的纽约是世界金融贸易的一个中心，______________

______________________________。

6. 除了上海以外，中国的香港______________________________

______________________________。

7. 作为一个繁荣的城市，上海的历史并不是很长，______________________

______________________________。

8. 香港不仅是中国的一个金融发展中心，______________________________

______________________________。

9. 为了尽快度过这次金融危机，世界各国政府都在积极想办法______________

______________________________。

10. 要想尽快解决眼下的失业问题，除了______________________________

______________________________。

二、用括号里的词改写下面的句子

1. 那一年，香港政府想了各种各样的方案和办法，跟香港老百姓一起，经过了非常艰苦的奋斗，终于战胜了亚洲金融风暴，保证了香港金融和财政的安全。

（为了……）

2. 他学了九年中文，而且在中国的大学和公司都工作过。现在中美经济形势这么好，他终于有了用武之地。

（为了……）

3. 你别以为他现在这么有钱他就一定出生在一个富贵人家。事实完全不是这样，他的父亲其实是一个农民，他们家族的事业是靠刻苦努力才发展成今天这个样子的。

（……恰恰……）

4. 他不喜欢说出自己的想法并不是他没有想法。你错了，他开这个会的目的只是想听听所有人的观点，他其实已经决定了，而且很明白自己下一步要做什么。

（……恰恰……）

一、根据词性搭配画线连词

尊重	繁荣	推翻	规划
了解	权威	制定	土地
经济	产品	占用	浪费

倾销　　　　功能　　　　　　　　　　杜绝　　　　统治

二、用下面的词语造句

1. 功能：

2. 权威：

3. 玄乎：

4. 尽力而为：

5. 繁荣：

6. 频繁：

7. 新兴：

8. 恰恰：

9. 杜绝：

10. 改观：

3.2 户口是什么

生词 Vocabulary

1. 户口(户口)	hùkǒu	(名)	number of households and total population; registered permanent residence
2. 人人皆知(人人皆知)	rénrén jiē zhī		we all know; everybody realizes....
3. 使用率(使用率)	shǐyònglǜ	(名)	usage rate; utilization rate;
4. 籍贯(籍貫)	jíguàn	(名)	the place of one's birth or origin; native place
5. 亲缘关系(親緣關係)	qīnyuán guānxì		genetic relationship; consanguinity
6. 迁徙(遷徙)	qiānxǐ	(动)	move; migrate; change one's residence
7. 户籍(户籍)	hùjí	(名)	census register; household register; registered permanent residence
8. 变更(變更)	biàngēng	(动)	change; alter; modify
9. 凭(憑)	píng	(介)	rely on; depend on; go by; base on
10. 粮票(糧票)	liángpiào	(名)	certificate to buy food; grain coupon
11. 兑换(兑换)	duìhuàn	(动)	redemption; exchange; convert
12. 证明信(證明信)	zhèngmíngxìn	(名)	letter of reference; letter of certification
13. 街道办事处(街道辦事處)	jiēdào bànshìchù		residential district government; community committee

14. 农转非(農轉非)	nóng zhuǎn fēi		rural residents become urban residents; change from rural residents to urban residents
15. 稀罕(稀罕)	xīhan	(形/动)	rare; scarce; uncommon; cherish
16. 松动(鬆動)	sōngdòng	(动)	become less crowded; become flexible; loosen; Ease off
17. 人口学(人口學)	rénkǒuxué	(名)	demography; larithmics
18. 配置(配置)	pèizhì	(名)	deploy; allocation; collocation; configuration;
19. 择业(擇業)	zéyè	(动)	choose a job; career selection
20. 权益(權益)	quányì	(名)	rights and interests; legal right; inviolable rights
21. 不尽相同(不盡相同)	bú jìn xiāng tóng		are not so identical; not all the same
22. 涌入(湧入)	yǒngrù	(动)	swarm into; pour in;
23. 局面(局面)	júmiàn	(名)	aspect; phase; situation; prospects;

Preparing to Read Reading for Main Ideas：这篇文章谈了新中国的人口政策、城市管理以及城市和农村流动人口等问题，请找出文章的主要观点（其中有的这里已经列出，请补出其他的部分）。

1. 新中国户口制度的发展主要有三个阶段。
2. ________________
3. ________________

户口是什么？

"户口"在中国是一个人人皆知的词，而且使用率很高，可是很多外国人不了解什么是户口；而且跟他们越解释越糊涂。我做了一段时间的研究，总算把户口的内容基本上搞清楚了，下面让我来给你做一个介绍。

户口，在中国的工具书上说是是指一个地方的住户和人口。一般老百姓家里都有户口本，它记载着这家住户的成员的姓名、籍贯、年龄、职业等基本内

容；此外它还记录家庭成员之间相互亲缘关系、婚姻状况、地址和工作单位等方面的信息。户口是政府提供给公民的居住许可，它是以家庭为基础发放的。

据了解，新中国建国以来，中国户籍管理制度的变化大致上可以划分成三个阶段：第一阶段，1958年以前，是自由迁徙期；第二阶段，1958年到1978年，是严格控制期；第三阶段，1978年以后，是半开放期。大致上说，中国的户口基本上分为两种：一种是农村户口，另一种是城镇户口。农村户口和城镇户口有很大的不同。

在1958年以前，中国没有严格的户籍管理制度，人们可以自由迁徙。1958年中国公布了第一部户籍制度《中华人民共和国户口登记条例》，确立了一套较完善的户口管理制度，它包括常住、暂住、出生、死亡、迁出、迁入、变更等7项人口登记制度。这个条例以法律形式严格限制农民进入城市，限制城市间人口流动，在农村和城市之间进行了严格的区分。

在这样的制度下，户口的意义极其重要。人们的工作和生活一般被划定在一块具体的地方即户口所在地，一般不便迁徙。他们可以出行，但是在外地没有办法得到工作，不能享受公共服务、教育，也比较难以生存。因为在那时候城镇居民的粮食供应是有限制的，城镇居民买粮食要凭粮食本或领取粮票供应。如果没有粮票，在那个年代，无论你有多少钱都买不到粮食；即使是在饭店买饭或糕点店买点心也要使用粮票才能买。

但是城镇居民的粮票只是由他们的户口所在地的政府发行，所以，如果没有城镇户口就不可能领到粮票；没有粮票，在城镇里或许只能生活一段时间，要想长期生存会有困难。而且那时候的粮票差不多都是每个城市自己发行，不能在其他城市使用，这样就限制了一个地方人口的流动。如果一个人要想到本省内其他的城市，他就必须要兑换省内流通的粮票；如果要到其他省去，他必须兑换全国粮票。而兑换这一类的粮票时，必须有工作单位或地方政府的证明信。而农村人要去本省以外的城市，申请全国通用粮票，要经过好几道手续，还可能得不到批准。这样，政府对于流动人口的管理和社会安全等方面就容易控制。

除了粮票以外，户口制度也非常容易控制城镇居民住户的其他情况。如果一个家庭来了客人或亲戚等等很容易被邻居或地方上的街道办事处发现；而且那时候人们如果到外地旅行一定要有证明信或介绍信。这种制度一直延续到了80年代前后。因此，在那时候，如果没有当地户口的话，人们基本上不能迁徙，特别是对一个农村人来说，想迁到城里是难极了。那时候，农民户口转到城里叫"农转非"，只能是通过考大学、在城里找到工作或是跟城里人结婚才能办到，这样的机会一般都非常稀罕。城里人有粮票，能在城里工作，他们可以吃"大锅饭"，有"铁饭碗"。这样，城乡差距就越来越大了。

但是在1980年以后，很多事情都发生了很大的变化。户口制度的强制性也没有以前那么有威力了。变化开始是在中国不再需要凭粮票购粮食，只要有钱就行。而且随着中国城市建设需要大量的劳动力，农民们没有城镇户口也可以到城里工作，这样，城里就有了大量的新型的工人——农民工。

虽然现在农民可以到城里做工，城镇户口制度有了松动，但是农民在城里仍然面临着户口制度的局限。由于没有城镇户口，他们在医疗保险、子女受教育、社会福利等问题上仍然有着很多困难。而这些困难，也不是地方政府努力就能够解决的。此外，非城镇居民在城市的工作也受到种种限制，比如有的工作就需要有本市的户口等才能申请，非城镇居民在城市的安全问题有时候也令人担忧，需要有城市的"暂住证"等来保障他们的身份安全等等。

随着社会经济的发展，中国的户籍制度在有些方面已经不太能够适应今天社会的发展。因为随着市场经济的发展，人口流动是社会发展的必然结果，快速的经济发展必然产生大量的人口流动，美国、澳大利亚以及中国的香港都是世界上人口流动量大，人员迁徙频繁的国家和地区，同时也是经济高速发展之地。人口学专家研究表明：合理的人口流动能促进商品经济的发展，有利于人才交流和劳动力资源配置。今天，中国政府为实现公民的择业、居住以及迁徙自由，正采取多种措施鼓励、支持和引导人口的正常、合理流动。

但是，我们也能看到如果一下子取消这项制度，也将会给今天的中国带来很大的挑战。政府原来给人们不同的户口，人们享受的权益和承担的责任也不尽相同，尤其是城市与农村之间更明显。如果马上取消户口制度，大量的农民从农村涌入城市或从小城市涌向大城市，在短时期内可能会产生混乱。这个事情如果处理不当，会引发很大的社会问题。打个比方，这就像突然世界上所有国家的国界都开放，任何人都可以在一夜之内自由地从一个国家迁移到另外一个国家，你可以想象，这样情况下一下子会出现什么样的局面。

如何解决好这个历史和发展的问题是这一代的中国人和中国政府面临的

一个很大的挑战。

Preparing to Read Reading for Main Ideas：完成下面的句子并补足信息：

1. "户口"在中国是一个________的词，而且________很高。
2. 户口，在中国的工具书上说是是指一个地方的________和________。
3. 户口是政府提供给公民的________，它是以________为基础发放的。
4. 中国的户口基本上分为两种：________和________，它们很不一样。
5. 那时候城镇居民买粮食要凭________或领取________供应。否则就无法生活。
6. 在那时候，如果没有________的话，人们基本上不能________。
7. 城里人有粮票，能在城里工作，他们可以________，有________。
8. 那时候，农民户口转到城里叫________，只能是通过________、在城里________或是________才能办到。
9. 由于农民工在城里没有城镇户口，他们在________、________、________等问题上仍然有着很多困难。
10. 今天，中国政府为实现公民的________、________以及________，正采取多种措施。

阅读与讨论

Reading Comprehension and Discussion

小组讨论：两人一组根据课文内容讨论下列问题并写出答案及做出这样结论的原因。

描　写	举　例	原　因
中国的户口制度内容很复杂		
中国的户口制度分三个阶段		
中国的户口制度很严格		
中国户口制度曾经很有效		
中国户口制度正在进行改革		

词汇知识　Vocabulary Build-up

词义辨析练习：两人一组讨论并选出与黑体字意思相近的词语，如果需要，可先查词典。

籍贯	老家 √	户籍	家乡 √
迁徙	迁移	搬迁	搬家
变更	变化	变迁	更换
兑换	交换	兑现	互换
稀罕	罕见	新奇	稀奇
权益	权宜	权利	权势
不尽相同	不很相同	全不相同	不全相同

语法　Grammatical Points and Idiomatic Expressions

1. “大致上说，……”

这种句型用来说明一种概要和大体上的情况。它一般表述的是作者所了解到的基本上的事实或判断。这种句型的使用一般呈现一种比较严谨和慎重的态度，给说话者的观点留有余地。例如：

(1) 大致上说，中国的户口基本上分为两种：一种是农村户口，另一种是城镇户口。

(2) 对这件事，我只了解基本情况。大致上说，我认为政府有责任；但我们还需要进一步证实记者报道的事实。

（3）这个作者是不是抄袭我不能肯定，但大致上说，我发现这两本书中有很多相似的内容和表述。

2. "由于……"

这种句型陈述一种原因以及因为这种原因而导致的事实。它是一种有强调意味的条件句式。此类句型有时候也有连词的功能，它和"所以、因此、因而"等相呼应来表示原因。这种句型比较偏重于书面表述，在口语中常常用"因为"代替。例如：

（1）由于没有城镇户口，农民工在医疗保险、子女受教育、社会福利等问题上仍然有着很多困难。

（2）由于事前准备得相当充分，这次考试虽然很多同学都没考好，可他根本就没有觉得难，而且考了一个很好的成绩。

（3）由于事前根本没想到她会在这个时候说出这样的话来，所以她的话一出口，大家都惊呆了。

3. "……，尤其……"

这种句型表示强调。它一般用在句子的后面部分，表示更进一步的意思。有时候也表示一种语义上的感情色彩。有"更加""特别"的意思。例如：

（1）政府原来给人们不同的户口，人们享受的权益和承担的责任也不尽相同，尤其是城市与农村之间更明显。

（2）这次金融危机对全世界的金融市场都打击很大，尤其是对美国的华尔街打击更大；很多人都因此失去了工作。

（3）今年的新型流感对很多人造成了伤害，尤其是对儿童和孕妇。

4. "打个比方……"

这种句型一般表示对前面的内容进行进一步说明。它一般有隐性的强调意义。通常是前面有了一种观点或结论，为了更进一步说明，用这种句型来阐述前面的观点。这种句型的目的是举例子，所以它一般要选用一种通俗易懂、鲜明的例子；要不然就会适得其反或显得累赘。例如：

（1）这个事情如果处理不当，会引发很大的社会问题。打个比方，这就像突然世界上所有国家的国界都开放，任何人都可以在一夜之内自由地从一个国家迁移到另外一个国家。

（2）电脑语言是个很复杂的系统，很多有名的科学家试图用简单的道理来让老百姓懂得它的工作原理。打个比方，他们常常用 1 和 0 这两个数字来说明电脑语言和数字化的意义等等。

词法与句法练习

Word Usage Exercise

一、填空（用所给的词完成下面的句子）

总算　　这样　　而且　　除了　　但是　　由于

如果　　因为　　所以　　只要　　虽然　　比如

1. “户口”在中国是一个人人皆知的词，________使用率很高，可是很多外国人并不了解什么是户口。
2. 我做了一段时间的研究，________把户口的内容基本上搞清楚了。
3. ________在那时候城镇居民的粮食供应是有限制的，城镇居民买粮食要凭粮食本或领取粮票供应。
4. 他们可以出行，________在外地没有办法得到工作，不能享受公共服务、教育，也比较难以生存。
5. ________没有粮票，在那个年代，无论你有多少钱都买不到粮食。
6. ________粮票以外，户口制度也非常容易控制城镇居民住户的其他情况。
7. 城镇居民的粮票只是由他们的户口所在地的政府发行，________，如果没有城镇户口就不可能领到粮票。
8. 城里人能在城里工作，他们可以吃“大锅饭”，有“铁饭碗”。________，城乡差距就越来越大了。
9. 变化开始是在中国不再需要凭粮票购粮食，________有钱就行。
10. ________没有城镇户口，他们在医疗保险、子女受教育、社会福利等问题上仍然有着很多困难。
11. ________现在农民可以到城里做工，城镇户口制度有了松动，但是农民在城里仍然面临着户口制度的局限。
12. 非城镇居民在城市的工作也受到种种限制，________有的工作就需要有本市的户口等才能申请。

二、用括号里的词语改写下面的句子

1. 这所学校是很不错的。它基本上能代表美国教育的风格。在美国大学的排名榜上，它总是在前十名。

（大致上说……）

2. 我还是喜欢这个画家的作品的。他的风格可以说是雅俗共赏。这些年来，他的作品在全国各类展览上都一再展出。

（大致上说……）

3. 他不应该这样骄傲。他本来应该得到这个工作的，可是面试的时候他对考试官这样不客气，最后还是没有得到。

（由于……）

4. 我从来就没有喜欢过这种风格的衣服，特别是它的花边这么多，看上去非常俗气。

（……尤其……）

5. 我们不止是觉得他的本领不够，而且非常看不惯他的那种态度。他对所有当官的人都拼命巴结，对所有的同事都欺负，所以这次他一张选票也没有得到。

（……尤其……）

6. 在那个时候，京剧是老百姓最喜欢的娱乐形式。那时候还没有电影和电视，看京剧就是老百姓最幸福的事，只有过年过节的时候才能享受呢。

（打个比方……）

三、用下面的词语造句

1. 使用率：

2. 迁徙：

3. 变更：

4. 兑换：

5. 稀罕：

6. 权益：

7. 局面：

四、根据课文回答下面的问题

1. 中国为什么要有户口制度？这个户口制度后来又为什么改变了？
2. 户口制度的特点是什么？你觉得，它的好处和坏处有哪些？
3. 中国的户口制度跟美国的“绿卡”制度有什么相同和不同的地方？
4. 谈谈中国户口制度发展的三个阶段的各自特点。
5. 什么是粮票？粮票有哪些功能？它起到了什么样的作用？
6. 户口制度是怎样控制人口流动的？
7. 为什么在1980年以后中国的情况出现了变化？
8. 你认为应该不应该取消户口制度？谈谈你的道理。

写作练习 Writing Exercise

一、分析课文

这是一篇比较全面地回顾和介绍某一个专门领域的文章。这是一个一般老百姓很熟悉而且记忆犹新的领域。让我们看看作者是怎样展现他的题目的：

1. 首先使用了历史回顾的方法，带领读者走进情景。

主题：中国户口制度的历史和利弊

【例】1)户口制度中国人人皆知，但外国人不理解。
2)户口制度经历了三个主要的阶段。
3)户口制度跟全中国老百姓的生活息息相关。
4)户口制度在今天中国的发展和变化。
5)现在我们还不能取消户口制度。

2. 运用了历史回顾和归纳的方法，脉络和线索清晰。

【例】1)户口的基本内容介绍。
2)为什么要建立户口制度。
3)户口制度的效果。
4)户口制度的某些弊端和局限。

3. 用年代、数字和历史时期的变化对比说明问题，很有说服力。

【例】文章中有大量的年代对比、阶段性变化等资料，让读者读后印象清晰、深刻。

4. 运用正反两个方面的材料来回顾和论述，摆事实、讲道理，不将观点强加于人。

【例】这篇文章讨论的是一个有争议性的话题。作者尽量利用了客观材料来叙述内容和观点。不止是介绍正面的观点，也从不同的角度来讨论不同人们对事实从不同角度的理解；同时，在文章的结尾欲擒故纵，以开放的姿态来将论题进行反论，收到了以理服人的效果。

二、写作练习

1. 请你以这篇文章的方法选取一个题材写一篇文章，介绍一下你们国家的人口制度或近二十年来关于移民、找工作方面的情况。请注意年代、时间和数据等材料的使用。
2. 写作题：

   "我国的人口制度"

   "我们国家要不要接受移民"

   "外国人给我们带来了福利还是带来了失业"

3.3 普通话在上海的故事

生词 Vocabulary

1. 尴尬(尷尬)	gāngà	(形)	awkward; embarrassed
2. 局外人(局外人)	júwàirén	(名)	outsider
3. 可巧(可巧)	kěqiǎo	(副)	as luck would have it; by a happy coincidence;
4. 忍不住(忍不住)	rěnbuzhù		unable to bear; unbearable; can't help (doing sth.)
5. 土话(土話)	tǔhuà	(名)	local dialect; dialect; patois; colloquial expressions
6. 精通(精通)	jīngtōng	(动)	be proficient in [at]; be good at
7. 瞧不起(瞧不起)	qiáobuqǐ		have no regard for; look down on sb.; turn up one's nose at sb.
8. 能人(能人)	néngrén	(名)	capable brains; talent
9. 移民(移民)	yímín	(名)	immigrate; immigrant
10. 行不通(行不通)	xíngbutōng		won't work; get nowhere; impractical
11. 抱怨(抱怨)	bàoyuàn	(动)	complain; grumble; murmur at; complaint
12. 便于(便於)	biànyú	(动)	easy to; convenient for
13. 投资者(投資者)	tóuzīzhě	(名)	investor; money man
14. 碰运气(碰運氣)	pèng yùnqi		to try one's luck [fortune; lot]; take a chance; depend upon luck; There is no assurance that one will win or succeed.

15. 活力(活力)	huólì	(名)	vigor; vitality; energy
16. 招聘(招聘)	zhāopìn	(动)	give public notice of a vacancy to be filled; advertise for; recruit; recruit and employ
17. 方言(方言)	fāngyán	(名)	dialect; localism
18. 优越感(優越感)	yōu yuè gǎn	(名)	sense of superiority; superiority complex
19. 秘密(祕密)	mìmì	(形)	secret; confidential

Preparing to Read Reading for Main Ideas：这篇文章谈了在今天中国城市关于语言和文化的一个有趣的问题，请找出文章的主要的观点（有的这里已经列出，请补出其他的部分）。

1. ______________________________
2. ______________________________
3. 普通话在中国的文化和经济中都扮演着越来越重要的角色。

普通话在上海的故事

我早就听说过很多上海的故事，看过关于上海的电影。

有人告诉我上海是中国最大的城市，有人说上海是最受西方人欢迎的中国城市。我的很多朋友都去过上海，他们回来后告诉我上海像纽约，也像旧金山；上海的中国饭很好吃，旅馆也很干净；上海的出租车很便宜，老百姓也很热情。

可是我也听人说过上海人只说上海话，听说上海话很难懂，连大部分中国人都听不懂，就更不用说外国人了。我学了三年中文了，连普通话都还没有学

好，再让我去学上海话，那就更不可能了；所以，虽然有人说过上海有那么多好处，我那时还是没有决定我要不要去上海学中文。

我去问我们的中国老师，那位年纪大一些的老师说，上海非常好，但他不太喜欢上海，因为如果在上海，你不会说上海话，人们会看不起你。他举了一个例子：如果三个人在一起出去玩，其中有两个人是上海人，他们就一定会当着另一个人的面用上海话交谈，让不是上海人的那位朋友觉得非常尴尬，让他觉得是局外人。这位老师告诉我，他在上海上过大学，可是没学过上海话，但他完全听得懂上海话。有一次他跟两个上海人一起出去，两个上海人用上海话当面议论他，以为他听不懂，可巧他们说了一个笑话我的老师听了忍不住笑了起来，把这两个上海人吓了一跳：能听得懂用上海土话说笑话的人对上海话一定精通。想到他们刚才还当面用上海话议论过我的老师，这两个上海人自己尴尬得脸都红了。

但是我另一位中国老师说的情况完全不一样，他告诉我他这些年常去上海，上海已经完全变了。今天的上海，人们已经不像过去那样只说上海话了，上海的老百姓平常说的是普通话，上海人也不像过去那样瞧不起外地人。今天的上海是一个国际大都市，全世界的人都去上海，而全中国的能人都去上海做生意或建设上海，上海已经是一个典型的移民城市，如果有人要是坚持只说上海话，他们就一定行不通了。在今天的上海，不仅不必担心人们只说上海话，而是相反，甚至老一代的上海人抱怨年轻人只说普通话，渐渐地不会说上海话了。他们在担心随着说上海话的人口越来越少，上海的文化传统也将慢慢地消失了。

为什么在上海会出现今天这样的情况呢？第一，是我们前面所说的，现在的上海已经不止是上海人的上海，它是一个国际化的大都市，也是一个正在发展和发达的城市，在新上海的建设和发展过程中，全中国和全世界的精英都来到了上海做生意或发展自己的事业，这样，作为“国语”的普通话越来越成为了更重要的交际语言，它更加便于大家的交流和工作。

其次，今天来上海的外地商人和投资者、各种专业人才也不再像过去的外地人到上海是来碰运气、讨生活或出卖力气吃饭；今天的好多外地人都是大老板和有钱人，他们给上海带来了财富、活力和上海需要的市场、金融和科技知识等等，这些说普通话的外地人当然也受到了上海人的尊敬。

此外，现在上海的年轻一代特别是大学生们和招聘来的来自全国各地的专业人才，他们在上海学习和工作而且越来越成功，收入高，生活好，贡献大，这些年轻人大部分也都不会说上海话；同时，上海本地的年轻人跟在上海的全国各地的人才以及全世界的人才交流使他们知道使用普通话甚至使用英语更重要，家乡的方言已经不是他们的优越感的表现和“秘密武器”，他们宁可多花时间去学英文也不再多花时间在学上海话上，所以就有了上面上海老一辈人的担心。但是上海今天的年轻人却没有老人们那么着急，他们认为上海话本身就是过去的地方方言变化而来的，上海话在今天也该随着变化。今天的上海开始流行普通话，说明上海人开始走向全中国；今天的上海年轻人开始学外语，说明上海人在开始走向全世界。

我终于来到了上海，而且来上海快一年了。我交了很多朋友，我发现我来中国前的担心是多余的，这儿的人们大部分都跟我说普通话，而且普通话说得好极了。当然，我在上海也学会了一些上海话，比如说“侬好”“再会”等等。有一次我接电话，我忽然讲了一句“啥宁(人)”，接电话的人忽然突突拉拉给我讲了一大串上海话，他一定以为我是上海人了！我害怕了，马上老老实实告诉他：“阿拉勿懂，我是哇国宁(外国人)。”对方听了，愣了一下，马上哈哈大笑，改口跟我说普通话了。

这是我在上海的一次很有意思的经历，我一直没有忘记。

After Reading　Reading for Details：选择下面的正确答案或补足信息：

1. 外国人认为上海是中国________的城市。
   A. 最大的　　B. 最受欢迎　　C. 最热情
2. 作者刚开始时不愿意去上海是因为怕：
   A. 上海话　　B. 普通话　　C. 上海人
3. 年纪大的教师说自己不喜欢上海，上海人曾经因为他________看不起他。
   A. 不会说上海话　　B. 在上海上大学　　C. 听不懂上海笑话
4. 另一位老师说上海人现在讲________，也不像过去那样看不起________了。
5. 现在各地的能人都去上海________或________，上海已经是一个________。
6. 现在的上海________和________甚至更重要，家乡的方言慢慢成了________。
7. 上海的老一辈人担心________，而年轻人________。

词汇知识　Vocabulary Build-up

词义辨析练习：两人一组讨论并选出与黑体字意思相近的词语，如果需要，可先查词典。

尴尬	不舒服	为难 √	不自然 √
可巧	巧妙	恰巧	恰好
抱怨	报复	不满	抱歉
精通	全面了解	深入了解	一般了解
秘密	隐蔽	保密	严密

语法 Grammatical Points and Idiomatic Expressions

1. "……,可巧……"

这种句型往往表示一种巧合或使人惊奇的情况,有"正好""凑巧"的意思。它往往描述一种不寻常的情况或出人意料的情形,有着一种强调和惊奇的意味。例如:

(1) 两个上海人用上海话当面议论他,以为他听不懂,可巧他们说了一个笑话我的老师听了忍不住笑了起来。

(2) 半夜里,这个商店突然起了大火。可巧这时候有个警察路过这儿,马上打电话叫人,大火很快就被扑灭了。

2. "……,而是相反……"

这种句型表示一种强烈的对比。它一般用于强调性的句式,有一种辩驳的意味。它往往用在一种富有争议性的话题或提出相反观点的时候,有一种突出的效果。但是这种句型往往有一种强烈的排他效果而且语气较为强烈,需要慎用。例如:

(1) 在今天的上海,不仅不必担心人们只说上海话,而是相反,甚至老一代的上海人抱怨年轻人只说普通话,渐渐地不会说上海话了。

(2) 我觉得电视上那个唱歌的这样打扮一点都不好看,而是相反,让人看上去觉得恶心。他除了唱歌以外,真该好好学学怎样穿衣服。

词法与句法练习 Word Usage Exercise

一、填空(用所给的词完成下面的句子)

那就	可巧	当然	更不用说	可是	如果
其中	这样	因为	而是相反	宁可	而且

1. 听说上海话很难懂,连大部分中国人都听不懂,就________外国人了。
2. 我学了三年中文了,连普通话都还没有学好,再让我去学上海话,________更不可能了。

3. 一位老师说，上海非常好，但他不太喜欢上海，________如果在上海，你不会说上海话，人们会看不起你。
4. 如果有三个人在一起出去玩，________有两个人是上海人，他们往往会当着那个外地人的面用上海话交谈。
5. 这位老师告诉我，他在上海上过大学，________没学说上海话，但他完全听得懂上海话。
6. 有一次他跟两个上海人一起出去，两个上海人用上海话当面议论他，以为他听不懂，________他们说了一个笑话我的老师听了忍不住笑了起来。
7. 上海已经是一个典型的移民城市，________有人要是坚持只说上海话，他们就一定行不通了。
8. 在今天的上海，不仅不必担心人们只说上海话，________，甚至老一代的上海人抱怨年轻人只说普通话，渐渐地不会说上海话了。
9. 全中国和全世界的精英都来到了上海做生意或发展自己的事业，________，作为“国语”的普通话越来越成为了更重要的交流语言。
10. 年轻人________多花时间去学英文也不再愿意多花时间在学上海话上，所以上海老一辈人非常担心。
11. 我来中国前的担心是多余的，这儿人们大部分都跟我说普通话，________普通话说得好极了。
12. ________，我在上海也学会了一些上海话，比如说“侬好”“再会”等等。

二、用下面的词语造句

1. 尴尬：

2. 可巧：

3. 忍不住：

4. 瞧不起：

5. 行不通：

6. 便于：

7. 精通：

8. 抱怨：

9. 碰运气：

10. 优越感：

11. 秘密：

三、根据课文回答下面的问题

1. 去上海以前，作者听说的上海是什么样子的？
2. 作者在刚开始的时候为什么不敢去上海？
3. 作者的两个老师为什么对上海的看法不一样？
4. 你听说过关于上海人的故事吗？你能不能讲一下你家乡的故事？
5. 通过两个老师的故事，我们看到今天的上海有哪些变化？
6. 上海的老人为什么担心上海话的前途？上海的年轻人为什么不担心？
7. 现在外地来上海的人有些什么样的新特点？
8. 作者去了上海以后对上海的看法有哪些改变？
9. 作者有着些什么样有趣的上海故事？
10. 你去过上海吗？你有有趣的上海故事吗？
11. 如果你去上海，你想在上海做什么？你期待什么样的有趣的故事？

阅读课文

杭州，我的绿色旅游

没到中国以前，我就听说过"上有天堂，下有苏杭"的说法。我想我如果去中国，除了要去看长城和兵马俑以外，一定要到苏州和杭州去看看。去年到中国，我的这些梦想都实现了。

长城、兵马俑都跟我在电影电视上看到的差不多，但是这次到杭州却给了我很深的印象。最突出的印象是，这次在杭州的几天里，我根本没有靠旅行社，而是全部按照旅游书上的路线自己设计安排的，玩得很开心、很节约；最重要的是，我这次杭州之游根本没有坐任何汽车，我完全是自己骑自行车游遍了杭州。初夏的杭州到处都是美丽的绿色，而我的这次杭州游也是纯绿色的，没有用一滴汽油，没有污染空气，保持了杭州可爱的绿色。

杭州虎跑泉

让我来告诉你我在杭州的故事。

我很早就听说过了美丽的西湖，但我也听说了由于杭州太有名，到杭州游览的人越来越多。杭州城并不大，所以我一直担心这里的空气、水和自然资源可能会因为游客太多而受到破坏。杭州除了是旅游的胜地外，还是中国著名的绿茶产地，这里还是龙井茶的故乡，如果游客越来越多，它的水土还能干净吗？

带着这些疑问，我来到了杭州。没想到来到的第一天我就发现了杭州保持绿色的秘密。我去杭州的时候正是杭州的旅游旺季，这里世界各地的游人正多。而且在西湖晚上还有大型的灯光和音乐故事演出，简直是人山人海。这么多的人，如果要是人人都坐汽车，那么西湖的空气应该被污染得多么厉害呀！

可是没等到我着急，我刚刚在宾馆安排好住宿，宾馆的人员就问我要不要使用宾馆准备的自行车，免费。可我是第一次来杭州，而且对这个地方不熟悉，心里想着坐出租车最方便，也就没有使用宾馆提供的自行车。好在我的宾馆就在西湖边上，出门就是著名的景点。安排好了以后我就出去游览了。

在西湖边上，我走来走去，从一个地方到另一个地方，慢慢地越走越远，没有发现已经离自己住的宾馆很远很远了。这时候天也快要黑下来了，我想要找出租车，可是根本没有。我开始有些着急了，这时候正好发现前面有一家商店。我去商店买了一些丝绸的扇子和工艺品，突然看到商店门口摆满了自行车。我告诉服务员我在这儿找不到出租车。服务员笑着告诉我："你可以骑上我们的自行车回你的宾馆。"我怕不认识路，他们给了我一张地图，原来这里虽然离我的宾馆很远，但其实还是在同一条路上，我只要按照这条路往前骑，不用太久就会回到宾馆了。我问出租一辆自行车要多少钱，服务员说一般租用一天只要十块钱。"十块钱?"我有点不相信自己的耳朵。——只是坐一次出租车一般都还要几十块钱呢！为什么这么便宜？服务员告诉我，这是杭州市政府推行的绿色杭州游的办法，主要是想让游客跟杭州人一起来爱护杭州，爱护西湖，减少污染的鼓励措施。我正要向他们付钱，可是服务员看到了我的宾馆房卡，笑着对我说，我连这十块钱都不要付了，因为他们的商店跟我的宾馆是同一家的。我到了宾馆把车子交给那里的服务员登记一下就可以了。真是有趣。

我一路骑车回到了宾馆，西湖边上的风很爽也很凉快，比坐出租车舒服多了。而且我还骑车细看了景点，锻炼了身体，真是一举两得。晚上，我又骑了宾馆的自行车去夜游西湖，西湖的晚上也很漂亮，而且有焰火和音乐喷泉。我有了自己的自行车，想到哪儿就到哪儿，一点儿都不怕回来晚了找不到出租车。我一直玩到半夜以后才回宾馆。来杭州的第一天就高兴极了，而且我也喜欢上了骑自行车旅游，真是又省钱又锻炼身体。

第二天我起床晚了，没有借到宾馆的自行车，心里很遗憾。没想到在我吃早饭的饭店里，服务员告诉我他们也出租自行车，而且也是十块钱一天。我一听很高兴，拿出十块钱就要租他们的自行车，没想到他们没有给我自行车，却笑了。我问他们为什么笑，是不是因为我是外国人要多收我的钱？他们说不是，因为凡是在这儿租自行车的人都要给他们身份证作抵押，而我是外国人，没有身份证，所以他们笑。我问他们没有身份证有没有别的办法可以借呢？他们告诉我我可以用我的护照做抵押，可我的护照在宾馆里，我怕麻烦不想再回去取；而且我也有点担心把护照抵押在这里不太安全。最后服务员问了他们的老板，老板告诉我抵押二百块钱也可以。这个容易！我马上给了他们二百块钱，他们就把自行车给了我。

骑上了自行车，我就向郊外的灵隐寺飞奔，一路上都是树荫，凉快极了。骑自行车又自由又省钱，不像公共汽车那样挤，也不像出租车那样贵，最重要的是我有自由，我在一个自己喜欢的景点想待多久就待多久，从来不用担心出来晚了赶不上旅游车、找不到出租车。除了这些以外，还没有污染空气，同时锻炼了身体，这真是一举数得的好办法！

杭州市政府发明的这个让游客们骑自行车旅游的方法真好，不但方便了游客，而且节省了能源，防止了污染，特别是让游客们感到自由、舒适。这次自行车给我的杭州之旅带来了非常大的方便。

只用了两天多的时间，我就骑车游览了整个西湖四周所有的风景点，也游遍了虎跑泉和六和塔等地，而且游览了苏堤六桥，还游览了杭州的郊区，参观了种茶和采茶的地方。这次真是节省了时间、金钱和能源，我爱上了骑自行车旅游。

下次再去杭州时，我还要骑自行车去旅游。

生词 Vocabulary

1. 兵马俑（兵馬俑）	bīngmǎyǒng	（名）	terracotta army; terra-cotta soldiers and horses
2. 根本（根本）	gēnběn	（副）	root; radical; basic; fundamental; essential; completely; entirely; at all
3. 胜地（勝地）	shèngdì	（名）	famous scenic spot; resort;
4. 旺季（旺季）	wàngjì	（名）	peak period; boom season; busy season
5. 免费（免費）	miǎnfèi	（动）	free of charge; cost free

6. 景点(景點)	jǐngdiǎn	(名)	feature spot; tour attractions
7. 推行(推行)	tuīxíng	(动)	carry out; pursue; implement; practice
8. 爽(爽)	shuǎng	(形)	feel well; frank; straightforward; bright; clear;
9. 一举两得(一舉兩得)	yì jǔ liǎng dé		shoot two hawks with one arrow; achieve two things at one stroke
10. 焰火(焰火)	yànhuǒ	(名)	fireworks
11. 喷泉(噴泉)	pēnquán	(名)	fountain; geyser
12. 遗憾(遺憾)	yíhàn	(动)	regret; pity; regretful; sorry
13. 身份证(身份證)	shēnfènzhèng	(名)	identification card
14. 抵押(抵押)	dǐyā	(动/名)	mortgage; hold in pledge
15. 护照(護照)	hùzhào	(名)	passport
16. 郊外(郊外)	jiāowài	(名)	the countryside around a city; outskirts; suburb
17. 树荫(樹蔭)	shùyīn	(名)	shade (of a tree); tree shade; Arbor;
18. 舒适(舒適)	shūshì	(形)	comfort; comfortable; cozy

一、根据课文内容,选择正确的答案

1. 作者一定要去杭州是跟________有关。

A. 兵马俑　B. 宗教　C. 长城　D. 梦想

2. 作者这次在杭州游玩印象很深的原因是因为:

A. 旅游公司　B. 很节约　C. 自己设计　D. 骑自行车

3. 龙井茶有名是因为它的生长

A. 游客多　B. 受污染　C. 水土干净　D. 在杭州

4. 作者发现杭州保持绿色的秘密是

A. 旅游旺季　B. 人山人海　C. 大型演出　D. 少用汽车

5. 作者觉得骑自行车出去旅游的最大好处是

A. 省钱　B. 自由　C. 遗憾　D. 不认识路

6. 第二天作者刚开始租不到自行车是因为他

A. 没有钱　B. 没有身份证　C. 是外国人　D. 要多收钱

7. 下面哪一条不是骑自行车的好处？
   A. 自由＋省钱　B. 不拥挤　C. 非常疲劳　D. 锻炼身体

二、根据课文，判断下面句子的正误

1. “上有天堂，下有苏杭”是因为中国的老百姓喜欢杭州的庙很多。（　　）
2. 作者这次在杭州没有坐汽车是因为喜欢和爱护杭州的环境。（　　）
3. 全世界每年到杭州游览的人非常多，所以这儿的环境容易受到破坏。（　　）
4. 在杭州，租用自行车非常便宜，但是需要有证件或押金。（　　）
5. 杭州政府推行的绿色杭州游的目的是为了保护杭州的龙井茶。（　　）
6. 在杭州，只要有宾馆房卡，租自行车就可以不要钱。（　　）
7. 如果没有身份证，在杭州就没法租到自行车。（　　）
8. 除了节省能源以外，骑自行车旅游还可以锻炼身体。（　　）

三、根据课文回答下面的问题

1. 为什么说“上有天堂，下有苏杭”？
2. 你喜欢喝中国绿茶吗？你喝过龙井茶吗？除了龙井茶，你还知道什么别的绿茶？
3. 杭州政府为什么推广绿色杭州游的方法？你喜欢这种方法吗？你觉得这种方法能不能推荐到你现在生活的城市？
4. 你觉得骑自行车对保护环境有没有意义？它的意义有这位作者说得这么大吗？
5. 根据课文，请你总结一些作者列举的他骑自行车游杭州的好处。
6. 如果你去杭州旅游，你愿意骑自行车吗？请告诉我们你愿意或不愿意的理由。

3.4 个体户、私营企业和城市服务业

生词 Vocabulary

1. 简称(簡稱)	jiǎnchēng	(名)	the abbreviated form of a name; abbreviation; shorter form; for short
2. 占有(佔有)	zhànyǒu	(动)	occupy; hold; have; own; possess
3. 依法(依法)	yīfǎ	(动)	according to law; in conformity with legal provisions
4. 手工艺(手工藝)	shǒugōngyì	(名)	handicraft art; handicraft
5. 作坊(作坊)	zuōfang	(名)	workshop; mill; work house
6. 服务业(服務業)	fúwùyè	(名)	Service Industry; service sector
7. 餐饮业(餐飲業)	cānyǐnyè	(名)	catering industry; the food and drink industry
8. 商户(商户)	shānghù	(名)	merchant;
9. 加工业(加工業)	jiāgōngyè	(名)	processing industry
10. 运输业(運輸業)	yùnshūyè	(名)	transportation business; carrying trade
11. 规模(規模)	guīmó	(名)	scale; scope; dimensions; size
12. 项目(項目)	xiàngmù	(名)	item; project; subject of entry
13. 广泛(廣泛)	guǎngfàn	(形)	extensive; wide-ranging; widespread; widely
14. 统计局(統計局)	tǒngjìjú	(名)	statistics department; statistical bureau; bureau of statistics
15. 划分(畫分)	huàfēn	(动)	divide; partition; differentiate
16. 控股(控股)	kònggǔ	(动)	hold controlling interest; take a controlling stake; holding

17. 颁布(頒佈)	bānbù	(动)	promulgate; issue; publish; proclaim; enact
18. 暂行(暫行)	zànxíng	(形)	provisional; temporary
19. 条例(條例)	tiáolì	(名)	regulations; rules; ordinances;
20. 独资(獨資)	dúzī	(名)	sole proprietorship; investment by a sole investor; sole proprietorship; individual proprietorship
21. 合伙(合夥)	héhuǒ	(动)	partnership; join hands
22. 有限责任公司(有限責任公司)	yǒuxiàn zérèn gōngsī		company with limited liability; incorporated company
23. 债务(債務)	zhàiwù	(名)	debt; liabilities;
24. 境内(境内)	jìngnèi	(名)	domestic; churchyard
25. 协议(協議)	xiéyì	(名)	agree on; agreement; understanding; deal; treaty
26. 共享(共享)	gòngxiǎng	(动)	enjoy together; share; sharing
27. 担风险(擔風險)	dān fēngxiǎn		take [run] risks; assume [face; undertake] the risk (of doing sth; of sth.); go out on a limb
28. 连带(連帶)	liándài	(动)	together with; Jointly and Severally; related;
29. 通则(通則)	tōngzé	(名)	general rules; generalization
30. 联手(聯手)	liánshǒu	(动)	team up; partner with
31. 联营(聯營)	liányíng	(动)	joint operation; consortium;
32. 排除(排除)	páichú	(动)	get rid of; remove; eliminate; exclude
33. 法人(法人)	fǎrén	(名)	juridical person; artificial person; legal person
34. 股东(股東)	gǔdōng	(名)	shareholder; stockholder
35. 认缴(認繳)	rènjiǎo	(动)	subscribe; paid in; contributions to
36. 子公司(子公司)	zǐgōngsī	(名)	subsidiary corporation; sub-company
37. 募集(募集)	mùjí	(动)	raise; collect; recruitment

38. 股票(股票)	gǔpiào	(名)	stock certificate; equity security; stock
39. 董事会(董事會)	dǒngshìhuì	(名)	board of directors; board of administration
40. 美容业(美容業)	měiróngyè	(名)	beauty culture; hairdressing
41. 灵活(靈活)	línghuó	(形)	nimble; agile; quick; flexible
42. 国防建设(國防建設)	guófáng jiànshè		national defense construction; national defense and army building

Preparing to Read Reading for Main Ideas：这篇文章重点谈了中国最近二十年发展出来的私营企业和它们的不同类型，请找出文章的主要的观点（有的这里已经列出，请补出其他的部分）。

1. 中国私营企业的各种不同的类型和规模。
2. ______________________________
3. ______________________________

个体户、私营企业和城市服务业

中国的“个体户”是“个体工商户”的简称。它是指除了农户以外的劳动经营者，他们自己拥有生产资料包括原料和工具，是以个体劳动为基础，劳动赚钱所得归劳动者自己占有和分配的经营单位。他们一般是一些合法经营、依法登记的手工艺作坊、服务业、餐饮业、商户和小的加工业、运输业等等。

个体户跟私营企业有一些不同。虽然个体户大多也是私人经营的，但私营企业一般规模较大，私营企业经营的项目和内容也比个体户要广泛得多。根据中国国家统计局、国家工商行政管理局《关于划分企业登记注册类型的规定》第九条规定:"私营企业是指由自然人投资设立或由自然人控股,以雇佣劳动为基础的营利性经济组织。"

由上面看,私营企业在规模上比个体户要大得多,而且它是靠雇佣劳动为基础的。个体户一般是自己做生意或自己的家庭成员做,他们基本上是不雇佣工人或雇佣很少工人的。在中国,传统上通常把企业分为四种类型,也就是:一、全民所有制企业;二、集体所有制企业;三、外商投资企业;四、私营企业。

根据1988年中国国务院颁布的《中华人民共和国私营企业暂行条例》的规定,私营企业是指企业资产属于私人所有,雇工八人以上的营利性经济组织,它具体包括独资企业、合伙企业和有限责任公司三种形式。其中,私营独资企业是指按《私营企业暂行条例》第七条第一款规定的"独资企业是指一人投资经营的企业"。即由一名自然人投资经营,以雇佣劳动为基础,投资者对企业债务承担无限责任的企业。

合伙企业是指依法在中国境内设立的由各合伙人订立书面协议,共同出资、合伙经营、共享收益、共担风险,并对合伙企业债务承担无限连带责任的营利性组织。通常认为,合伙包括个人合伙、法人合伙两大类。按照《民法通则》第52条、第53条的规定,企业之间或者企事业单位之间的联手合作,称之为联营。《合伙企业法》第9条明确规定,合伙人应为具有完全民事行为能力的人,即自然人。这也排除了法人成为合伙伙伴的可能性。因此,作为私营企业形式之一的合伙企业仅反映自然人的合伙,而不包括联营企业。私营有限责任公司,是指投资者以其出资额为限对公司负责,公司以其全部资产对公司债务承担责任的企业。

私营企业的第三种形式是有限责任公司。它的简称是有限公司,指由50人以下股东共同出资,每个股东以其所认缴的出资额对公司承担有限责任,公司以其全部资产对其债务承担责任的企业法人。私营公司可以设立子公司,子公司具有法人资格,依法独立承担民事责任。按照法律规定,有限责任公司必须保护公司职工的合法权益,依法与职工签订劳动合同,参加社会保险,加强劳动保护,实现安全生产。有限责任公司不能向社会公开募集公司资本,不能发行股票。《中华人民共和国公司法》规定,有限责任公司设董事会,其成员为三人至十三人组成。

这样看来，在私营企业中，有限责任公司是最大的形式。它可以跟国营的公司和全民所有制的公司一样形成比较大的规模，进行大型的生产和赢利活动。这些都是中国改革开放以来新的政策规定形成的发展经济和鼓励私营的方针所促成的。

个体户和私营企业在今天的中国扮演着一些十分重要的角色。它们在充分地活跃着生产经济，特别是这些企业极大地丰富着市场、城市服务和老百姓的生活。现在的城市的服务业差不多都是上述企业在发挥着作用。在今天，特别是生活在城市中的人们在充分地享受着这些新政策带来的好处。人们的衣食住行都离不了这些个体或私营企业提供的服务。比方说，城市的餐饮业、宾馆、出租车、服装业、美容业、建筑装潢、小型工商市场甚至娱乐、运动和锻炼身体、城市运输等等方面大都是由这些个体户和私营企业在经营着，它们的服务及时、灵活、方便、周到，让老百姓得到了方便和实惠。同时，这些私营公司和个体户的发展也扩大了城市就业，解决了很多社会问题和福利问题；把这些企业推向了市场，用市场的服务机制来监督和管理它们，从而也提高了服务质量，人人欢喜。此外，私营企业承担了这些衣食住行的基本服务，让国家企业和全民所有制企业能够专注于国家大型的项目如重工业、矿山开发、交通建设和国防建设等等。这样，私营企业的产生和运作既方便了国家，也方便了老百姓，这些新的政策收到了可喜的效果。

After Reading Reading for Details：完成下面的句子并补足信息：

1．中国的私营企业不包括：

A．个体户　　B．集体企业　　C．全民企业

2．私营企业和个体户的不同是________。

A．规模大　　B．赚钱少　　C．赢利多

3．私营企业是靠__________为基础的。

A．雇佣劳动　　B．不雇佣劳动　　C．自然人控股

4．合伙企业不包括________。

A．法人合伙　　B．个人合伙　　C．集体合伙

5．有限公司按照规定不能__________。

A．参加保险　　B．劳动保护　　C．发行股票

6．私营企业对中国________的生活有帮助。

A．老百姓　　B．国家企业　　C．个体户

词汇知识 Vocabulary Build-up

词义辨析练习：两人一组讨论并选出与黑体字意思相近的词语，如果需要，可先查词典。

占有	占据 √	侵占	占领 √
广泛	广大	大范围	广度
合伙	合作	合资	合营
排除	除去	除掉	排队
灵活	灵敏	敏捷	灵巧

语法 Grammatical Points and Idiomatic Expressions

1. “由……Verb，……”

这种句型往往指示一种凭借、原因和来源。它的目的是强调一种条件，然后根据这个条件和前提引出后面的内容。例如：

(1) ……由上面看，私营企业在规模上比个体户要大得多，而且它是靠雇佣劳动为基础的。

(2) 他们两人竟然在这么重要的会议上互相都不说话。由此可见，他们的分歧已经不是一天了，这中间的差异和矛盾还是很深的。

2. “……，称之为……”

这种句型是一种比较正规表述的“把它叫做”的意思。它是一种书面表达，一般用在比较正规的文件或严肃的文体当中。有时候也用在商业文书中。例如：

(1) 企业之间或者企事业单位之间的联手合作，称之为联营。

(2) 华安房地产公司，以下称之为甲方；京海证券公司，以下称之为乙方，双方共同决定投资湖东广场的业务开发项目，现协议如下……

词法与句法练习 Word Usage Exercise

一、填空(用所给的词语完成下面的句子)

通常　　除了　　从而　　具有　而且　　根据　　特别　　虽然

1. 中国的“个体户”是“个体工商户”的简称。它是指________农户以外的劳动经营者。
2. 个体户跟私营企业有一些不同。________个体户大多也是私人经营的，但私营企业一般规模较大。
3. ________国家工商行政管理局规定：“私营企业是指由自然人投资设立或由自然人控股，以雇佣劳动为基础的营利性经济组织。”
4. 由上面看，私营企业在规模上比个体户要大得多，________它是靠雇佣劳动为基础的。

5. 在中国，传统上________把企业分为四种类型，也就是一、全民所有制企业；二、集体所有制企业；三、外商投资企业；四、私营企业。
6. 私营公司可以设立子公司，子公司________法人资格，依法独立承担民事责任。
7. 在今天，________是生活在城市中的人们在充分地享受着这些新政策带来的好处。
8. 这些私营公司的发展也扩大了城市就业，把这些企业推向了市场，用市场的服务机制来监督和管理它们，________也提高了服务质量，人人欢喜。

二、用下面的词语造句

1. 占有：

2. 依法：

3. 广泛：

4. 共享：

5. 排除：

三、根据课文回答下面的问题

1. 个体户和私营企业有什么不同？请举例说明。
2. 《私营企业暂行条例》对私营企业有什么限制？
3. 什么是“独资企业”？什么是“合伙企业”？
4. “合伙企业”和“联营企业”有什么不同？
5. 在私人企业中，最大的形式是什么？
6. 为什么说“个体户和私营企业在今天的中国扮演着一些十分重要的角色”？
7. 今天中国的老百姓在政府新的政策中得到了什么样的好处？
8. 私营企业的发展对国家有些什么样的好处？请举例说明。

阅读课文

中国餐饮个体饭店第一家

在北京王府井附近的一个胡同里，有着一个小有名气的饭店。现在在中国的城市里到处都有饭店，这本来不稀罕，可是这个小饭店门前的牌子却很牛气："中国餐饮个体第一家"。

为什么有着这么著名的一个招牌呢？它又是怎样成了"中国餐饮个体第一家"的呢？这对很多人来说都是一个谜。去采访的记者说，这个饭店不大，是个只有二十来平米的内外套间，能摆放十来张桌椅。可是它的资格却很老。从1980年9月30日开业到今天，已经快30年了。

这家饭店的主人叫刘桂仙，她本人很会烹调。可是那时候她家里有五个孩子，其中三个没有工作。丈夫的工资也不高，她决定靠手艺开个饭馆来养家糊口。可是那时候国家的政策是只有国家经营开饭店，而且开饭店的粮食、油等都是靠国家供应的商品，还没有老百姓经营开饭店的例子。但是，当时的北京市政府支持她，工商局的负责人找到了她家，发给了她营业执照，还帮助她贷款五百元。

最后，政府又支持她作为"试验户"，帮助她买到了国家供给的粮食和油。刘桂仙的饭店终于开张的时候，社区里的很多人都来看热闹，当时很多的中国记者和外国记者都来吃饭和采访——作为那时中国政府开始改革开放的一个新鲜事物，很多人都在关心着这个饭店的情况。他们关心的当然不止是这个饭店，而是通过它来看中国政府是不是真的要改革开放、政府是否真的允许私人经营，他们是不是真的有决心让老百姓自己经营一些私营的工商业。这家起名"悦宾饭店"的私人小饭馆儿开门的第一天，刘桂仙就算了出来，她营业第一天就赚了三十八元钱，这差不多等于当时一个高级工人一个月的收入。

从那以后，她的饭店里就外宾不断。美国大使馆的人慕名而来，在这里包桌吃她做的地道的北京菜。他们还为悦宾饭店画了很多地图，标明从使馆区到悦宾饭店的路线，然后分发给其他使馆。在1980年秋，美国合众国际社记者写了一篇报道，称："在中国共产党的心脏，美味食品和私人工商业正在狭窄的胡同里恢复元气。"渐渐地，饭店的生意火了，刘桂仙也火了。不过，当时也有报纸批评悦宾饭店“社会主义制度的国家，做私人买卖不伦不类”。对于流言蜚语，刘桂仙不放在心上。她说，自己不做亏心事，就是想着把饭菜做好，让客人吃好。

到如今，这个看起来不起眼的小饭店已经接待过了七十多个国家的驻华使节，也接待过了无数国内外的媒体，成了名副其实的“中国餐饮个体第一家”。

现在到中国去的外国人早就知道中国是一个美食大国，甚至很多人到中国去的目的就是去吃中国饭，看看今天中国老百姓的真实生活。可是他们没想到中国的餐饮业三十年前的情形。中国的政府在不断摸索和探讨的过程中正是这样通过一步步地实验开始逐渐放开政策、不断地搞活经济，不断地让老百姓有更多的自由度和自主的权利来搞好自己的国民经济。

这个“中国餐饮个体第一家”正像是一只报春的燕子，在那个时候勇敢地走出了第一步，替全国的餐饮个体户带了一个好头。今天在我们到处都能够吃得好、玩得好的时候，想到那时候中国的决策和当时探索新路的过程，回过头来思考一下今天的成功，人们还是充满了幸福和骄傲。我们知道今天的进步都来之不易，我们珍惜今天中国的成就，也要努力地把现在的路走好，为了中国的明天，做好现在每一天的工作。

生词 Vocabulary

1. 胡同(衚衕)	hútòng	(名)	alleyway; lane; a narrow passage
2. 牛气(牛氣)	niúqì	(形)	arrogant; self-important; very bullish
3. 谜(謎)	mí	(名)	riddle; mystery; puzzle
4. 套间(套間)	tàojiān	(名)	apartment; suite;
5. 烹调(烹調)	pēngtiáo	(动)	cuisine; cooking;

6. 手艺(手藝)	shǒuyì	(名)	craftsmanship; mechanics; handicraft; skill; technique
7. 养家糊口(養家餬口)	yǎng jiā hú kǒu		provide food and clothes for one's family; raise a family
8. 执照(執照)	zhízhào	(名)	license; permit; certificate
9. 开张(開張)	kāizhāng	(动)	open up; launched; grand opening; open a business
10. 慕名而来(慕名而來)	mù míng ér lái		be attracted to a place by its reputation as a scenic spot; come to sb. because one admires his fame
11. 狭窄(狹窄)	xiázhǎi	(形)	narrow; cramped; constriction
12. 元气(元氣)	yuánqì	(名)	vitality; archaeus; (中医) primordial Qi; spirit
13. 不伦不类(不倫不類)	bù lún bú lèi		neither fish nor fowl; neither this species nor that class; messy
14. 流言蜚语(流言蜚語)	liú yán fēi yǔ		gossip; rumor has it; scandal
15. 亏心事(虧心事)	kuīxīnshì	(名)	guilty conscience; self-accusing guilt
16. 使节(使節)	shǐjié	(名)	diplomatic envoy; envoy
17. 美食(美食)	měishí	(名)	fine food; delicacy; gourmet food

一、根据课文内容,选择正确的答案

1. “中国餐饮个体第一家”有名是因为它

   A. 饭菜最好　　B. 资格最老　　C. 名字牛气　　D. 房间很小

2. 这个家庭要开饭店的原因是因为

   A. 家庭困难　　B. 工资不高　　C. 想出名　　D. 国家供应

3. 政府支持刘桂仙开第一家个体饭店是因为

   A. 她很会烹调　　B. 想吸引外国人　　C. 想改革开放　　D. 需要赚钱

4. 外国人都追捧桂仙开的第一家个体饭店是因为

   A. 喜欢美食　　B. 关心中国政治　　C. 饭店生意火　　D. 不伦不类

5. 中国想通过刘桂仙开的第一家个体饭店告诉世界政府支持

A. 美食　B. 个体经营　C. 流言蜚语　D. 恢复元气

6. 说刘桂仙开的第一家个体饭店像是一只报春的燕子是因为它

A. 非常小　B. 非常新　C. 非常便宜　D. 非常不易

二、根据课文，判断下面句子的正误

1. “中国个体餐饮第一家”的饭菜做得很华贵，所以有名。（　）
2. 刘桂仙的做菜水平很高，所以外国的官员和记者都喜欢到她的饭店吃饭。（　）
3. 刘桂仙家里原来生活不好，政府认为他们生活困难让他们开饭店。（　）
4. “悦宾饭店”刚开始时，需要政府的特别批准才能买到米、面和油。（　）
5. “悦宾饭店”很赚钱，当时一天赚的钱等于一个工人的月工资。（　）
6. “悦宾饭店”开张后，外国人替他们高兴，有的中国人批评它。（　）
7. “悦宾饭店”受到了批评，刘桂仙很害怕，她不愿意再开饭店了。（　）
8. 现在很多外国人到中国去就是为了到“中国餐饮个体第一家”去吃中国饭。（　）
9. 因为“中国餐饮个体第一家”这个饭店的人喜欢燕子，所以后来很成功。（　）

三、根据课文回答下面的问题

1. 在三十年前，中国政府为什么批准“中国餐饮个体第一家”开饭店？
2. “中国餐饮个体第一家”开张后，为什么会受到记者们的注意？
3. 刘桂仙为什么要开饭店？政府是怎样帮助她开饭店的？
4. 外宾为什么那么喜欢悦宾饭店？美国大使馆为什么给它画地图？
5. 悦宾饭店成功了，为什么会有流言蜚语？刘桂仙是怎样对待这些的？
6. 三十年前中国的餐饮业是怎样的？为什么悦宾饭店刚开始被叫做“试验户”？
7. 通过悦宾饭店的例子，你能够看到中国在这三十年间经历了什么？

3.5　中国的住房改革

生词 Vocabulary

1. 工地(工地)	gōngdì	(名)	construction plant; building site; works area
2. 惊讶(驚訝)	jīngyà	(形)	surprised; amazed; astonished; astounded; in surprise
3. 迷路(迷路)	mí lù		lose one's way; get lost; go the wrong way;
4. 集聚(集聚)	jíjù	(动)	gather; collect; assemble; centralize
5. 清苦(清苦)	qīngkǔ	(形)	poor; plain
6. 大有人在(大有人在)	dà yǒu rén zài		there are plenty of people who ...; are plenty of such people
7. 供不应求(供不應求)	gōng bú yìng qiú		demand exceeds supply; the supply does not meet the demand.;
8. 奇缺(奇缺)	qíquē	(动)	critical shortage of; be scanty of sth.
9. 分期付款(分期付款)	fēn qī fù kuǎn		payment by installments; hire purchase; installment plan
10. 合算(合算)	hésuàn	(形)	value for money; worthwhile
11. 集资(集資)	jízī	(动)	raise funds; collect [pool] money
12. 廉(廉)	lián	(形)	honest and clean; low-priced; inexpensive;

Preparing to Read Reading for Main Ideas：这篇文章谈的是最近二十年中国老百姓住房的变化，请找出文章的主要的观点（有的这里已经列出，请补出其他的部分）。

1. ______________________________
2. ______________________________
3. 中国的住房改革是个大工程。中国的老百姓正在实现他们几代人的梦想。

中国的住房改革

这些年到中国去过的人都有一个很深刻的印象：中国就像是一个巨大的工地，到处都在盖房子。记得前些年我开车从上海到苏州去，没想到一路上到处都是盖房子的工地，还没出上海城，城里就是一个工地连着一个工地。出了上海市还是这样，一路上几十公里从没见到过不盖房子的地方，真是让人觉得非常惊讶。不仅上海，北京也是这个样子，每一年我们到北京都会看到新的变化。也许去年这里还是一个菜市场，今年却全部都变成了楼群；春天时那里还是农田，可到了冬天，那儿已经变成了有公园、有停车场的生活小区了。中国的城市变化真快！据说因为像北京、上海这样的大都市近年来发展得太快，连很多老北京、老上海出国几年回来后都找不到家，都会迷路；中国的大城市差不多每年都要重新印制和发行新的城市地图；有的地方去年还是条路，今年去时却没有了，全变成了楼群。

中国的城市为什么要盖这么多的房子呢？仔细想想你就不会觉得奇怪了。中国城市发展太快，中国的人口太多，近年来好多人都在向城市迁移，而每个人都需要住房子。中国的城市人口一直在飞速增长，不造房子能行吗？

那么有人会问，现在已经盖了那么多房子了，还是不够，那原来没盖房子的时候人们住在哪儿呢？为什么盖了那么多房子还是不够呢？

这个问题问得好。首先，我们在上面说过，今天城市需要大量的房子是因为城市人口迅速增长。中国的农村人口和世界其他地方的人都开始往中国的大城市集聚，而且中国内部不同的城市间的人口流动量也在增加，这些人口原并不属于这些大城市。另外，随着经济、商业和其他各类活动的增加，有的人不仅是有一套房子，而且在别的城市也有房子，有的甚至在一个城市里就有几处房子。

除了居民住房以外，还有各种商业用房、办公用房、社会用房和服务性的用房，同时各种社会组织、政府机关等等也需要用房。除了这些以外，有的人还会问，在过去，同样的情况也应该存在，那时候没有这样到处造房子，上面的问题是怎样解决的呢？

当然，过去不能跟今天相比，中国历史上从来没有像现在这样繁荣发达，也没有过这样的人口大迁徙。今天到中国大城市生活、工作和学习的人口不仅有中国人，还有世界各地的人口，差不多每一个大城市的人口已经不止是翻了一倍。另外，过去中国人的日子过得比较清苦，现在生活水平高了，对生活的享受和要求也就不一样了。在60年代或70年代，老百姓一家五口人住一间房不算稀罕；可是到了现在，这一家的孩子长大了，每个人就需要一套房子，加上父母，差不多要四五套房子，如果每套房子卧室加上客厅、厨房、卫生设备等说起来平均是四间，那么我们就清楚地看出来今天的住房需要是过去的五倍以上！这还只是算每个人只有一套房子，实际上，有两套房子甚至三套房子在城里大有人在。这样，当然形成了到处年年盖房子、天天盖房子还是供不应求的情况。

回忆一下中国住房改革的历史，我们看到，仅仅是在三十年以前，中国能达到今天这样好的住房情况还只能是一种梦想。那时候，中国老百姓的住房差不多全靠政府解决，而政府的能力有限，资源也奇缺；虽然那时候政府造的房子房租很便宜，但房子的资源却非常少，住房条件也不够好。住房问题成了中国政府和老百姓都提起来就头疼的问题。很多老百姓一家好几口人住在一间房里，很不方便也很不合理。在70年代末，国家提出了一个想法：中国住房那么缺乏，当然不能完全靠国家来解决问题，能不能想出一些新的办法，允许私人建房或者私建公助，分期付款；把老百姓手中的钱动员出来，国家帮助解决材料，解决居民的住房问题。这样，建筑业也可以为国家增加收入、增加积累，在帮助国家的同时也帮助老百姓解决生活问题。

1980年4月2日，经过研究和讨论，中国的领导人邓小平就住房问题专门发表重要讲话。他指出："城镇居民个人可以购买房屋，也可以自己盖。不但新房可以出售，老房子也可以出售。可以一次付款，也可以分期付款，10年、15年付清。住宅出售后，房租恐怕要调整。要联系房价调整房租，使人们考虑到买房合算。因此要研究逐步提高房租。房租太低，人们就不买房子了。繁华的市中心和偏僻地方的房子，交通方便地区和不方便地区的房子，城区和郊区的房子，租金应该有所不同。将来房租提高了，对低工资的职工要给予补贴。这些政策要联系起来考虑。建房还可以鼓励公私合营或民建公助，也可以私人自己想办法。"

邓小平的这个讲话虽然没有直接使用"住房商品化"的提法，但却包括了住房制度改革和今后中国住房政策的基本思路。从此，住房制度改革在中国各地就逐步展开了。

在以后的时间里，中国政府开始研究老百姓的住房改革政策，通过由政府、企业和个人各承担三分之一的方法、提高租金鼓励买房的方法等集资，开始大量建造老百姓的住房，从而把住房建房慢慢过渡到住房商品化的制度。在实行这个制度的同时，考虑到中国普通老百姓的承受能力和生活困难的人群，政府也出台了对低收入家庭的住房补贴、建造经济适用住房和廉租房等等。通过这些措施，中国老百姓的住房问题在慢慢地得到解决。

了解了上面的情形，我们现在就理解了为什么今天的中国就像是一个大工地。中国的住房改革是一个大工程，让全中国的人都有房子住，让全中国的人都有好房子住，这是一件了不得的大事。这也是中国几代甚至无数代人的梦想，今天的中国人正在一步步地实现这个梦想。

After Reading　Reading for Details：标出下面句子的信息对不对：

1. 一些大城市每年都要印新的地图，因为老百姓抱怨城市发展太快。（　　）
2. 中国现在每年都大量地盖房子是因为到中国去的外国人太多了。（　　）
3. 盖了那么多房子还是不够，主要是因为人口增长太快。（　　）
4. 除了居民用房，商业用房和办公用房也增加了需要房子的压力。（　　）
5. 中国的老百姓日子过好了，所以就想住得好一些，就需要更多的房子。（　　）
6. 现在，中国政府从1990年以后，动员老百姓自己盖房子或买房子。（　　）
7. 邓小平发表重要讲话，认为老百姓可以买房子，但不应该自己盖房子。（　　）
8. 住房商品化是现在中国面临的一个大问题，老百姓只能承担三分之一。（　　）

语法　Grammatical Points and Idiomatic Expressions

1. "……，实际上……"

这种句型往往表示对前面事实的一种凸显和更正性的提醒，有一种强调的意味。这类句型通常用在一种前面假设和后面更正强调的语境中。例如：

(1) 这还只是算每个人只有一套房子，实际上，有两套房子甚至三套房子在城里大有人在。

(2) 即使他是个百万富翁也不能这样浪费。实际上，他才不过刚刚有了点儿钱就这样挥霍。

(3) 他自己说他是个画家，实际上他不过学了几天画，熟人里没有人相信他，他只不过是骗骗外国人罢了。

2. “就……问题 verb……”

这种句型用来表示一种针对性和下面的行动。它一般指一种明确的目标和事实，然后突出对这些个案采取的措施和行动，这种句型有一种简捷有力的效果。例如：

(1) 1980 年，经过研究和讨论，中国的领导人邓小平就住房问题专门发表重要讲话。

(2) 这次会议的中心议题是各国代表就眼前波及全球的经济危机问题进行深入讨论，共同寻找一个有效的解决办法。

3. “……，从而……”

这种句型往往表示一种直接了当的因果关系，是“因此就”的意思。它的上文通常交待行为的原因，而下文是结果。例如：

(1) 政府开始提高租金鼓励买房的方法等集资，并大量建造老百姓的住房，从而把住房建房慢慢过渡到住房商品化的制度。

(2) 政府及时出手抓住了这一批准备制造暴乱的恐怖分子，从而避免了一场重大的灾难。

词法与句法练习

Word Usage Exercise

一、填空(用所给的词完成下面的句子)

据说	差不多	还是	除了	不仅	从而
可	没想到	因为	而	实际上	甚至

1. 记得前些年我开车从上海到苏州去，________一路上到处都是盖房子的工地。
2. ________上海，北京也是这个样子，每一年我们到北京都会看到新的变化。
3. 春天时那里还是农田，________到了冬天，那儿已经变成了有公园、有停车场的生活小区了。
4. 中国的城市变化真快！________因为像北京、上海这样的大都市近年来发展得太快，连很多老北京、老上海出国几年回来后都找不到家，都会迷路。

5. 中国的人口太多，近年来好多人都在向城市迁移，________每个人都需要住房子。

6. 那么有人会问，现在已经盖了那么多房子了，________不够，那原来没盖房子的时候人们住在哪儿呢？

7. 今天城市需要大量的房子是________城市人口迅速增长，城里原来并没有这么多的外来人口。

8. 有的人不仅是有一套房子，而且在别的城市也有房子，有的________在一个城市里就有几处房子。

9. ________居民住房以外，还有各种商业用房、办公用房、社会用房和服务性的用房，同时各种社会组织、政府机关等等也需要用房。

10. 今天到中国大城市生活、工作和学习的人口不仅有中国人，还有世界各地的人口，________每一个大城市的人口已经不止是翻了一倍。

11. 这还只是算每个人只有一套房子，________，有两套房子甚至三套房子在城里大有人在。

12. 政府开始实行提高租金、鼓励买房的方法等，并同时大量建造老百姓的住房，________把住房建房慢慢过渡到住房商品化的制度。

二、用下面的词语造句

1. 惊讶：

2. 集聚：

3. 清苦：

4. 大有人在：

5. 供不应求：

6. 奇缺：

7. 合算：

三、根据课文回答下面的问题

1. 中国为什么要进行住房改革？这种改革对谁有好处？
2. 举例说明中国城市发展飞快的印象。
3. 说说中国城市人口急速增加的原因。
4. 说说中国的住房改革对今天中国经济发展的意义。
5. 想想看，为什么三十年前中国政府没有实行住房改革？
6. 邓小平为什么要提出住房改革的意见？他的讲话有什么样的指导意义？
7. 现在的中国政府是怎样进行住房改革的？
8. 中国政府怎样解决生活困难人群的住房问题？请举例说明。

阅读课文

天价理发店

2008年3月29日，有两个女学生去郑州市的一家理发店选择了价格38元的服务修剪头发。可是没想到，到了她们结账的时候理发店却要逼她们交出一万二千元的服务费。这个无理的价格一下子轰动了全中国。

除了逼迫这两个女学生付出这样荒唐的"天价"外，这家理发店还扣留了这两个女学生，从下午2:30到晚上10:25，两个女孩拿不出钱，店方就不让走，女学生最后只得打电话借钱"赎身"。后来这两位女生投诉到消费者协会，这个店的老板却说："我有后台，你们随便咋处理都不怕。"

这件事情发生后，媒体开始了调查。事实上，在2007年12月，这个理发店也曾被曝光，一个打工妹剪了个68元的头，结账时成了5600元。当地派出所表示：该店类似的高收费投诉，他们不止一次接到过反映，情况很近似，一开始接受理发服务，选的是几十元的项目，结账时就变成上千元或几千元……

这样的荒唐事经过媒体一曝光，当然就受到了有关人士的注意。这家理发店到底出了什么问题？一而再再而三地欺诈弱者，而且有恃无恐地恐吓消费者！它到底有没有"后台"？它的"后台"又是些什么样的人呢？

我们先不谈他们其他的违法事情，只是想从中学生和打工妹这些社会上最贫穷的弱者身上敲诈本身就是个让人不齿的行为，更何况又加上威胁和敲诈的行为！读了这篇新闻，让人感到气愤又可笑：只要是一个正常人，就要想一想这些学生和打工妹身上能有这么多钱吗？她们能接受这样的天价服务吗？这些人身上能榨出这么多油来吗？这个理发店的老板一定是想钱想疯了，头脑出了问题。全中国的老百姓都要对这个问题问一个为什么，他们都在等待一个答案。

等待了一年，答案终于来了。在2009年4月2日，郑州市有关法院对这个理发店的嫌犯进行了判决，涉嫌欺诈的四个人都受到了法律的正义审判和罚款。这个消息真是大快人心。

中国的今天到处都在改革开放，有了很多新气象，但是也是泥沙俱下，很多不好的现象和坏人坏事也在泛滥，中国政府和法律也在密切关注这些社会问题，对坏人坏事随时给予惩治和处理，从而认真保护人民和广大老百姓的利益。

生词 Vocabulary

词语	拼音	词性	释义
1. 结账(結賬)	jié zhàng		make a payment; pay; closing account; settle accounts
2. 轰动(轟動)	hōngdòng	(动)	make a stir; blockbuster
3. 荒唐(荒唐)	huāngtáng	(形)	absurd; fantastic; preposterous;
4. 扣留(扣留)	kòuliú	(动)	detain; arrest; hold in custody; withhold
5. 赎身(贖身)	shú shēn		(of slaves, prostitutes) redeem oneself; buy back one's freedom
6. 后台(後臺)	hòutái	(名)	backstage; behind-the-scenes backer; background
7. 咋(咋)	zǎ	(代)	how; why
8. 曝光(曝光)	bào guāng		exposure; make public

9. 派出所(派出所)	pàichūsuǒ	(名)	local police station
10. 近似(近似)	jìnshì	(动)	approximately; similar;
11. 欺诈(欺詐)	qīzhà	(动)	fake; cheat; deceive; fraud
12. 有恃无恐(有恃無恐)	yǒu shì wú kǒng		secure in the knowledge that one has strong backing; fear nothing with sb. at his back;
13. 不齿(不齒)	bùchǐ	(动)	despise; hold in contempt; be unwilling to mention; contemptible
14. 嫌犯(嫌犯)	xiánfàn	(名)	suspect; criminal suspect
15. 大快人心(大快人心)	dà kuài rén xīn		this cheers the people greatly; to the satisfaction of the masses
16. 泥沙俱下(泥沙俱下)	ní shā jū xià		a mix of mud and sand comes together, which means a mix of good and bad things/people come up together
17. 泛滥(泛濫)	fànlàn	(动)	be in flood; overflow;

一、根据课文内容,选择正确的答案

1. 因为两个女学生________,所以这个理发店逼迫她们。
   A. 交不起天价　B. 不愿意付天价　C. 没选择天价　D. 选择天价
2. 这个理发店的老板敢这样无理是因为他
   A. 荒唐　B. 服务好　C. 无理　D. 有后台
3. 这件事情轰动全国的原因是因为
   A. 媒体曝光　B. 太荒唐　C. 有恃无恐　D. 一而再再而三
4. 这个理发店专门欺负中学生和打工妹是因为她们是
   A. 弱者　B. 服务者　C. 消费者　D. 让人不齿
5. 等待了一年,轰动全国的这个案件的结果是
   A. 正义审判　B. 泥沙俱下　C. 新气象　D. 改革开放

二、根据课文,判断下面句子的正误

1. 两个女学生交不出 38 元的服务费,理发店扣留了她们。(　　)

2. 理发店老板非法扣留了两个女学生近八个钟头。(　　)
3. 女学生们不打电话“赎身”,理发店老板就不让她们离开。(　　)
4. 理发店老板有后台,所以他们才敢这样欺负女学生。(　　)
5. 这个理发店多次恐吓顾客,派出所知道此事,但并没有处理他们。(　　)
6. 这件事情反映了中国的某些城市存在着非法服务业。(　　)
7. 这个理发店的老板有头脑方面的疾病,所以会出现这样的问题。(　　)
8. 郑州市的法院认为这件事是犯罪,所以要一年以后才进行审判。(　　)
9. 今天中国到处都在改革开放,除了郑州,其他地方没有问题。(　　)

三、根据课文回答下面的问题

1. 为什么这个事件会一下子轰动全中国?
2. 什么是“天价”? 这个理发店的老板为什么敢要天价?
3. 当地派出所已经知道这个理发店经常要天价,为什么这个理发店还是欺诈顾客?
4. 你听说过类似的欺骗和敲诈情况吗? 你觉得应该怎样对付这样的行为?

第四章

百姓生活：教育、医疗和其他

4.1 对话：中国老百姓最关心的事

A：文鹏，我问你，你们平时最关心的是些什么事情？

B：我？你问我这个干什么？

A：不干什么。我只是想了解一下一般的中国人心里想的是什么事，他们最关心的是些什么样的事。

B：哦，我心里想的当然是希望不考试、天天玩，没有作业，每天看电视、听音乐了！……

A：真的吗？我不相信，你平时那么喜欢读书，很少去玩，而且我差不多很少见到过你看电视。

B：跟你说着玩的。现在竞争这么激烈，即使每天好好读书，有好的成绩也不能保证有好的前途。中国每年毕业这么多大学生，不少人毕业后找不到工作。我自己关心的当然是毕业以后能够找到一个我喜欢的，又能挣钱多的工作啦！

A：在中国工作不应该是很好找到吗？中国现在的经济情况很好，每年都在进步，而且你还是研究生啊！

B：研究生也不一定就好找工作呀！你没看报纸听广播啊，现在有些人毕业以后找不到工作。我在电视上看到，本市有个招工的活动，只提供几百个就业岗位，可是有好几千大学生都在那儿排队等待，看得真让人担心。

A：那，这不跟我们美国一样了吗？我觉得现在中国的经济情况应该好一些，就业也应该更容易些吧。

B：你说的不错。但是你要想一想，中国现在的人口有多少？美国的人口是多少？而且美国是个工业国，而中国的工业起步比较晚，现在很多工厂、公司和单位都有很多职工，一下子不可能要那么多新的人员。

A：但是中国现在也有很多新兴的工业啊，那里一定是需要大学生的。而且现在中国在跟国际接轨，有很多新的领域如金融、经济、设计、环保、生化和法律等等方面一定需要有新知识的大学生。你不要着急。

B：是的，我不是特别着急，因为我们上海交通大学是个全国有名的大学，而我学习的经济管理也是比较热门的学科，可是并不是所有的大学生都能够毕业就找到工作或者毕业后就能找到理想的工作。

A：我听说你们这个专业的研究生毕业以后能赚大钱呢！

B：你听谁说的？并不能赚太多的钱。而且我家是农村的，我父母为了让我上学，这些年借了不少钱，我毕业挣钱后，一定要先还掉这些钱。

A：你为什么不自己挣钱交学费呢？为什么要让你的父母替你交学费？

B：中国的大学生很少能像你们在美国那样凭打工就能挣到够交学费的钱和生活费。不过这些年我们也有一些奖学金或贷款，要不然即使我们家借钱我也不一定能读研究生呢。我现在的愿望就是毕业后赶快找个好工作，挣了钱先还欠债，然后把我父母接到大城市，让他们跟我享享福。

A：噢！如果他们不愿意住在大城市呢？

B：我也是这样担心。如果他们实在不愿意长期住在大城市，我就每个月给他们寄钱，再给他们买一个医疗保险，这样他们到了老年，万一生病就不怕了。

A：对了，我最近总是听说在中国看病比较难，是这样吗？

B：你听谁说的？你看病难吗？我们学校不是有医院吗？而且，你还可以到别的医院，可以去外国人在这儿开的诊所看病啊！

A：哦，我不是说我自己，我是说中国的老百姓。

B：老百姓？谁告诉你的？

A：我在电视上看到的。你别那么急嘛？

B：我明白了。现在夏天生病的人比较多，看病是有点不容易。可是并不是所有的人看病都难。看病难主要是指在一些有名的大城市，全国各地的老百姓都来看病，他们认为大城市大医院的医疗水平比较高，希望能到大医院来看病。所以跑很远的路，花很多的钱来看病，这样看病就比较难了。

A：那么，为什么我的朋友去医院看一个普通的感冒也要等一个上午呢？

B：因为医院里人太多，全国各地的人都在那儿排队，大病小病都一样，所以本地人有的只是要看个普通的小病也要等很久。一般情况下，一个城市的医疗资源往往是为了这个城市的相对人口设立的，如果人口突然增加，当然就会显得拥挤，医疗条件就不够好了。

A：这个我理解，在美国有时候一个大医院里也是挤满了病人，一个急诊病人三四个小时见不到医生的情况也有。你觉得在中国看病难只是因为这个吗？

B：当然不止是这一个原因。中国现在正在进行医疗改革，这里面的原因很复杂，政府正在想办法来解决这些问题。这样吧，我先去查查相关的材料，等到我读完这些材料再跟你讨论这件事好吗？

A：好啊。谢谢你。你觉得上面咱们谈的这些就是中国老百姓关心的问题吗？

B：哦，你问这个呀！我当然不能保证。我不能代表全中国的老百姓，我只是一个上大学的学生，老百姓面临的问题当然要比我的问题多得多。

A：他们还有哪些问题呢？你能不能告诉我？

B：我说过，我并不完全知道老百姓的所有问题。因为我没有做过社会调查，我从小一直在读书，从学校到学校，对老百姓的生活了解得不够多。

A：可是，你了解得总比我多吧？你觉得还有哪些比较重要的问题？

B：你让我想一想。哦，老百姓也跟我一样担心工作的事情。没有工作的人担心找不到工作，有工作的人担心万一单位的经济效益不好会裁人或减工资、减奖金。当然，普通老百姓最怕生病。因为现在医疗费很贵，而且有的花销保险公司往往不付，让老百姓负担不起。怕没钱、怕生病是一般老百姓最大的担心。所以他们常说："没什么别没钱；有什么别有病。"

A：说得很真实。老百姓关心的就是这些吗？

B：当然不止这些，有的家长还在担心孩子的学费问题。因为有的地方学区不理想，家长想让自己的孩子上好一些的学校，往往为此要多交几千元甚至几万元的学费。现在上大学竞争激烈，如果小学、中学不够好，上大学就很难。上不了大学孩子今后就缺少竞争力，因此家家户户都要尽一切力量让自己的孩子上最好的学校，而有些不太富裕的人家为了让自己的孩子今后能上大学也要上高价的学校。这样，有的人家就要借钱上学，这在有的地方就形成了问题。因此，上学，加上看病，就成了一个比较普遍的问题。除了这些以外，城里人还有一个买房子的问题。这些年城里的房子越来越贵，很多人都成了"房奴"，天天为贷款的事情着急。

A：这个我也听说过。看起来，中国有些问题真的跟美国的问题很像啊！

B：上面我们说的是城里人的问题。可是你别忘了，中国最广大的地方是农村啊。

A：对了，农村人有什么特别的问题吗？

B：当然有了。农村过去需要很多劳动力，现在全国实行计划生育只生一个孩子，有的人家就出现了劳动力的问题。过去中国人常说"养儿防老"。而有的人家只有一个女儿，女儿出嫁结婚到了男家，家里就没有孩子了。就是家里有儿子的，一对年轻夫妻结婚后，要照顾四个老人，而且如果他们也有了孩子，这些孩子将来还要照顾更多的老人，常常会引发家庭的矛盾和问题。中国的老年人问题也一直让人担忧。

A：那怎么办呢？

B：中国政府近年来开始实行农业新政策，明确规定要照顾和奖励农村的独生子女家庭，要发放津贴，切实照顾和安排好农村老人的养老和医疗、生活等问题。现在这个问题已经得到了政府的重视。虽然不可能马上就得到解决，但是我们能看到正在一步步地开始制定政策和想办法。中国的农村人口很多，如何解决好这个问题，对解决好整个中国的事情是关键的一步。

A：我看也是这样。希望咱们上面谈到的问题都能够顺利地得到解决。我这个学期作业里有一篇是让我交一个关于现在中国社会面临的问题的报告，你上面跟我谈的内容对我很有帮助。谢谢你！等我写好了这个报告你能帮我看看吗？

B：当然了！快要放假了，你要抓紧时间写呀。

A：我会的。我争取下个星期写出来让你帮我看，好吗？

B：没问题。下星期见。

生词 Vocabulary

1. 研究生(研究生)	yánjiūshēng	(名)	graduate student
2. 招工(招工)	zhāo gōng		recruit workers
3. 排队(排隊)	pái duì		queuing up; stand in a line
4. 生化(生化)	shēnghuà	(名)	biochemistry
5. 热门(熱門)	rèmén	(形)	in great demand; pop
6. 奖学金(獎學金)	jiǎngxuéjīn	(名)	scholarship; fellowship
7. 贷款(貸款)	dàikuǎn	(名)	provide a loan; grant a loan; extend credit
8. 欠债(欠債)	qiàn zhài		be in debt
9. 享福(享福)	xiǎng fú		enjoy a happy life
10. 诊所(診所)	zhěnsuǒ	(名)	clinique; clinic
11. 感冒(感冒)	gǎnmào	(动/名)	catch a cold; flu
12. 拥挤(擁擠)	yōngjǐ	(形)	crowd; push and squeeze
13. 效益(效益)	xiàoyì	(名)	effect and profit; beneficial result
14. 裁人(裁人)	cái rén		cut down the number of persons employed; reduce the staff
15. 学区(學區)	xuéqū	(名)	school district
16. 富裕(富裕)	fùyù	(形)	prosperous; well-to-do; well-off
17. 房奴(房奴)	fángnú	(名)	debtor who on badly pressure of mortgage
18. 津贴(津貼)	jīntiē	(名)	subsidy; allowance; subvention
19. 切实(切實)	qièshí	(副)	feasible; practical

词汇知识 Vocabulary Build-up

词义辨析练习：两人一组讨论并选出与黑体字意思相近的词语，如果需要，可先查词典。

热门	风行 √	热心	走俏 √
拥挤	拥塞	密集	秘密
效益	好处	效力	功效
富裕	富贵	富足	富庶
切实	恰当	实在	切合

语法 Grammatical Points and Idiomatic Expressions

1. "……，只是……"

这种句型一般用来表示一种排他性的解释。它通常表示一种简单的目的，是为了避免复杂理解和廓清自己观点时所作的一种强调和直接的表述。例如：

(1) 我只是想了解一下一般的中国人心里想的是什么事，他们最关心的是些什么样的事。

(2) 请别误解，我并不想打听你买的这所房子的价钱，我只是想了解一下买房子的过程。

(3) 我其实并没有想让你帮我走后门找工作，我只是想让你帮我写一封推荐信。如果这件事太麻烦，那就算了。

2. "……，一下子……"

这是一种比较口语化的句型，表示"马上""突然"或"短时期内"的意思。用在否定形态，它通常用来强调一种不太可能的情形。用在肯定形态，它多表"突然"之义。例如：

(1) 中国的工业起步比较晚，而且现在很多工厂、公司和单位都有很多职工，一下子不可能要那么多新的人员。

(2) 学习电脑并不容易，你不可能一下子就学会的。你不必那么着急。
(3) 没想到，转眼之间一下子来了这么多人，你叫我怎么办呢？

3. "……凭……就……"

这是一种条件句型，它一般强调"凭"后面的条件。这种句型有肯定和否定两种形式。肯定的形式强调这种条件是必须的。而否定的句型则强调有了这种条件仍然还不够。这种句型用作疑问句时常常有反驳的效果。例如：

(1) 中国的大学生很少能像你们在美国那样凭打工就能挣到够交学费的钱和生活费。
(2) 凭有研究生学历就能找到好工作的想法要不得。要想得到这类的工作，仅有研究生的学历是不够的。
(3) 你以为，凭你学过几天功夫就能够去参加这个比赛了？要知道参加这项比赛的资格是要有三年以上的正规训练，有好多参赛者都是正式的运动员呢！

4. "万一……就……"

这种句型比较常用于表述一种假设或可能性，这种可能性虽然极小，但有时候即使发生也在预料之中，表示有备无患。例如：

(1) 如果他们实在不愿意长期住在大城市，我就每个月给他们寄钱，再给他们买一个医疗保险，这样他们到了老年，万一生病就不怕了。
(2) 咱们就这么定下来了，比赛会在这个周末举行。万一下雨的话我们就把比赛场地改在室内。
(3) "你肯定他会帮助我们吗？""没问题！他已经答应了一定会帮我们的。万一他不帮我们，他的经理也说好了一定会通过这个方案。"

5. "一般情况下，……"

这是一种条件句型，用于一种潜在的强调。它强调的是一种正常情形，用以跟不正常的情形进行对比。这种句型往往凸现一种比较意味。它不强调语句形式的对比而更加着重的是一种内在语义上的对比。例如：

(1) 一般情况下，一个城市的医疗资源往往是为了这个城市的相对人口设立的，如果人口突然增加，当然就会显得拥挤，医疗条件就不够好了。
(2) 一般情况下，我是从来不喝酒的，可是今天是你大喜的日子，我就破了这个例了。
(3) 一般情况下，我们的考试并不难；可是他上个月生了病，好久没有学习，所以这次考试就感到有很多内容他根本不会，结果考得很糟。

句式和词汇练习

Speach Patterns and Word Usage

一、完成下面的句子

1. 我本来只是想了解一下这里的情况，没想到________________。
2. 他平时学习非常努力，而且________________。
3. 他现在的成绩比你的好多了，即使________________。
4. 我们到那儿去并不是想找工作的，可是________________。
5. 听说他并不担心找不到好工作，因为________________。
6. 别人都认为他的成绩这么好，一定很聪明，可是________________。
7. 今年多亏了我到中国来，要不然________________。
8. 如果你一定要在中国找工作，________________。
9. 我当然不会跟他结婚，________________。
10. 明年我除了要把中文学好以外，________________。
11. 虽然咱们前面讨论的这些问题不能马上解决，________________。

二、用括号里的词语改写下面的句子

1. 除了想了解一下这个城市的空气污染情况以外，我并没有别的意思；我不想了解这里的政治、宗教和经济的情况。

(……只是……)

2. 这个消息来得这么突然，让我简直不能相信。他们两人怎么能够结婚呢？我们几乎每天在一起，怎么一点儿消息也没听到呢？

(……一下子……)

3. “长得漂亮再加上有钱必定能幸福吗？我并不十分相信这一点。”“你说呢？”“我也不能肯定。”

(……凭……就……)

4. 他常常说他不用特别努力学习也能找到好工作。他的爸爸是一个公司的大老板。

(……凭……就……)

5. 你其实不用着急，你一定会找到一个理想的工作的。即使真的找不到工作的话，你也可以去读研究生嘛。

(万一……就 ……)

6. 我认为这件事绝对不正常。平时他总是最后一个走，今天他却是第一个离开的。怎么这么巧又丢了钱？

(一般情况下，……)

词法与句法练习

Word Usage Exercise

一、根据词义搭配画线连词

排队	学科	注重	不堪
申请	欠债	富裕	可行
预防	购物	拥挤	效益
热门	贷款	切实	津贴
还清	感冒	发放	家庭

二、用下面的词语造句

1. 热门：

2. 贷款：

3. 拥挤：

4. 富裕：

5. 津贴：

6. 切实：

4.2 学费的故事

生词 Vocabulary

1. 师范(師範)	shīfàn	(名)	normal school; teacher-training
2. 资助(資助)	zīzhù	(动)	aid financially; subsidize; support
3. 趋势(趨勢)	qūshì	(名)	trend direction; tendency
4. 承受(承受)	chéngshòu	(动)	endure; bear; support
5. 毕竟(畢竟)	bìjìng	(副)	after all; at all; all in all
6. 绝对值(絕對值)	juéduìzhí	(名)	absolute value
7. 人均收入(人均收入)	rénjūn shōurù		average income
8. 供养(供養)	gōngyǎng	(动)	supply; provide for the needs and comforts of one's elders; sustentation
9. 经费(經費)	jīngfèi	(名)	funds; outlay
10. 成本(成本)	chéngběn	(名)	cost

Preparing to Read Reading for Main Ideas：这篇文章介绍了近30年来中国各类学校学费的故事，请找出文章的主要内容（有的这里已经列出，请补出其他的部分）。

1. 中国过去是实行免费教育或低收费教育，但这些年学费增长得很快。
2. ______
3. ______

学费的故事

中国自从改革开放30年以来，在很多方面都进行了改革，而在学费方面的改革应该说是比较大的一种改革。因为这个领域跟全中国老百姓的生活息息相关，所以它是个全民都关心的话题。

自中华人民共和国建国以来，全国实行的是低收费或免费教育，对有困难的学生有减免或补贴；特别是过去的大学教育基本上是全免费的。那时全中

国的师范类大学不仅都是免学费而且连住宿费伙食费都不收的。其他各类大学也大都是不收学费，住宿、吃饭等生活费也都较低。过去，上大学是国家资助，上大学的花销很便宜。

从80年代以后，中国开始试行了大学教育的收费制度，最近这些年，中国的大学教育收费开始增长并且在收费上有着越来越高的趋势。根据统计，现在中国一般高等学校的学费是从三千多元到一万多元人民币不等。如果再加上住宿费和伙食费，一个在校大学生所需的花费还要多。一年一个大学生的花销大约需要一万多元，这对于一般的城市家庭也许还可以承受，但是对于一个农民家庭来说，就是一个不小的负担了。

上大学和交学费是一个关系到千家万户老百姓的事情，中国人都想让自己的孩子考大学，而且很多家庭都有孩子在上大学，中国的大学教育学费越来越高的问题，全中国的老百姓都在关注。对于目前大学的收费水准，中国教育部有关领导曾经说过，相对于人民群众的收入水平，目前中国高校的收费标准不能算太低。在中国，有钱人毕竟是少数，我国还有九亿农民，一个农民光靠种粮食，供一个大学生是不容易的。但是，相对于培养成本，中国现在的高校收费不能说很高。那么，到底收多少学费才是合理的呢？

有人算了一笔账，现在世界上的大学学费最贵的是日本，欧美的一些国家也比较贵。可虽然这些国家的学费绝对值很贵，但是跟他们国家老百姓的收入比起来却没有中国的高等教育学费高。比如，在公认的学费最贵的日本上大学一年的学费大约是五六千美元，但是他们的人均收入GDP是3.1万美元，一个大学生一年花去的学费不足一个老百姓收入的五分之一；美国人的大学学费平均低于日本，而他们的人均收入GDP是3.6万美元。我们中国的人均收入GDP大约是一千美元，而九亿农民的平均纯收入还不到三千元人民币。简单地说，日本和欧美人花在大学教育学费上的钱少于他们普通一个人收入的五分之一，而中国老百姓的家庭培养一个大学生的学费，基本上是要花掉一个人全年的收入还不够。当然，在中国的农民家里，情况就更困难了，他们差不多要用三个人一年辛辛苦苦的劳动才能够供养一个大学生在大学读书。因此，有人说，按照中国的GDP水平和它的学费标准，中国的大学学费是最贵的。

那么，为什么会出现这样的情况呢？这里面有很多的原因。在中国，过去虽然大学学费很少或不收学费，但那时候中国的大学也少，能上大学的人就更少了。那时候的大学全部都有国家的经费支持。可是改革开放以来，中国的大学越来越多，也有越来越多的人希望上大学、接受高等教育。这样，虽然中国在大学教育方面的投入越来越多，可是这些经费仍然不够。现在中国的大学生人数是过去的几倍甚至几十倍，中国的大学扩大了，多招收了学生，现在的大学生往往被称作是“扩招的一代”。既然一下子扩招了那么多大学生，国家的教育投资和高等教育资源就不可能一下子满足新的需求。培养大学生的成本增加了，那么只好在涨学费上面做文章。这就是中国的大学学费突然增长的主要原因。这个道理，老百姓一般也都懂，但是，一家人辛辛苦苦全年的工资只能供养一个大学生，而很多的农民家庭辛苦一年还要欠债才能培养一个大学生，这仍然是个困扰着中国老百姓的问题。

除了大学以外，中国的小学和中学的学费也不低。虽然按照国家的收费标准一般的中小学收费只是在200元左右，省级重点高中的学生每学期学费也不过300元，但是如果不是在那个地区或者没有考上理想学校的学生若想上好些的学校就要每年多交几千元甚至上万元的学费去上自己要上的学校。那么，这些“扩招”的学生再加上其他的收费，一个小学生和中学生一年的学费也要近万元或更多。

这些情况是中国的教育近年来遇到的新问题。中国政府也在努力想办法解决这些问题。学费是压在老百姓心头的一件大事。自古以来，中国就是一个非常重视教育的国家。中国的政府和老百姓一起来关心教育和关心学费问题，希望这个问题能够在不远的将来得到合理的解决。

After Reading Reading for Details：完成下面的句子并补足信息：

1. 中国改革开放________年以来，在________方面的改革是一个比较大的改革。
2. 中国过去的师范教育不仅________而且________。
3. 据统计，在今天的中国一般高等学校学费是从________到________。一年一个大学生要花销________。
4. 在日本上大学的学费大约是________，一个大学生的学费是一个人收入的________。
5. 在中国，一个大学生的学费是________而中国的农民________。
6. 中国大学学费贵的直接原因应该是________。
7. 因为扩招，________，只好________，老百姓只好________。
8. 中国的中小学学费也不低。国际版准是________，可是有的学校却要________。
9. 如果按照 GDP 和中国人的收入标准来算，中国的学费应该是________。

阅读与讨论

Reading Comprehension and Discussion

小组讨论：两人一组根据课文内容讨论下列问题并写出答案及做出这样结论的原因。

描　写	举　例	原　因
过去中国的学费很低甚至免费 80 年代后中国的学费开始增长		
现在中国的学费在世界上人均最贵		
很多农民和低收入家庭非常担心		
中国的学费贵有很多原因		
学费问题关系着千家万户，政府应该认真地解决这个问题		

词汇知识　Vocabulary Build-up

词义辨析练习：两人一组讨论并选出与黑体字意思相近的词语，如果需要，可先查词典。

资助	用钱帮助 √	出力帮助	经济帮助 √
趋势	方向	倾向	势力
承受	接受	难受	继承
毕竟	究竟	竟然	到底
供养	供应	养活	服务
成本	本钱	造价	本金

语法　Grammatical Points and Idiomatic Expressions

1. “相对于……”

这种句型一般表示比较，有一种“跟……比”的意思在内。它通常用“相对于”引出比较的主体，引起人们的注意，但它实际上真正强调的是比较后的结果。有时候它也被用于表达一种比较委婉的说法。例如：

(1) 相对于人民群众的收入水平，目前中国高校的收费标准不能算太低。

(2) 但是,相对于培养成本,中国现在的高校收费不能说很高。

(3) 她的穿着打扮,一般说来还算不错,可是相对于她妹妹的奢华而言,就有些显得朴素了。

2. "……毕竟……"

这种句式往往表示强调。一种情况表示最后的结论或论断而强调现成的事实,即使出现了新的情况或增添了其他的信息,原来的结果也不能否认。另一种情况是某种预期的情况虽然受到了阻碍,最后还是发生了。例如:

(1) 在中国,有钱人毕竟是少数,我国还有9亿农民,一个农民光靠种粮食,供一个大学生是不容易的。

(2) 不管电脑多么能干,它毕竟还是人设计的。你不给它指令,电脑自己什么也做不成。

(3) A:不管怎么说,她毕竟是你的母亲,你千万不要让她这么生气。

B:你别说这样的话。现在不管是谁来劝我都没有用,我说什么也不能嫁给这个人。

3. "既然……就……"

这种句型一般是一种条件和结果句。"既然"提出已经成为现实或已经肯定了的前提,后面用"就"表示根据这个前提所推出的结论。例如:

(1) 既然一下子扩招了那么多大学生,国家的教育投资和高等教育资源就不可能一下子满足新的需求。

(2) 既然你已经同意了他的意见,我也就不必再说什么了。

(3) 既然发生了这种情况,现在再抱怨也没有什么意义了。现在咱们大家分头去想解决的办法吧。

4. "在……上面作文章"

这种句型是一种比较口语化的表达。它通常表示一种机心和设计。但是这种句型一般也都有一种条件和前提。这种条件和前提是"作文章"这种行为的诱因。有时候,这种句型也可以没有前提而这种"作文章"本身的行为就是一个借口。有时候为了强调,还会用"大做文章"的表述。例如:

(1) 培养大学生的成本增加了,那么只好在涨学费上面做文章。

(2) 他发现只是用经济问题还不能伤害他,就诬告他个人作风有问题,试图在男女关系之类的问题上作文章来污蔑他。

(3) 虽然他们一直在投机广告方面大做文章，但是由于他们的产品实在不好，所以半年来基本上没有卖掉什么产品。

5. "若……就……"

这种句型是一种假设条件句。它表示如果前面假设的情况成为事实，后面的结果就会出现。反之，如果没有了这个前提，后面的结局也会随之变化。它的意思与"如果……就……"相同，但更加书面化一些。例如：

(1) 如果不是在那个地区或者没有考上理想学校的学生若想上好些的学校就要每年多交几千元甚至上万元的学费去上自己要上的学校。

(2) 实话告诉你吧，你若想活着走出这个地方，你就必须告诉我全部的事实，半句都不能撒谎！

(3) 那时候上大学不是通过考试，不管是谁，若想上大学就得通过工农兵和领导的推荐。

词法与句法练习

Word Usage Exercise

一、填空(用所给的词完成下面的句子)

不仅　　众所　　周知　　那么　　毕竟　　根据

过去　　就是　　差不多　　既然　　基本上

1. ________，中国过去基本上几十年实行的是免费教育。
2. 那时全中国的师范类大学________都是免学费而且连住宿费伙食费都不收的。
3. ________，上大学是国家资助，上大学的花销很便宜。
4. ________统计，现在中国一般高等学校的学费是从三千多元到一万多元人民币不等。
5. 这么高的学费对于一般的城市家庭也许还可以承受，但是对于一个农民家庭来说，________一个不小的负担了。
6. 在中国，有钱人________是少数，我国还有9亿农民，一个农民光靠种粮食，供一个大学生是不容易的。
7. 相对于培养成本，中国现在的高校收费不能说很高。________，到底收多少学费才是合理的呢？

8. 中国老百姓的家庭培养一个大学生的学费，________是要花掉一个人全年的收入还不够。
9. 在中国的农民家里，情况就更困难了，他们________要用三个人一年辛辛苦苦的劳动才能够供养一个学生在大学读书。
10. 现在的大学生往往被称作是“扩招的一代”。________一下子扩招了那么多大学生，国家的教育投资和高等教育资源就不可能一下子满足新的需求。

二、用下面的词语造句

1. 资助：

2. 趋势：

3. 承受：

4. 偶然：

5. 毕竟：

6. 供养：

7. 成本：

三、根据课文内容，选择正确的答案

1. 中国进行的学费改革是近年来比较大的改革，因为
   A. 老百姓关心　　B. 比较贵　　C. 众所周知　　D. 改革开放30年
2. 过去中国________不但免费而且连住宿费伙食费都不收。
   A. 高等教育　　B. 各类大学　　C. 师范类大学　　D. 全中国大学
3. 现在中国实行了大学教育收费制度，这些年收费有着________的趋势。
   A. 三千多元　　B. 越来越高　　C. 可以承受　　D. 一万多元
4. 中国教育部的领导认为相对于老百姓的收入水准，中国现在的学费
   A. 不高　　B. 不低　　C. 合理　　D. 很高
5. 有人算了一笔账，根据GDP的人均收入，中国大学的学费在世界上
   A. 五分之一　　B. 最低　　C. 不足五分之一　　D. 最高

6. 中国老百姓的家庭培养一个大学生大约要花费________的收入。
   A. 一个人 1/5　　B. 三个人全年　　C. 多于一个人全年　　D. 少于一个人 1/5
7. 中国近年来学费增长太快的原因不是因为
   A. 经费不足　　B. 成本增加　　C. 缺乏老师　　D. 扩招
8. 中国某些中小学的学费也增长非常快的原因是
   A. 学生太多　　B. 想上理想学校　　C. 收费标准高　　D. 学生太少

三、根据课文回答下面的问题

1. 根据课文的介绍，中国过去大学的学费是怎样的？
2. 中国是什么时候开始改革大学收费制度的？为什么做这种改革？
3. 改革以后的情况怎么样？老百姓对学费有什么样的看法？
4. 按照世界上大学的收费标准，中国的大学收费情况如何？
5. 请你谈谈什么是收费水准、什么是收入水平、什么是培养成本。
6. 中国的学费大约是三千元到一万元不等，比日本和欧美大学要少很多，为什么本文说中国大学学费是最贵的？
7. 请你谈谈中国近年来大学学费贵的一些主要原因。
8. 除了大学，中国的中小学面临着什么样的问题？
9. 你认为，中国中小学和大学面临的这些问题应该怎样解决？

写作练习 Writing Exercise

一、分析课文

这是一篇以说理作为主要手法的文章。文章引用了大量的数据、时间性资料和调查材料来客观表达主题。特别值得提出的是这篇文章应用了比较的方法把不同时间、不同国家的同类问题放到了一起进行讨论，给了读者非常明确和清晰的观点。

1. 在文章的开头作者先回忆了中国学费改革的历史，提出了问题。
   【例】1)中国的学费改革是一个全民关心的话题
   2)中国学费过去的情况
   3)80 年代以后的情况，跟前面的对比强烈
2. 学费问题现在越来越紧迫，中国政府和老百姓都要面对它。
   【例】1)老百姓感到学费贵
   2)农民家庭感到负担不起

3)教育部领导的说法不明朗

3. 有人算了一笔账,中国的学费非常高。

【例】1)日本的学费最高,但学费只是老百姓收入的 1/5

2)美国人学费比日本低,收入比日本人高

3)中国学费比日本和美国低

4)中国人的收入也比日本人和美国人低很多

5)中国的学费是老百姓一年的收入,三个农民一年的收入

6)结论:中国的大学学费按照 GDP 水平是最贵的

4. 中国大学学费为什么这样贵的原因。

【例】运用过去和现在对比的手法来具体说明

过去大学生少,现在大学生多

过去国家经费支持,现在经费少

过去教育投入少,现在教育成本高

现在扩招,却是资源少,供需矛盾突出

除了大学学费高,现在中小学学费也有不同的问题

5. 文章的结尾没有结论,留下了一个开放性的结构。

【例】这篇文章主要是提出问题、提供事实,让读者自己去分析,自己寻找答案和解决的办法。当然,这个问题很复杂,不是一下子就能找到答案的;但是这篇文章的目的是语言教学而不是政策设计。如果这里面提出的问题引起了讨论、练习了词汇和语法以及中文表述,我们的目的就达到了。特别是,这里面的词汇和话题都是学生熟悉的内容,相信会引起他们的兴趣和讨论的热情。

二、写作练习

(一) 谈谈你们自己国家的教育面临的问题,并以这样的命题来写一篇文章谈谈你的看法。你可以模仿这篇文章的方式来提出观点和摆出论据,同时说出你自己的想法和答案。如果你没有答案,可以把问题留在文章结尾,让读者来讨论和替你思考这个问题。

(二) 作文题:

1. 我所在国家的私立学校和公立学校的不同
2. 什么样的教育方法是理想的方法
3. 我国的学费制度
4. 我们应该不应该专门设立女子学校

4.3 看病到底难不难、贵不贵

生词 Vocabulary

1. 患者(患者)	huànzhě	(名)	patient; sufferer
2. 急症(急症)	jízhèng	(名)	emergency case
3. 范畴(範疇)	fànchóu	(名)	category; domain
4. 量入为出(量入爲出)	liàng rù wéi chū		cut one's coat according to one's cloth; make both ends meet
5. 倾家荡产(傾家蕩産)	qīng jiā dàng chǎn		ruin; be clean broke; dissipate one's fortune
6. 误导(誤導)	wùdǎo	(动)	mislead; misadvise; misdirect
7. 炮轰(炮轟)	pàohōng	(动)	shell; attach
8. 热议(熱議)	rèyì	(动)	hotly discuss; focused topic
9. 基层(基層)	jīcéng	(名)	grass-roots
10. 扭曲(扭曲)	niǔqū	(动)	distort; tortility; tortuosity; twist
11. 疑难(疑難)	yínán	(形)	difficult; knotty
12. 透露(透露)	tòulù	(动)	disclose; uncork; divulge; leak
13. 有的放矢(有的放矢)	yǒu dì fàng shǐ		have a definite object in view
14. 诊断(診斷)	zhěnduàn	(动)	diagnosis; diagnose
15. 背离(背離)	bèilí	(动)	deviate from; depart from; err from
16. 天职(天職)	tiānzhí	(名)	bounden duty; natural vocation

17. 垄断(壟斷)	lǒngduàn	(动)	monopolize; forestall; corner
18. 奢侈(奢侈)	shēchǐ	(形)	luxury; extravagant; wasteful; sumptuous
19. 恶化(惡化)	èhuà	(动)	worsen; deteriorate

Preparing to Read Reading for Main Ideas：这篇文章介绍了现在中国老百姓日常生活中面临的一些新的问题，请找出文章的主要的观点（有的这里已经列出，请补出其他的部分）。

1. 对现在在中国看病难不难、贵不贵有各种不同的说法。看上去每种说法都有道理。
2. ____________________
3. ____________________

看病到底难不难，贵不贵

在今天的中国，有一个老百姓每天都在关心的问题，那就是如果有了病，看病到底难不难，贵不贵？这个问题已经争论了好多年了。

最近在北京召开的全国政协会议上有的委员提出，在今天的中国，看病不算难也不算贵，而是患者求医的标准太高，因此导致了医疗资源"拥挤"。他们认为，应该给"看病难看病贵"一个新的定义，为它重新订立一个标准。

这些委员们提出，"即使是在发达国家，长时间地等待看病也是一个现实的问题，非急症病人等了几个月也看不上病的情况也大量存在。与国外相比，

中国的患者在当地看病并不算难”。他们认为，中国很大，每个省市都有不同层级的医院，有的病人不愿意在当地的医院看病而坚持要跑到大城市有名的医院，到人生地不熟的地方看病当然花费大、困难多。比如一个新疆的病人从新疆跑到北京看病，那当然难。但是这种难，超出了基本医疗的范畴，不能在抱怨的范围内。有的委员说，看病也是一种消费，但它跟买电器不一样。买电器的人可以量入为出，但是看病，即便最穷困的病人也希望寻求最好的医生和最佳的治疗方案，这样就会使很多人倾家荡产地去大城市、有名的医院看病。这样，对多数人来说，导致的就是看病的费用难以承担。因此有的委员们说，在中国“看病难”事实上是“上名院看名医难”。在中国去很多中小医院看病并不难，在那里甚至医生在等待病人上门。因此这些委员们认为，中国相关的部门应该加强宣传和教育，说明什么是基本医疗，什么是大病什么是小病，应该在合理的医疗范围内来接受治疗；不分条件地提“看病难看病贵”是一种误导。

上面的观点提出后，马上就受到了媒体和老百姓的炮轰。2009 年 3 月，上面的言论刚刚发表后，中国国务院总理温家宝就在政府报告上提出了“看病贵、看病难”能不能解决和新医改将走向何处的问题。这个问题引发了全国人大代表、政协委员和广大老百姓的热议。

针对某些医药界代表们说的“中国不存在看病难、看病贵，而是因为患者求医标准过高，都想找好医院看”的说法，有的代表认为，现在某些地方医院和基层医院水平不高和资源不多，是由于医疗体制造成的，由于这种医疗结构的扭曲，看病难看病贵是存在的。比如说，在北京，大约有 30% 得病的人到社区医院看病，在广州是 14% 的人，其他大部分地区都是有病就到大医院看，这样的看病方法，导致了排大队，结果肯定是看病难看病贵，而且是看大病难、看大病贵。假如很多问题在基层医院就能解决，上大医院的病人就会越来越少。大医院应该致力于疑难病例，但现在更多是在看普通病、常见病。而全国政协委员、卫生部副部长王国强在 3 月 4 日透露，医疗改革的中心就是解决人民群众“看病难、看病贵”问题。它的整个方案是有的放矢的，比如看病贵，到底是什么贵，是药费、诊断费，还是检查费用贵，在找出问题后，要有针对性地分析，提出解决思路、方案、政策和步骤。

去年夏天，某报社记者曾经装作病人到中国一个大城市的几个医院看病。他本来没有什么病，但是在每一个医院他都被诊断出了“病”，而且都花了不少钱。根据报道，越是在小医院他花的钱越多，而且药费也贵。记者分别在区医院、市医院和一个著名的医院分别看“病”，结果那个最著名的医院检查得最认真，而且药费和花销也最少。而那些小医院反而硬是让这位没有病的“病人”做各种检查、买好多的药。据报道说，有的地方是因为医生看的病人越多、检查费和买药花的钱越多，这个医生的收入就越高，而在正规的大医院里，这样的情况就比较少。

这次的讨论还针对一些医院要搞 VIP 病房的事情充分发表了意见。有人指出，现在国内某些医院为了迎合金钱的需要，大规模地搞 VIP 病房，那里面的“硬件设施比得上五星级酒店，每天住院价位少则千八百元，多则上万元不等。本来 8 个人的病房，就让给一个人住”，认为这是背离了医疗天职的行为，是用金钱垄断医疗资源。中国的医疗是应该照顾全体大众的，我们的医疗资源还没有丰富到这样奢侈的程度。VIP 病房恶化了医生和病人的关系，也浪费了宝贵的医疗资源。

After Reading Reading for Details：标出下面句子的信息对不对：

1. 在中国看病难不难、贵不贵是今天刚刚提出的一个问题。(　　)
2. 在中国看病并不难，只是因为病人太挑剔所以看病难。(　　)
3. 在中国一般的是大城市、名院名医的病人比较多，小医院病人少。(　　)
4. 病人为了看病不惜一切地超常消费是中国看病难的一个原因。(　　)
5. 中国的老百姓和媒体并不同意一些专家和政协委员的意见。(　　)
6. 有的政协委员认为因为基层医院和小医院的水平不高所以病人不愿意去。(　　)
7. 有一个记者装病去了不同的医院，但是不同的医院都不愿意给他看病。(　　)
8. 为了方便更多的病人到名医院看病，大家都赞成搞 VIP 病房的办法。(　　)

词汇知识 Vocabulary Build-up

词义辨析练习：两人一组讨论并选出与黑体字意思相近的词语，如果需要，可先查词典。

范畴	范围 √	模范	界限 √
扭曲	歪曲	扭转	使变形
透露	泄露	透出	显露
背离	背叛	被弃	违背
垄断	把持	独占	掌握
奢侈	挥霍	过分	奢华

语法 Grammatical Points and Idiomatic Expressions

1. "……到底……"

这种句型常用作表示强调。1. 用在疑问句时，常常表示进一步的追问，其语义略似于"究竟"。2. 表示经过了种种变化最后终于实现了的情形，语义类似于"终于"。3. 用在陈述句时往往表示对一种事实或某种状况的肯定、确认，略同于"毕竟"之意。例如：

(1) 在今天的中国，有一个老百姓每天都在关心的问题，那就是如果有了病，看病到底难不难，贵不贵？

(2) 经过了很多次的试验，预防新型感冒的疫苗到底成功制造出来了。

(3) 他们到底是亲兄弟！虽然他们之间好多年关系不好，可是在关键的时候他还是全心全意地帮助自己的弟弟。

2. "……导致了……"

"A 导致了 B"是一种因果句型和条件句，它说明了事情发展的原因和结果状况。而原因也是一种条件，有了它，才能引出后面的结果。例如：

（1）在今天的中国，看病不算难也不算贵，而是患者求医的标准太高，因此导致了医疗资源"拥挤"。
（2）本来他的病情并不厉害。可是他一直没有认真对待自己的病，一直拖延不去看医生，导致了病情加重，最后成了不治之症。

3."针对……"

这种句型表达一种目的性，它表明依据的基础并因之采取的行动。有时候它也有"对待"的意思，表明一种解决问题的方案和措施。例如：

（1）针对某些医药界代表们说的"中国不存在看病难、看病贵，而是因为患者求医标准过高，都想找好医院看"的说法，很多代表都提出了不同的意见。
（2）这次的讨论还针对一些医院要搞VIP病房的事情充分发表了意见。
（3）我这样说并不是针对某些个别的人和事，而是希望引起大家的注意，今后能够杜绝此类情况的发生。

4."假如……"

这种句型表示一种假设语义。1. 它用在前一分句里，而在后一分句里做出结论或发出疑问等。2. 有"如果"的意思，常常用在后面的分句里，用倒装的句法表示"如果"或强调一种条件。3. 以一种事情为例，作为阐明另一种事情的前提。例如：

（1）假如很多问题在基层医院就能解决，在大医院的病人就会越来越少。
（2）假如大多数人都不同意这个方案，那么我们还要不要坚持？
（3）他当然愿意去看这场篮球赛，假如你给他入场券的话。
（4）假如说词汇是诗歌的基本材料，那么音节就是音乐的原始基础。

词法与句法练习

Word Usage Exercise

一、填空（用所给的词完成下面的句子）

而是　假如　针对　那就是　即使

本来　致力于　事实上　这样

1. 在今天的中国，有一个老百姓每天都在关心的问题，________如果有了病，看病到底难不难，贵不贵？

2. 在北京召开的全国政协会议上有的委员提出，在今天的中国，看病不算难也不算贵，________患者求医的标准太高，因此导致了医疗资源"拥挤"。
3. ________是在发达国家，长时间地等待看病也是一个现实的问题，非急症病人等了几个月也看不上病的情况也大量存在。
4. 买电器的人可以量入为出，但是看病，就是最穷困的病人也希望寻求最好的医生和最佳的治疗方案，________就会使很多人倾家荡产地去大城市、有名的医院看病。
5. 因此有的委员们说，在中国"看病难"________是"看名院名医难"。在中国去很多中小医院看病并不难，在那里甚至医生在等待病人上门。
6. ________某些医药界代表们"中国不存在看病难、看病贵，而是因为患者求医标准过高，都想找好医院看"的说法，其他代表提出了相反的意见。
7. ________很多问题在基层医院就能解决，在大医院的病人就会越来越少。
8. 大医院应该________疑难病例，但现在更多是在看普通病、常见病。
9. 报社的记者装作病人到一个大城市的几个医院看病，他________没有什么病，但是在每一个医院他都被诊断出了"病"，而且都花了不少钱。
10. 这次的讨论还________一些医院要搞 VIP 病房的事情充分发表了意见。

二、用下面的词语造句：

1. 范畴：

2. 量入为出：

3. 误导：

4. 扭曲：

5. 透露：

6. 背离：

7. 垄断：

8. 奢侈：

三、根据课文回答下面的问题

1. 为什么有的人认为在中国看病难看病贵，有的人认为不是这样？
2. 中国政府的领导人对这个问题是怎样认识和说明的？
3. 你认为某些人提出的一般看病不难但“上名院看名医难”有没有道理？
4. 为什么病人看病消费心理跟别的消费心理不一样？你觉得他们这样消费对不对？
5. 在中国的某些城市，为什么大医院拥挤而小医院没有病人去看病？
6. 记者为什么冒充病人去看病？他“看病”后的结论是什么？这种结论说明了什么问题？
7. 中国的某些医院为什么要搞VIP病房？你觉得搞VIP病房有没有意义？

阅读课文一

“茶水发炎”引起的风波

最近有一条新闻在读者和老百姓那里引起了轰动。这条新闻是，针对现在很多医院看病贵和乱收费的情况，杭州有一位报社的记者装作病人去医院看病，医院诊断病人需要检查尿液，这位“病人”却没有准备尿液，而是用跟尿液颜色比较相似的茶水代替尿液送到了化验室去检查。这只是一种恶作剧的行为，本来大家觉得只是值得一笑的故事。

可是没想到，下面的故事却更复杂了。引起了全国老百姓的关注。

用茶水冒充尿液去检查，这件事只是有点好笑，可是没想到更好笑的却在后面：这些茶水被当作尿液送进化验室检查以后，却被发现有的茶水“发炎”了。它们的检查结果出现阳性，医院化验室的报告说明送茶水去检查的“病人”有问题，应该吃药打针治疗。

这位记者拿着茶水分别在杭州的十家医院做了这样的“化验”检查，没想到却有六家医院查出了问题，发现有炎症。这个结果让这个记者很吃惊，他就把这样的情况在报纸上发表了。他认为，他送去检查的根本就不是尿液，却莫名其妙地被医院检查出了问题，而且是“发炎”，这太可笑也太荒唐了。这位记者认为近年来经常出现看病贵看病难的问题，眼下的情况正是医院水平不高和缺乏责任心的表现。这篇文章发表后，一下子引起了轰动，因为老百姓也跟这位记者的想法。大家都想用这个例子说明医院不够负责任，它们的水平也不够高。

这样的新闻发布后，引起了全国老百姓的注意，当然也引起了有关领导的注意。中国卫生部的领导也注意到了这方面的问题。

这个事件发生后，中国卫生行政部门对此给予了高度的重视。他们组织相关的医院和相关的医疗研究部门对这个问题进行了深入细致的调查、讨论和研究，而且也组织了北京各大医院对这个问题进行了专门研究。后来，北京的医疗机构也用茶水作为样本让各大医院进行化验。结果全国92家有名的医院把茶水当作尿液来化验，有九成的化验报告出现了假阳性。因此，卫生部发表报告认为，这次轰动全国的“茶水发炎”事件，问题不是出在医院，而是出在某些媒体。

这个结果起初让老百姓很迷惑。医学专家的解释终于让大家明白了是怎么一回事。原来，尿液分析仪器和试剂的功能是针对尿液设计的，这些仪器并不具备辨别被查验的液体是茶水还是其他液体的功能，因为正常的情况下它的检查对象只限制在尿液，这是一个常识。而在茶水中含有大量的未知的干扰物质，如果“以茶代尿”去检验，那就很容易产生假阳性反应。因此，个别媒体记者的这种做法，既缺乏有关医学常识，也缺乏严谨科学的态度。

而且，在“茶水验尿”事件中，还有一个值得关注的现象，就是记者故意设了“圈套”，向医生提供了虚假病史，谎称自己“尿痛”。医生根据记者的“病史”去送尿液化验，做出尿路发炎的诊断，这是无可辩驳的。这与司法界“无罪推定”原则相反，医生看病遵循的是“有病推定”原则。判案不能冤枉一个好人，看病却不能漏掉一个病人。对于任何一名就诊者，医生应当首先将其看作“有病的人”。患者报告给医生的情况当然是医生诊断和治疗的主要依据之一。作为一名医生，没有任何理由怀疑患者“恶作剧”，而应完全相信患者所陈述的痛苦是切实存在的。媒体记者假扮患者、伪造病史的“游戏”，不仅违背了新闻职业道德，也干扰了医学诊断和治疗的严肃性。同时也引起和加深了不必要的医院和老百姓之间的不信任，而且使更多的媒体和群众受到误导，这是非常错误的。

中国卫生部就上面媒体的错误进行了严肃的批评。他们认为，如果媒体都以这样的态度去“创造”新闻，那么明天可能会送啤酒、后天可能送酱油，这样的结果是扰乱了正常的医疗秩序和社会秩序，而且影响了媒体的公信力，制造和扩大社会矛盾，是一种不负责任的行为。这样制造虚假新闻的行为也受到了国内广大老百姓的批评。

生词 Vocabulary

1. 发炎(發炎)	fāyán	(动)	inflammation; agnail
2. 尿液(尿液)	niàoyè	(名)	urine
3. 恶作剧(惡作劇)	èzuòjù	(名)	practical joke; prank; gambade; hoax
4. 冒充(冒充)	màochōng	(动)	pass oneself as; pretend to be; personate
5. 阳性(陽性)	yángxìng	(形)	positive
6. 炎症(炎症)	yánzhèng	(名)	inflammation
7. 深入细致(深入細緻)	shēnrù xìzhì		research in deep and detail
8. 样本(樣本)	yàngběn	(名)	sample; stylebook
9. 迷惑(迷惑)	míhuò	(动)	confuse; delude; dupe
10. 仪器(儀器)	yíqì	(名)	apparatus, instrument
11. 试剂(試劑)	shìjì	(名)	reagent
12. 辨别(辨別)	biànbié	(动)	identify; distinguish
13. 干扰(干擾)	gānrǎo	(动)	interfere; disturb; interference
14. 严谨(嚴謹)	yánjǐn	(形)	stern; strict; rigorous

15. 圈套(圈套)	quāntào	(名)	snare; trap; lure
16. 辩驳(辯駁)	biànbó	(动)	controvert; elenchus; rebut
17. 遵循(遵循)	zūnxún	(动)	follow; abide by; comply with
18. 冤枉(冤枉)	yuānwang	(动)	wrong; treat unjustly
19. 依据(依據)	yījù	(介/名)	according as; by; thereunder

一、根据课文内容,选择正确的答案

1. 一位记者用茶水代替尿液送到化验室进行检查,人们认为这件事
   A: 值得一笑　B. 值得注视　C. 恶作剧　D. 复杂
2. 茶水被检查以后发现结果是
   A. 冒充　B. 阳性　C. 病人　D. 发炎
3. 这位记者一共在＿＿＿＿医院做了茶水发炎的化验检查
   A. 六家　B. 92 家　C. 十家
4. “茶水发炎”的文章引起轰动,因为有些老百姓觉得记者
   A. 水平不高　B. 不负责任　C. 跟自己想法相似　D. 莫名其妙
5. 中国卫生部高度重视这个事情,并得出结论,认为问题是出在
   A. 老百姓　B. 医院　C. 化验　D. 媒体
6. 老百姓对卫生部的解释感到很
   A. 迷惑　B. 明白　C. 重视　D. 严谨
7. “茶水发炎”的事件被认为是记者＿＿＿＿的行为所致的。
   A. 有病推定　B. 不可辩驳　C. 不负责任　D. 职业道德

二、根据课文,判断下面句子的正误

1. 因为这位记者没有尿液,所以要用茶水当作尿液送到化验室去检查。(　　)
2. 这位记者用茶水充作尿液检查以后,受到了全国老百姓的谴责。(　　)
3. 因为医院对记者用茶水冒充尿液检查很生气,所以检查结果出现阳性。(　　)
4. 记者对茶水被检查出阳性很高兴,马上就在报纸上发表了。(　　)
5. “茶水发炎”发表以后,老百姓都很关注,中国政府也开始关心这个问题。(　　)
6. 卫生部调查研究的最后结果是,把茶水当作尿液来检查而出现了阳性,是记者的错误,不是医院的错误。(　　)
7. 各大医院的检查结果证明了医疗仪器不具备辨别茶水和尿液的功能。(　　)
8. 卫生部认为这位记者以茶代尿去检查是缺乏道德的表现。(　　)

9. 这位记者不但以茶代尿去检查，还编造了病史。（　　）
10. 医疗检查和法律原则差不多，都是根据“有病推定”原则的。（　　）
11. 卫生部严肃批评了这个记者的行为，认为这样的新闻是扰乱社会秩序、制造矛盾和不负责任的。（　　）

三、根据课文回答下列问题

1. 这位记者为什么要“以茶代尿”来制造这样的新闻？
2. 中国的老百姓为什么对这样的新闻感兴趣？这个新闻引起重视的社会基础是什么？
3. 这个城市的报纸为什么会发表这样的新闻？
4. 中国政府是怎样对待这样的新闻的？你觉得卫生部的处理办法好不好？
5. 你认为卫生部应该不应该对此给予重视并组织医院和医疗部门来澄清这件事？
6. 卫生部是怎样通过自己的努力来化解社会矛盾的？
7. 中国的老百姓对这件事的最后结果反映是怎样的？
8. 这位记者应该在这样一个事件中得到什么样的教训？
9. 中国的老百姓在这个事件中看到了什么？我们应该怎样对待媒体的报道？

阅读课文二

我们到底要不要中医？

中医算不算科学？我们到底应该不应该要中医？这个问题也许有人觉得问得奇怪，也许有人觉得它不应该是个问题。其实这个问题在现代中国形成争论已经很久了，而且它也牵涉到了很多著名的人物。

在整个中国现代史上，有过几次关于是否要废除中医的大争论。第一次是在1912年，当时中国现代史上的一些著名的人物开始传播西方的科学，包括西方的医学，并开始怀疑中国的传统医学不符合科学。有些比较激进的观点认为中医不能治病、中医迷信，“中医不过是有意无意的骗子”等等。这些观点引起了全国的大辩论，从根本上引起了人们对中国几千年传统医药的怀疑，动摇了中医的权威地位。

到了1929年，又有一些知识分子和公众人物提出了要废止中医的议案。他们认为中医是“旧医”，中医无法证明自己的科学性，所以应该取缔。这个提案引起了很多学者和老百姓的抗议，他们认为中医不是“旧医”，而是中国的

"国医"。最后,政府同意不取缔中医,中国的中医界斗争胜利了,他们把每一年的3月17日定为"中国国医节"。

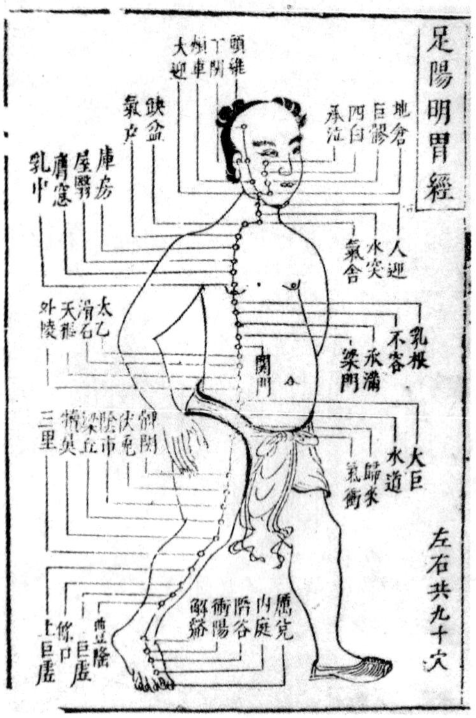

在新中国建立以后,又有人提出要"改造旧医",取缔中医,可是政府发现这个问题会影响到中国医药界的团结,就及时纠正了要取缔中医的提法并在中国医药界的各级领导和医务工作者中间提出要纠正对中医的偏见。

最后一次关于中医的争论是在"文革"中间,那时中医又一次被当做"四旧"受到了严重的批判和打击。直到"文革"以后中医才重新获得了发展的空间。在1982年颁布的《中华人民共和国宪法》第二十一条中还特别注明"国家发展医疗卫生事业,发展现代医药和我国传统医药"的条款,给予中医和西医同等的地位,这样在法律上对中医的地位给予了最后的保障。

中医看起来已经有了法律上的保障,那么为什么在今天还会一次又一次地引起争辩呢?

有人认为,取缔中医就是忘本,中医与中华民族一起成长。但到了近代,这个曾经自信也曾经自大、曾经开放也曾经封闭的民族的某些知识分子开始怀疑自己,包括自己的医学,是一种浅薄和不理智的举动。

对中医有所怀疑和质疑其科学性的人却认为,"中西医之争,争论的焦点是集中在科学性上。中医虽然有一整套独特的理论体系和丰富的预防疾病经验,但始终无法用现代科学的语言诠释清楚。而现在,中医界也越来越不了解真正的中医文化。气·元论(太极图式)和阴阳五行学说,可以说是中医理论体系形成和发展的根源,但是,现在有几个人能够真正理解,能够说清楚?"

由于说不清楚,就有了故弄玄虚的可能性,也就有了不够科学的地方。这样,在长达一个世纪的冲击与漠视中,中医已经大伤元气。维护中医者认为,当代反对中医的人是把中医行业中的某些庸医当成了中医的全部,但是,就是真正热爱中医的人也在担忧真正的中医已死。有的学者说:"在今天的中医大学里，讲不了《黄帝内经》，已经成了普遍现象。试问，世界上有讲不了《圣经》的神学院吗？有讲不了佛经的佛学院吗？有不讲经典力学、相对论的物理学院吗？"所以，中医受到指责和怀疑是很正常的，中医面临的任务是要切实努力，让自己更加科学化、理论化，用自己的科学性来证实自己。

那么，亲爱的读者，你听说过中医吗？你看过中医吗？你喜欢中医吗？你觉得中医到底是不是科学？

也许上面这些问题太复杂，你一下子回答不出来。但是对于大部分中国人来说，要不要中医也许根本就不是一个问题。可是，大家也都不否认，中医需要提高它自己的理论性。中医跟中国文化血脉相连，人们相信，总会有那么一天，中国医药能证明自己，能够反击外来医药的傲慢态度，认真传承自己祖先的好的医药传统，为自己的后代创造出更好的、真正地能证明自身而不会总是面临着"一肚子有理说不出来"的尴尬局面。

生词 Vocabulary

1. 废除(廢除)	fèichú	(动)	abolish; abandon; discard
2. 辩论(辯論)	biànlùn	(动/名)	argue; debate
3. 议案(議案)	yìàn	(名)	bill; recommendation; proposal; bills and draft resolutions
4. 取缔(取締)	qǔdì	(动)	outlaw; ban; suppress; forbid
5. 抗议(抗議)	kàngyì	(动)	protest; demurral; deprecate
6. 条款(條款)	tiáokuǎn	(名)	clause; article; provision; term
7. 忘本(忘本)	wàng běn		forget one's class origin; forget one's bitter past
8. 自信(自信)	zìxìn	(形)	have self-confidence; be sure of oneself; believe in oneself
9. 质疑(質疑)	zhìyí	(动)	query; fall in question
10. 诠释(詮釋)	quánshì	(动)	annotation; explanatory notes; notes and commentary

11. 阴阳五行(陰陽五行)	yīnyáng wǔ xíng		Yin and yang, the two opposing principles in nature, the former feminine and negative and the latter masculine and positive and five elements of metal, wood, water, fire and earth
12. 故弄玄虚(故弄玄虛)	gù nòng xuánxū		be deliberately mystifying
13. 漠视(漠視)	mòshì	(动)	treat with indifference; disregard
14. 伤元气(傷元氣)	shāng yuánqì		damage of the vitality/vigor
15. 庸医(庸醫)	yōngyī	(名)	barber-surgeon; quack; charlatan
16. 血脉(血脈)	xuèmài	(名)	blood vessel in which the blood and qi circulate; circulation of blood

一、根据课文内容,选择正确的答案

1. 中医到底应该不应该要是个________的问题。

   A. 著名的　　B. 奇怪　　C. 不应该　　D. 争论已久

2. 在中国现代史上,有过________次关于废除中医的大争论。

   A. 1　　B. 2　　C. 3　　D. 4

3. 中国第一次要废除中医的大争论的原因是觉得中医(请选出哪一条不是事实)

   A. 不科学　　B. 不能治病　　C. 是骗子　　D. 比较激进

4. 1929 年第二次有人提出要废除中医是因为有人认为中医

   A. 是旧医　　B. 是议案　　C. 引起抗议　　D. 是国医

5. 新中国建立以后,因为有人提出要________,取缔中医,可是政府没有同意。

   A. 影响团结　　B. 改造旧医　　C. 及时纠正　　D. 纠正偏见

6. 最后一次关于中医的争论,是因为有人认为中医是

   A. "文革"中间　　B. "四旧"　　C. 发展空间　　D. 传统医药

二、根据课文，判断下面句子的正误

1. 因为中医不算科学，所以在中国现代史上一直引起争论。（　　）
2. 最早关于中医问题的大讨论主要是外国人引起的。（　　）
3. 第二次一些知识分子和公众人物提出废除中医时，引起了很多知识分子和老百姓的抗议。（　　）
4. 在“文化大革命”的时候有人批判中医，因为中医是“四旧”。（　　）
5. 虽然中国的宪法上注明了中医是中国的国医，但是还是有人反对中医。（　　）
6. 有的人认为，提倡废除中医的人就是忘本的中国人。（　　）
7. 中国的法律规定，中医跟西医一样重要，它们应该受到同样的尊重。（　　）
8. 现代人有的不太相信中医是因为中医太喜欢故弄玄虚。（　　）
9. 有的学者认为真正的中医已经死亡了，因为没有人能够读懂中医的理论。（　　）
10. 虽然有些人不太相信中医甚至要否定中医，但大多数中国人都不怀疑中医。（　　）

三、根据课文回答下面的问题

1. 为什么很多人认为中医不科学？你了解中医吗？你觉得中医科学吗？
2. 为什么中国的一些著名的学者反对中医？他们反对的理由是什么？
3. “旧医”和“国医”有什么不同？为什么政府和老百姓都不同意取缔中医？
4. 中国宪法为什么规定保护“传统医药”？
5. 为什么这么多年以来关于中医的争议始终不断？
6. 中国的中医学界自己对待中医有什么样的看法？他们对中医有什么希望？
7. 中国的老百姓对中医有什么看法？他们为什么会有这样的看法？
8. 你觉得中医有什么样的前途？请告诉我们你的思考和原因。

4.4 中国今天的志愿者

生词 Vocabulary

1. 志愿者(志願者)	zhìyuànzhě	(名)	postulant；volunteer
2. 国界(國界)	guójiè	(名)	national boundaries
3. 报酬(報酬)	bàochóu	(名)	reward；remuneration
4. 良知(良知)	liángzhī	(名)	conscience；intuitive knowledge
5. 信念(信念)	xìnniàn	(名)	faith；persuasion
6. 推崇(推崇)	tuīchóng	(动)	hold in esteem；praise highly
7. 提倡(提倡)	tíchàng	(动)	encourage；advocate；promote
8. 义务(義務)	yìwù	(名)	volunteer；voluntary；duty；obligation；commitment
9. 公益(公益)	gōngyì	(名)	public welfare；commonweal
10. 热火朝天(熱火朝天)	rè huǒ cháo tiān		buzzing with activity；in full swing
11. 局外(局外)	júwài	(名)	outside
12. 本分(本分)	běnfèn	(名)	duty or responsibility
13. 助人为乐(助人爲樂)	zhù rén wéi lè		enjoy in helping others
14. 囊括(囊括)	nángkuò	(动)	include；embrace
15. 突发性(突發性)	tūfāxìng	(形)	paroxysmal；burst out or occur suddenly
16. 内涵(内涵)	nèihán	(名)	involution；meaning in intension；implied meaning
17. 操办(操辦)	cāobàn	(动)	make arrangements

Preparing to Read　Reading for Main Ideas：这篇文章介绍了中国近年来出现的一个新生事物，请找出文章的主要的观点（有的这里已经列出，请补出其他的部分）。

1. ____
2. ____
3. 中国的志愿者跟西方的志愿者虽然有些不同，但都有着帮助别人和回报社会的目的。

中国今天的志愿者

什么是志愿者？根据一般的概念，志愿者是一个没有国界的名称，它指的是在不为任何报酬的情况下，基于良知、信念和责任，自愿为改进社会而提供服务，贡献自己的技能、自己的资源、自己的善心、自己的时间和自己的精神的人。注册志愿者是指按照一定程序在相关的组织注册登记、参加服务活动的志愿者。

这样看来，志愿者其实并不是一个新的概念，中国过去就一直推崇并提倡服务社会、互相关爱的文化，提倡互相关心、互相帮助。那么，今天的志愿者跟过去的这些内容有什么不同呢？

在过去几十年，中国也一直提倡全社会进行义务劳动、做好事，大家参加公益活动等等。但这些运动的特点是规模大，热情高，富有阶段性。而且这些运动多由政府和党派社团组织，虽然号召力大，但是往往有时间性，在一段时间内热火朝天，但是过了某一个阶段常常就不再坚持。那时候这类的活动常常叫“尽义务”或“义务劳动”等等，有的也叫“做好事”。

今天的志愿者的理念跟这些有些不同。比如说“义务”，这就有“不要报酬”和在道德上支持的意义，而“做好事”也是指支援和帮助别人，它们都指的是为别人做事，有一种道德上的荣誉感和有一种自己在局外的感觉。而“志愿者”的概念是自己在其中，自己是在做的事里面的一份子；自己不是替别人做好事而是在尽自己的本分。它强调的是参与，是自愿，是参与的欢乐和愿望的满足。它的理念并不仅止于“助人为乐”，而是认为助人也是助己、助人就是助己；它的自发性强，而且持续性也强，是一种每日每时的努力和付出，这是一种新的社会道德。

另外，今天的志愿者更像是一个广泛的社会力量，他们不仅为了一个事件、一场运动、一次活动而努力，而是更加持续地、努力不懈地贡献自己。除了坚持时间长以外，今天的志愿者的关怀范围也更加广泛，他们的服务范围几乎囊括了社会的各个方面，从教育、环保、各种公益活动到关心残疾人、病人、老人和儿童，从慈善活动到消防、禁毒、科普、普及法律以及突发性灾难事件的救援等。如 2008 年四川大地震、同年的北京奥林匹克运动会、2010 年的上海世博会。在今天的中国，到处都是志愿者的身影，到处都是他们做出的成绩。今天中国的志愿者们不仅发扬了中华民族勇于助人、乐于助人的传统，而且更增添了志愿者关爱生命、关爱世界的崭新内涵，把志愿者活动更加发扬光大起来了。

说到志愿者，一般人可能以为这都是年轻人的事，其实不然。今年夏天我在北京街头，看到一些头发花白的老爷爷老奶奶站在街上维护交通；我在上海的飞机场也看到一些小学生带着微笑在替外地人领路；在电视上我看到一些电影明星志愿者做公益广告，四川地震时也有些我喜欢的著名电影明星亲自到四川帮助那里受灾的人；我甚至还看到有的残疾人和自己本身有困难的人也在积极地做志愿者，用自己的能力来帮助更困难的人。

近年来，每当中国有大事的时候，首先都有志愿者站出来提供服务。四川地震时，志愿者从全国各地涌来，有的志愿者自己没有钱甚至借钱从各个地方来到四川给受灾的人提供服务，他们及时赶到灾区，做了很多事，救活了很多生命，他们是让中国人感到骄傲的一个优秀的群体。

在北京奥运会期间，北京城的各个地方都有志愿者，他们帮助全世界到北京来的客人。从帮外国人做翻译、帮助记者找会场，到替老人拉行李、带残疾人找厕所等等，大事小事都有志愿者上前帮忙。志愿者让全世界的客人觉得温暖，他们表明，奥运会这样的大事，不仅仅是政府在操办，而是全国的老百姓都在参与、都在支持、都在为此感到骄傲——中国人在全心全意地支持奥运会，全国人民都想把它办好。

除了奥运会这样的大事，在日常生活中也是到处都有志愿者，社会各界都在用自己的能力、时间和本领来帮助别人。医生们用休息的时间志愿帮助病人，警察在下班后的时间志愿帮助小学生，农村的志愿者帮助缺少劳动力的家庭种地，有着各种一技之长的人用自己的技能来帮助别人。在这个社会，人人都愿意帮助别人，人人都以帮助别人为乐，大家生活就和谐幸福了。

有一个记者采访了一个年轻人为什么要做志愿者，这个年轻人的想法很朴素也很感人。他说："我做志愿者主要是在小时候受我家里和社区的影响，上了大学以后，是受了学校的影响。我觉得做志愿者氛围是很重要的，其实我主要是受周围环境的影响才做了志愿者。小时候还没有'志愿者'这个词的时候，因为我家庭困难，很多人帮助我们，邻里之间都互帮互助，我那时候就想着长大以后要回报他们。这就特别符合报纸上所说的，以前我是受助于志愿者，现在我要根据我的能力回报社会，回报帮助过我的人。我现在也没有特别大的能力，只能做志愿者，做一些力所能及的事情来回报大家。等到我有更大的能力了，我想，我一定能做得更多。"

After Reading Reading for Details：完成下面的句子并补足信息：

1. 志愿者是________的人。
   A. 没有国界　　B. 提供服务　　C. 不要报酬
2. 中国历史上就________"志愿者"的概念。
   A. 具有　　B. 推崇　　C. 缺乏
3. 中国在过去的几十年间跟志愿者类似的概念是________。
   A. 热火朝天　　B. 规模大　　C. 做好事
4. 今天志愿者和过去的不同在于提供帮助是________。
   A. 义务　　B. 局外　　C. 本分
5. 今天志愿者的特点是________提供帮助。
   A. 为一次事件　　B. 持续不懈　　C. 为一场运动
6. 志愿者应该是________参加的活动。
   A. 年轻人　　B. 老年人　　C. 全民

词汇知识 Vocabulary Build-up

词义辨析练习：两人一组讨论并选出与黑体字意思相近的词语，如果需要，可先查词典。

报酬	薪水 √	报答	工资 √
良知	良心	天赋	善良
信念	信仰	信奉	信任
推崇	推荐	推重	推脱
提倡	鼓励	倡导	提出
本分	义务	本来	责任
囊括	包涵	包容	承包
内涵	内容	内部	内在

语法 Grammatical Points and Idiomatic Expressions

1. “基于……”

这种句型表示一种条件和状况，这种状况和条件是后面内容的基础和原因、起点。它通常用在一种陈述和说明性的句子中表示一种前提条件。例如：

(1) 志愿者指的是在不为任何报酬的情况下，基于良知、信念和责任，自愿为改进社会而提供服务，贡献自己的技能、自己的资源、自己的善心、自己的时间和自己的精神的人。

(2) 基于国际形势发生的急剧变化，现在已经不再具备谈判的基础，所以这两个国家取消了这次领导人会见。

(3) 基于他对这次合作根本没有什么诚意，我不认为这次的谈话会有什么好的结果。

2. “从……到……”

这种句型表示一种范围，它有强调和突出的意味。这种句式常常以排比的形式出现，用以表达对深度和广度方面的强调。除了表示范围以外，它也可以表示时间上的内容。例如：

(1) 今天的志愿者的关怀范围也更加广泛，他们的服务范围几乎囊括了社会的各个方面，从教育、环保、各种公益活动到关心残疾人、病人、老人和儿童；从慈善活动到消防、禁毒、科普、普及法律以及突发性灾难事件的救援等。

(2) 北京城的各个地方都有志愿者，他们帮助全世界到北京来的客人。从帮外国人做翻译、帮助记者找会场，到替老人拉行李、带残疾人找厕所等等，大事小事都有志愿者上前帮忙。

(3) 中国历史上一种征收农业税。从有文字记载的先秦时代到本世纪，征收农业税的历史延续了几千年。

词法与句法练习

Word Usage Exercise

一、填空(用所给的词完成下面的句子)

除了　　基于　　每当　　仅止于　　常常

其实　　根据　　甚至　　比如说　　其实

1. 什么是志愿者？________一般的概念，志愿者是一个没有国界的名称。
2. 志愿者指的是在不为任何报酬的情况下，________良知、信念和责任，自愿为改进社会而提供服务的人。
3. 志愿者________并不是一个新的概念，中国过去就一直推崇并提倡服务社会、互相关爱的文化，提倡互相关心、互相帮助。
4. 那时候这类的活动________叫“尽义务”或“义务劳动”等等，有的也叫做“做好事”。
5. 今天的志愿者的理念跟这些有些不同。________“义务”，这就有“不要报酬”和在道德上支持的意义，而“做好事”也是指支援和帮助别人。
6. 它的理念并不________“助人为乐”，而是认为助人也是助己、助人就是助己；它的自发性强，而且持续性也强，是一种每日每时的努力和付出。
7. ________坚持时间长以外，今天的志愿者的关怀范围也更加广泛，他们的服务范围几乎囊括了社会的各个方面。

8. 近年来，________中国有大事的时候，首先都有志愿者站出来帮助。
9. 四川地震时，志愿者从全国各地涌来，有的志愿者自己没有钱________借钱从各个地方来到四川给受灾的人提供服务。
10. 我觉得做志愿者氛围是很重要的，________我主要是受周围环境的影响才做了志愿者。

二、用下面的词语造句

1. 良知：

2. 信念：

3. 推崇：

4. 提倡：

5. 公益：

6. 本分：

7. 囊括：

8. 内涵：

三、根据课文回答下面的问题

1. 今天的志愿者和中国人传统道德中的助人为乐等等有什么不同？
2. 什么是“义务劳动”和“做好事”？它们有哪些特点？
3. 为什么说今天的志愿者活动有不同的理念？它更有持续性？
4. 请你举例谈谈今天中国的志愿者在哪些方面做出了贡献。
5. 人们为什么愿意做志愿者？做志愿者对于年轻人有什么样的意义？
6. 你做过志愿者吗？如果有机会，你是否愿意做志愿者？

4.5 发生在公共汽车上的故事

生词 Vocabulary

1. 急中生智(急中生智)	jí zhōng shēng zhì		show resourcefulness in an emergency
2. 搀扶(攙扶)	chānfú	（动）	support sb. with hand
3. 见义勇为(見義勇爲)	jiàn yì yǒng wéi		ready to help others for a just cause
4. 骨折(骨折)	gǔzhé	（动）	fracture
5. 诬陷(誣陷)	wūxiàn	（动）	frame a case against
6. 起诉(起訴)	qǐsù	（动）	sue; prosecute; bring an accusation against
7. 目击证人(目擊證人)	mùjī zhèngrén		eye witness
8. 保温瓶(保温瓶)	bǎowēnpíng	（名）	vacuum flask
9. 赔付(賠付)	péifù	（动）	indemnify; advance money (for another) in making payment
10. 验证(驗證)	yànzhèng	（动）	experimental verification
11. 寒心(寒心)	hánxīn	（动）	be bitterly disappointed
12. 专座(專座)	zhuānzuò	（名）	special seat; preserved seat
13. 仗义执言(仗義執言)	zhàng yì zhí yán		speak out from a sense of justice
14. 缺德(缺德)	quēdé	（形）	lack of moral; mean; wicked
15. 制裁(制裁)	zhìcái	（动）	impose sanction against; censure; punish

Preparing to Read Reading for Main Ideas：这篇文章报告了发生在中国两个城市里的小故事，里面有着不少让人思考的道理。请找出文章的主要的观点（有的这里已经列出，请补出其他的部分）。

1. 在中国，某些新的问题值得人们深入思考；它们也许跟法律无关，但牵涉到社会道德。
2. ______________________________
3. ______________________________

发生在公共汽车上的故事

最近有两则发生在公共汽车上的故事让全中国的老百姓都发生了兴趣，而且很多人都对这些事情发表了意见和参与了争论。这到底是些什么事情呢？这么吸引人？——原来是这样的：

上面展示的是纽约市地铁票正反面。上面印着"给残疾人让座不仅是礼貌，而且是法律"，并且有专门的提示："请留心，并非所有的残疾都是眼睛可以直接看得见的。"

一件事情是南京市一位75岁的老人在下公共汽车时突然跌倒了，摔在地上爬不起来，可是跟在后边的乘客都不敢去扶起他。这位老人很难受，后来他急中生智喊起来："是我自己跌倒的，你们不用担心。"听了这话，其他乘客才一起上前救助他。

这到底为什么呢?一个75岁的老人,下车时跌倒了,周围的人都不敢去搀扶,直到老人喊出是自己跌倒的时候人们才敢去扶他。这样的事情,在提倡敬老和助人为乐的中国几千年来的历史上都是罕见的。这到底是为什么呢?

这件事引起了人们的关注和讨论。我们从上小学起,老师和社会就教大家要乐于助人、见义勇为,是我们的社会道德出了问题吗?完全不是。这事实上是因为南京发生的另一件事引起的。这件事已经传遍了全国,被称为著名的"彭宇案"。

去年有一个叫彭宇的青年人,在南京街头看到一位老妇人摔倒了,他就好心上去搀扶,还帮忙把她送到了医院。这位老妇人当时没有钱,彭宇还拿出了自己的二百元钱借给她。没想到,这位老妇人听医院讲自己骨折了,需要花费几万元医药费时,突然一口咬定这位帮助她的彭宇就是撞伤她的人,并要他承担数万元的医疗费。彭宇做好事却被诬陷当然不愿意付这笔钱,后来这个老妇人竟向南京市鼓楼区法院起诉,要求彭宇赔偿各项损失共13万多元。幸好此案还有一个目击证人陈先生。陈先生向法庭陈述,他看到的情况是:当时老太太手里拿着保温瓶,向第三辆公交车跑去。她跑到第二辆车的车尾时,不知为什么跌倒了。这时,他看到从第二辆车后门下车的彭宇走了几步上前去帮忙扶她,然后陈先生自己也上前帮忙,并打电话叫老人的儿女过来,整个过程大约半个小时。没想到最后,法院竟然还是判了彭宇赔付这个老妇人四万多元。

南京发生了这样的荒唐事,一下子就传遍了全国。好心没好报、帮人就是惹麻烦,在这件事上又一次得到了验证。有人看到了这个消息寒心地说,经历了这有名的"彭宇案"之后,别说前面那位老人摔倒的事又是发生在南京市,就是在中国其他地方,遇见老人跌倒的事谁也不敢再伸手了。

那么,在今天的中国,某些人到底是怎么了?做人的起码的道德和良知到哪里去了?难道中国几千年来尊老爱幼和助人为乐的传统就要毁在某些缺乏道德的个别人手里吗?这次在全国范围内的大讨论使得人们更加认清了做人的良心、道德和公民规范,相信这种讨论对提高全民的素质是会有好处的。

除了这件事以外,最近还有一件也是发生在公共汽车上的事件,引起了老百姓的注意。这件事情其实不大,但是反映了某些青年人的道德素质之差,短短几天，就有成千上万的人参加了讨论。

这件事发生在山东青岛。一天中午，一位70多岁的残疾老汉上了一辆公共汽车。当时车上很挤，老人好不容易挤到了老弱病残专座，一个大约20岁的女孩坐在专座上，两眼望着窗外。

这时，车上的司机放起了“请主动给老弱病残孕乘客让座”的广播，几个中年男子也叫女孩让座，但她不服气地回答道：“车上那么多座位，凭什么让我让座?”这时，一个中年男子过来告诉她：“因为你坐的座位是老弱病残孕专座!”女孩听了干脆扭过头不再理他。这时候这个男子很生气，他从自己的口袋里掏出一张一百元的钞票，用钞票抽了女孩的脸说：“你让座，这一百元就是你的。让不让？让不让……”这时这个女孩突然跳起来跟这个男子争吵，但被这位男子拽出来把座位让给了残疾老人。周围乘客一起叫好起来。

这件事最近在中国也引起了争议。有的人认为这个男子做得对，做得好，他仗义执言，教育了不懂礼貌、不尊重社会公德的人。大家认为对待不遵守规矩的人就不应该客气，必须强制缺德的人遵守社会道德。可有的人却认为用这样的方法强制别人让座不文明，我们不应该用不好的方法去对付不好的行为，不能因为自己是正义的，就可以忽略法律和道德原则去制裁别人。这个争议现在还没有完结。对这个不讲礼貌又不听劝告的女孩，你觉得应该怎么办好呢？请你告诉我们你的想法。

After Reading Reading for Details：请标出下面句子的信息对不对：

1. 南京市的一位老人摔倒了，别人不愿意扶他，因为他喜欢乱喊。（ ）
2. 乐于助人、见义勇为这样的传统道德在今天的中国已经不合时宜了。（ ）
3. 青年彭宇因为帮助人而被人陷害，法律并没有给他一个公正的判决。（ ）
4. 彭宇因救助老妇人而受到诬陷，全国的老百姓都同情他。（ ）
5. 陷害彭宇的人虽然没有受到法律的惩罚，但最后会受到道德的惩罚。（ ）
6. 青岛市的那个女孩不让座，因为她受到了彭宇案件的影响。（ ）
7. 因为这个女孩做事不道德，受到了全体乘客的反对。（ ）
8. 这个女孩让了座，最后没有得到一百块钱，很不服气。（ ）
9. 很多人不赞成这个女孩的行为，但也不赞成对不遵守规矩的人不客气。（ ）

语法 Grammatical Points and Idiomatic Expressions

1.“幸好……”

这种句型常常表示一种补偿或者运气，用来补充说明一种条件状态。通常这类表述的前面部分往往是不利或者不理想的因素，“幸好”后面的结果补救了前面的情形。例如：

(1) 这个老妇人竟向南京市鼓楼区法院起诉，要求彭宇赔偿各项损失共13万多元。幸好此案还有一个目击证人陈先生。

(2) 地震发生的时候幸好是在上体育课，所有的孩子都在操场上，没有受到危房的伤害。

(3) 那天幸好她妈妈发现厨房里冒烟，及时熄灭了火，要不然一定会酿成一场大祸。

2.“竟然……”

这种句型往往表示一种出人意料和使人惊奇的情形。它一般表示一种难以预料的结果和使人无法接受的事实。这种事实大多是违反常理的;但有时候也表示极度的惊奇的效果。例如:

(1) 没想到最后,法院竟然还是判了彭宇赔付这个老妇人四万多元。

(2) 我简直没想到,他学了那么多年的电脑,竟然连这样一个小小的问题都解决不了。

(3) 这个人真了不起!这么困难的问题,没想到他来了以后竟然三下五除二就解决了,真是让人难以置信。

3.“别说……就是……也”

这种句型往往用一种抑A扬B的状态来表示强调和取舍。它常常是先贬低A事物的重要性借以显示B事物的重要性。或者它有时候也强调一种比较后的突出结果。例如:

(1) 经历了这有名的“彭宇案”之后,别说前面那位老人摔倒的事又是发生在南京市,就是在全中国,遇见老人跌倒的事谁也不敢再伸手了。

(2) 这么多钱别说我一时拿不出来,就是让一个银行家一下子拿出来恐怕也是困难的。

(3) 他的名声,别说是在他们学校,就是在全中国也是响当当的。

4.“难道……就……”

这是一种表达强烈感情的反问句式。这种句型有一种不满和辩驳的意味,用以提醒人们的注意和阐发自己所要表述的正面内容。这种句型往往是对发问的事情有强烈的反感而突出它的荒诞性。例如:

(1) 难道中国几千年来尊老爱幼和助人为乐的传统就要毁在某些缺乏道德的个别人手里吗?

(2) 难道仅仅一个“对不起”就能把他犯下的罪行给掩盖过去吗?他必须受到法律的正义审判。

(3) 难道你们就眼睁睁地看着这个百年老店关门破产吗?大家一起想想办法呀!

词法与句法练习

Word Usage Exercise

一、填空(用所给的词完成下面的句子)

可是　　事实上　　而且　　对待　　难道　　幸好

因为　　一下子　　忽略　　直到　　其实　　却被

1. 有两则发生在公共汽车上的故事让全中国的老百姓都发生了兴趣，________很多人都对这些事情发表了意见和参与了争论。
2. 一件事情是南京市一位75岁的老人在下公共汽车时突然跌倒了，摔在地上爬不起来，________跟在后边的乘客都不敢去扶起来他。
3. 这到底为什么呢？一个75岁的老人，下车时跌倒了，周围的人都不敢去搀扶，________老人喊出是自己跌倒的时人们才敢去扶他。
4. 这________是因为南京发生的另一件事引起的。这件事已经传遍了全国，被称为著名的“彭宇案”。
5. 彭宇做好事________诬陷当然不愿意付这笔钱，后来这个老妇人竟向南京市鼓楼区法院起诉，要求彭宇赔偿各项损失共13万多元。
6. ________此案还有一个目击证人陈先生。这位陈先生向法庭陈述了他看到的情况。
7. 南京发生了这样的荒唐事，________就传遍了全国。好心没好报、帮人就是惹麻烦，在这件事上又一次得到了验证。
8. ________中国几千年来尊老爱幼和助人为乐的传统就要毁在某些缺乏道德的个别人手里吗？
9. 这件事情________不大，但是反映了某些青年人的道德素质之差，短短几天，就有成千上万的人参加了讨论。
10. 一个中年男子过来告诉她：“________你坐的座位是老弱病残孕专座！”女孩听了干脆扭过头不再理他。
11. 大家认为________不遵守规矩的人就不应该客气，必须强制缺德的人遵守社会道德。
12. 有的人却认为用这样的方法强制别人让座不文明，我们不应该用不好的方法去对付不好的行为，不能因为自己是正义的，就可以________法律和道德原则去制裁别人。

二、用下面的词语造句

1. 急中生智：

2. 见义勇为：

3. 诬陷：

4. 起诉：

5. 寒心：

6. 仗义执言：

7. 缺德：

8. 制裁：

三、根据课文回答下面的问题

1. 读完了这篇文章，你觉得今天在中国存在着一些什么样的问题？
2. 知道了彭宇的故事，你能理解文章开头别人不敢扶老人的心情吗？
3. 你认为文章中的这个老妇人有代表性吗？你听说过有这样的人吗？
4. 这篇文章作者为什么问："在今天的中国，某些人到底是怎么了？做人的起码的道德和良知到哪里去了？难道中国几千年来尊老爱幼和助人为乐的传统就要毁在某些缺乏道德的个别人手里吗？"
5. 你认为对青岛那个女孩的行为应该怎么办？
6. 为什么大多数人都支持那个中年男子的行动？他不是执法人员，为什么要去管这件事？
7. 你认为这个中年男子做得好不好？为什么对他做的这件事有着两种截然不同的议论？

阅读课文

我在美国扶助老人的故事

记得这件事发生在好多年以前，是我刚刚来美国的时候。那是一个非常寒冷的冬天，一连下了好几天的大雪，雪把道路都封上了。在纽约，百老汇大道旁堆起的雪堆差不多到人的肩头那么高。在这样的天气，人们没有什么重要的事一般都不出门。我那天要到邮局去寄一封重要的信，就冒着风雪出去了。

邮局其实没多远，就在学校附近的大道上，邮局旁边正好是个大医院，平时这里每天有人进进出出，挺忙的。可是下大雪这几天，医院也差不多没有了动静，一切都像是在睡觉，平时车水马龙的大道也平静了很多，平日飞驰的汽车都乖多了，在冻硬了一层冰壳的雪地大道上小心翼翼地开着。那会儿其实只是在下午却就像是在半夜，一切都是那么静，纽约街头的闹市仿佛一下子消失了。

我那天在邮局办完事出来，正好在阿姆斯特丹大道上见到了一个美国老太太。她的身子很单薄，穿着厚厚的冬衣在寒风中站着。风吹动着她像吹着一棵老树，枯叶哗啦啦地响，随时都有可能把她吹倒。

她想穿过马路到对面去，可是路面非常滑而且风很大。她试了几次，可是每次她小心翼翼地刚刚迈过雪堆，还没能真正走上路面开始穿越，车道另一端通行的绿灯就亮了，汽车开始穿越，老太太就不得不又缩回来。这条路在没有风雪的时候，路面干净，每个路口的红绿灯设定时间大约是每30秒转换一次，这样，行人都可以从容地穿过马路，汽车也可以有充足的时间前行而不阻碍交通。可是在风雪交加的那天，这个设计就很不合理了。电脑设计好的程序仍然是按照往常那样的速度闪红绿灯，可是路况却显然大不一样了。这样，别说是老太太，就是年轻人，也要非常警觉和小心翼翼地利用红绿灯的空当来连跑带跳地穿越那宽宽的大道。这条道路在平时不难走，穿越它一般人根本用不了30秒，即使走路慢些的人通过也是绰绰有余。可是现在有了风雪，路面冻得像溜冰场一样，这位老太太要想通过它就是难上加难了。

我当时还在两个街口以外，很远就见到这位老太太向路人求助。路人都拒绝了她。我离得远，起先不知道这是怎么回事，远看这位老太太穿着干净体面，不像是无家可归的人在讨钱，可是为什么人们都远避她呢？到了后来，我看到不仅是在她前边的人躲避她，连在后面的人根本不知道她在请求什么却也离她很远就绕路躲开她了。

我加紧了脚步赶快走到了老人身边停下了。我问到："太太，我能帮你些什么？"老太太高兴地回答："当然了！我想穿过马路。"

"这个容易！"我有信心地回答。

"不是那么容易，孩子。"老太太哆嗦着说。

"您放心，我一定把您送过去。"我发出了大话。——那时我的力气很大，老太太身体看上去很轻。我想，即使万一有问题，我就是自己快步走，抱起来携也能把老人携到路对面去。

可是事实上我马上就发现我的自信过头了。老太太走路很慢，而且地面很滑，我不敢全力扶她，更不能搀着她，以免两人都同时摔倒。我摔一下没关系，而她要是摔着了，一定会有问题。这样，我就耐心等她迈过路旁的雪堆，然后试图穿越马路。没想到，我们颤颤巍巍刚刚走上了马路，时间已经超过了30秒，交通灯已经转绿，是汽车通过的时间了。我们眼睁睁地失去了机会。

就这样连着失败了两次，老太太看出了此事的困难，告诉我："谢谢你，孩子，你先走吧！不能耽搁你太久。"我说："没什么，我们可以再试。我走了，您怎么过去呢？"

她大约是被我这句话说服了，只是表示歉意，我们又继续试下去。渐渐地，我们找出了方法。这一次，我们提前穿过了人行道上的雪堆，在红灯没亮以前就准备好一切，等到红灯一亮，我们就开始穿过马路。没想到，我们还没走到马路的一半，行人通过的时间就结束了，那边汽车已经开始过路，我们只好又退了回来。

美国老太太带着哭音说："孩子，我不能耽搁你。你走吧，我不能耽搁你……"她越是这样说，我就觉得越不能抛下她。我也很生气，恨自己的无能。这时候，我突然想起了自己性急的毛病。我轻声告诉自己，千万要耐心，千万别性急！我们一定能成功。就这样，在下一次，我们开始坚定地向前走去。这一次，我们终于走到了马路中间，前面绿灯亮了，汽车开始穿越，我这时候已经顾不上怕了，我们仍然坚定地走在马路中间，我用一只手扶着老太太，另一只手高举着向开车的司机们示意。司机们看到了我们的情况都停下了车，车灯互相闪烁着给后边的车打招呼，同时向我们示意让我们通过。这是一个我很难忘的场景。

虽然这只是一件小事，可是我觉得自己像一个英雄一般地受到了人们的赞许。而这位老太太感激得都快要哭了。我们终于顺利地到达了马路对面，在分手时，老太太说："谢谢你，孩子，你真是个好人！上帝保佑你。你从哪里来？你叫什么名字？""您别客气，我是中国人。"

回到我的公寓，我跟我的美国室友谈起那天发生的事情，我想他会为我助人为乐的行为感动。我跟我的美国室友是很好的朋友，平时几乎无话不说。而且他是土生土长的纽约人，对我非常关心，他跟我相处已经到了哥们儿的水平。没想到，那天听了我的故事，他不但没有感动，却是担忧和大怒。他突然发火，跟我大吵了起来："愚蠢！你知道你这样做的后果吗？她若摔着了或出了事，你一辈子也赔不起！你就别在美国读书了！你还逞能，别人躲都躲不掉的事你干，你以为你是谁呀！"

这是他第一次跟我突然发火，我被他一下子骂蒙了。

大约是看到了我吃惊的表情，室友一下子感到不安了。他告诉我："对不起，我是为你担心。是怕你找上麻烦，怕你不懂美国的规矩。如果出了事，谁会相信你是在做好事？你就等着倒霉吧！你是一个优秀的人，你应该在这儿读书，你应该有更好的前途……"

"美国的规矩？"我想，我不用你来为我操心，我是中国人，我的父母、我的老师从小就教育我尊老爱幼、助人为乐。我不照你说的"美国规矩"做，要是那样做，我就不是中国人了。你骂我傻，你才傻呢！如果我不这样做，我才是真傻，我才真正会不安呢！

尽管室友骂了我，可我觉得我做了一件有意义的事，虽然说不上是高尚，但我相信这是所有中国人都能干的事。而且我也相信，在遥远的中国，当我的妈妈在风雪中过马路，需要有人帮扶一把的时候，一定也会有人像我一样毫不犹豫地伸出手来帮她，因为那是在中国，我们是一个有着五千年文明传统的国家。

没想到，过后不久，室友的话被美国电视上的一则公益广告给验证了。我在纽约看电视，有一天电视上播放一个广告，也是一个老太太过马路，却不是在风雪天。老太太提着大大小小几个包包，有一个好心的年轻人想帮她拿上两个送她过马路，没想到老太太警惕性非常高。小伙子刚刚要替她拎包，老太太突然一发力，把这些包抡圆了兜头就照小伙子身上砸来。旁边看的人们都一边笑一边替小伙子向老太太解释。老太太却半信半疑：世上哪有这么好的人愿意助人为乐……这又是在美国！这个广告是什么意思？它是想唤起人间的温暖和良知，让人与人之间有那么一点点温馨和信任。

更没想到，二十年以后，在美国，我读到了发生在自己国家的一个让所有中国人都震撼的故事。我读到了在我的祖国，中国南京发生的"彭宇案"的故事，它让我心寒也让我害怕。事件中那位老妇人，如果你是在欺骗，你是否知道，你不止是坑害了一个善良天真的青年；你有没有想到，你的行为是在谋杀中国几千年的道德和伦理传统，你有没有想到，你可以坑害一个彭宇，但是天网恢恢疏而不漏，你不怕天理昭彰吗？上苍有眼。夜半惊醒，你摸摸自己的良心，看看你能否安宁。几万块钱不算少，但它买不来良心，买不来做人的起码的道德。

想到今天南京的这个老妇人，我对自己当年在风雪中做好事有点后怕。但尽管如此，我还是不能确定，如果今后我遇到了这样的情形，我会不会犹豫，会不会因为自己帮助别人而后悔，而遭人陷害。

生词 Vocabulary

1. 车水马龙(車水馬龍)	chē shuǐ mǎ lóng		heavy traffic; endless stream of horses and carriages
2. 飞驰(飛馳)	fēichí	(动)	speed along; go like the wind; rocket
3. 乖(乖)	guāi	(形)	well-behaved; obedient

4. 小心翼翼(小心翼翼)	xiǎoxīnyìyì		be careful and cautious; gingerliness
5. 单薄(單薄)	dānbó	(形)	thin and weak
6. 警觉(警覺)	jǐngjué	(形)	alert; vigilance; watchfulness
7. 空当(空當)	kòngdāng	(名)	break; gap
8. 绰绰有余(綽綽有餘)	chuò chuò yǒu yú		more than sufficient
9. 溜冰场(溜冰場)	liūbīngchǎng	(名)	rink; skating rink
10. 体面(體面)	tǐmiàn	(形)	grace; face; dignity; honorable; respectable
11. 绕路(繞路)	rào lù		go detour
12. 哆嗦(哆嗦)	duōsuō	(动)	shiver
13. 携(攜)	xié	(动)	carry; take sb. by hand
14. 搀(攙)	chān	(动)	support sb. with hand
15. 颤颤巍巍(顫顫巍巍)	chàn chan wēi wēi		unsteady; tottering; faltering
16. 闪烁(閃爍)	shǎnshuò	(动)	flicker
17. 示意(示意)	shìyì	(动)	show one's meaning with an expression, action, implicit words or image
18. 赞许(讚許)	zànxǔ	(名)	applause; approve; favorable
19. 保佑(保佑)	bǎoyòu	(动)	bless and protect
20. 公寓(公寓)	gōngyù	(名)	apartment house; block of flats
21. 后果(後果)	hòuguǒ	(名)	result; consequence
22. 逞能(逞能)	chěng néng		parade one's ability; display sham courage
23. 蒙(蒙)	mēng	(动)	be utterly confusedP
24. 倒霉(倒霉)	dǎo méi		have bad luck; be down on one's luck
25. 犹豫(猶豫)	yóuyù	(动)	hesitate; scruple; vacillate

26. 警惕性(警惕性)	jǐngtìxìng	(名)	to be alert; keep one's eye on the ball; vigilantness
27. 温馨(温馨)	wēnxīn	(形)	gentle and fragrant; warm; be softly fragrant
28. 震撼(震撼)	zhènhàn	(动)	shock; convulse
29. 谋杀(謀殺)	móushā	(动)	murder; rubout
30. 天网恢恢(天網恢恢)	tiānwǎng huīhuī		the net of Heaven has large meshes, but it lets nothing through; mills of God grind slowly but surely; justice has long arm
31. 天理昭彰(天理昭彰)	tiānlǐ zhāozhāng		God's law justice is manifest
32. 陷害(陷害)	xiàn hài	(动)	frame up; circumvention

一、根据课文内容,选择正确的答案

1. 因为________,这位美国老太太不敢走过马路。
   A. 太老　B. 下雪　C. 寒冷　D. 半夜
2. 作者遇到了老太太是因为他:
   A. 去医院　B. 去闹市　C. 去邮局　D. 去百老汇
3. 老太太试了多次不能穿过马路不是因为
   A. 红绿灯　B. 马路滑　C. 车水马龙　D. 路面干净
4. 路人都不愿意帮助老人是因为怕她
   A. 干净体面　B. 讨钱　C. 生病　D. 出危险
5. 作者发现帮助老太太通过马路最难的是
   A. 雪堆太高　B. 风太大　C. 时间不够　D. 自信过头
6. 最后作者和老太太在________的帮助下终于穿过了马路。
   A. 红绿灯　B. 司机们　C. 行人　D. 示意
7. 我的美国室友对我帮助老太太非常生气,因为他
   A. 不喜欢老太太　B. 不愿意我帮助人　C. 怕我赔不起　D. 怕我不读书
8. 作者认为他帮助老太太是因为他
   A. 不安　B. 真傻　C. 不喜欢美国规矩

D. 从小所受到的中国传统教育

9. 作者认为南京彭宇案让他心寒是因为这件事

A. 谋杀了中国道德　B. 坑害了彭宇　　C. 老妇人太缺德

二、根据课文，判断下面句子的正误

1. 为了帮助这个美国老太太过马路，我在那个下雪天专门去帮助她。（　　）
2. 老太太那天生病了，所以不能过马路。（　　）
3. 因为怕老太太摔倒，路上的行人都不愿意帮助老太太过马路。（　　）
4. 我是中国人，觉得敬老爱幼应该是一个起码的道德，所以愿意帮助老太太。（　　）
5. 老太太不太了解中国人，所以刚开始不愿意接受我的帮助。（　　）
6. 路口的红绿灯交换太快，这个设计不合理，所以老太太不能够过马路。（　　）
7. 我帮助了老太太，开车的司机也提供帮助，最后老太太终于走过了马路。（　　）
8. 我的室友知道我帮助了老太太，感到为我骄傲。（　　）
9. 美国的公益广告希望人们互相理解、互相帮助。（　　）
10. 彭宇案中的老妇人谋杀了中国人的道德，是中国人的耻辱。（　　）

三、根据课文回答下面问题

1. 作者为什么要在风雪天去阿姆斯特丹大道？
2. 在别的路人都拒绝了老太太的时候，“我”为什么愿意帮助她？
3. 开始帮助老太太的时候，作者很自信，可是后来发现了什么样的问题？
4. 作者为什么以为他会得到室友的赞许？为什么室友的反应让他出乎意外？
5. 室友对“我”发了脾气，后来为什么又感到不安？
6. 美国的电视为什么要播放一个老太太砸小伙子的电视广告？说说这个广告的涵义。
7. 作者读到了彭宇案的消息为什么这样痛心？
8. 什么是“天网恢恢疏而不漏”？什么是“天理昭彰”？你觉得那个彭宇案中的老妇人有没有起码的做人的天良？

4.6 在校大学生该不该结婚

生词 Vocabulary

1. 权利(權利)	quánlì	(名)	right
2. 阻止(阻止)	zǔzhǐ	(动)	stop; hinder; hold back; prevent
3. 干涉(干涉)	gānshè	(动)	interfere; intervene; interposition
4. 人权(人權)	rénquán	(名)	human right
5. 全日制(全日制)	quánrìzhì	(形)	full-time
6. 轻率(輕率)	qīngshuài	(形)	rash; hasty; flippancy
7. 匆忙(匆忙)	cōngmáng	(形)	hastily; in a hurry
8. 时髦(時髦)	shímáo	(名/形)	fashion; vogue; dandyism
9. 默认(默認)	mòrèn	(动)	give tacit consent to; tacitly approve
10. 凤毛麟角(鳳毛麟角)	fèng máo lín jiǎo		rare and precious things or persons; as precious and rare as phoenix feather and unicorn horns
11. 安稳(安穩)	ānwěn	(形)	be safe and secure
12. 伏案(伏案)	fú àn		bend over one's desk; work hard in writing
13. 窃窃私语(竊竊私語)	qièqiè sīyǔ		whisper
14. 慎重(慎重)	shènzhòng	(形)	cautious; prudent; discreet
15. 片面(片面)	piànmiàn	(形)	one-sided; unilateral; one-sidedness

Preparing to Read　Reading for Main Ideas：这是一篇讨论大学生该不该结婚的文章，请找出文章的主要的观点（有的这里已经列出，请补出其他的部分）。

1. 在今天，大学生结婚是一个人权问题还是时间合适与否的问题呢，校园里有争论。
2. ______________________________
3. ______________________________

在校大学生该不该结婚

我来到中国，发现最近几年中国大学校园里有着一个很有趣的争论，那就是中国在校的大学生应该不应该结婚的问题。这个问题前几年争论得很激烈。很多大学生都认为能不能结婚是自己的权利，大学生只要够年龄、只要合法，就应该有权结婚，任何人无权阻止他们行使自己的权利。而且在校园里，常常有中国学生问我，在美国有没有人“干涉”大学生结婚的事。

这个问题很有意思。一个人有没有权利去干一件事和干这件事有没有必要、有没有意义并不是一回事，这是一个人人都懂的道理。在美国，没有人限制大学生结婚，大学生有权利去结婚，但是我却几乎从来没听说过在校大学生结婚的事情。可能是美国人一般结婚比较晚的原因吧，我看到他们不只是在读大学的时候不结婚，甚至在大学毕业很多年以后还不结婚呢！

让我们来谈谈中国在校大学生结婚的事情。一般认为，大学生上大学期间是读书和掌握知识的最好的时光，大学生的主要任务是读书，学知识。在过去几十年，中国大学规定学生上大学期间不能结婚，而在现在这些年，大学校园里开始越来越开放，很多年轻人开始觉得结婚是他们的人权，不让结婚不合理，于是就有了上面我们看到的那种讨论。

我觉得事实上，在校大学生结婚恐怕不是一个人权和法律的问题，而更像是一种个人生活规划的选择和常识的问题。一般来说，在中国，全日制的大学生都没有工作和固定收入，因此也基本上没有个人的经济来源。在上大学期间，中国的大学生很少是完全依靠自己打工交学费或维持生活的，他们的学费、生活费和其他的花销大部分都要靠自己的父母、家庭、学校的奖学金和社会来负担。那么，如果他们连自己的学费和基本花销都难以全部承担，又如何能组织一个良好的、负责任的家庭呢？有人认为，如果在校大学生没有经济基础就结婚、在需要父母及家庭替他们负担学费的同时还要再替他们负担其“家庭”费用显然是轻率的和不负责任的。

撇开经济问题不说，一般在校大学生的年龄普遍都比较小，而大学生在校期间的学业一般都比较重，在这个阶段努力学好专业知识，努力实践和应用自己的知识，打好今后一生事业的基础非常重要，这应该是他们在大学期间的主要任务。如果在四年大学期间就匆忙结婚，这时候在事业和生活上都没有打下良好的基础，肯定会对以后的工作和生活有不利的影响。一般大学生往往尚不知道负担一个家庭、特别是结婚后养育子女等是一个多么重大的责任，只是觉得结婚的日子很浪漫，而没有想到真正的生活是很复杂的，是由很多东西组成的，一定要认真对待这个选择。

此外，在中国，能够有机会受到高等教育的人毕竟是很幸运的。中国现在的大学还不够多，很多年轻人还没有机会进入大学学习；而且现在有的年轻人或大学生考虑结婚是感到时髦，事实上他们的心理并没有完全成熟，并没有真正认识到婚姻的严肃性和神圣性；有的匆忙结婚然后就发生了问题，有的结婚不久就要离婚。而在大学校园，“学生夫妻”“学生爸爸”或“学生妈妈”的住宿、心理咨询和其他生活问题也会成为一些新的课题。当然，学校并不能为了回避问题而反对学生结婚,但在中国的校园,如何把有限的资源更有效地利用到更合理的教育内容上、如何更好地普及高等教育仍然是一个更为迫切的问题。

有趣的是,我浏览了中国大学生们自己对这个问题的意见,他们中的绝大多数人并不赞成在校大学生结婚,甚至很多人写文章或发表意见反对在校大学生结婚。如果我们拿这些反对的言论跟中国的现实比较一下就更容易看出这个事实:虽然现在中国的法律和大学默认大学生可以结婚,可是在中国两千多万大学生里,结婚的人毕竟是少数,大学结婚的学生简直是“凤毛麟角”。

大学生们是这样看,那么他们的家长又是什么看法呢?一位学生的家长说:“大学时代结婚实在是太早了,现在的年轻人没经历过什么大风大浪,不懂得和平安稳的可贵。在我们那个时代能有学上就已经很不错了,过早压上婚姻的沉重负担,怎么完成学业?如何安心读书?试想:当你打开书包准备伏案阅读的时候,你的孩子在一旁哇哇啼哭,你的丈夫对你窃窃私语,你还能集中精力吗?学业和家庭在某种程度上是不可兼得的。”另有家长也说:“大学时代是读书的黄金时代,不要为了一时痛快,留下终身的遗憾。”还有的家长认为,大学期间“谈谈恋爱是可以的,结婚还是不大合适。我觉得还是应先立业,后成家”。甚至还有一位家长用坚定的语气说:“如果你只想结一次婚,就不要选择大学时代结婚。”

那么,面对着上面那么多的观点,我们到底应该如何看待这个问题呢?

结婚,当然是人生中的一件大事,为什么要结婚,在什么时候结婚,是一个很个人化的问题,对此,每个人都有自己选择的权利,但每个人都应该知道什么是对自己合适的,什么是对自己最好的。有权利,并不证明你就必须这样做,或这样做就是最好的。我想上面大学生们自己说的话很重要,他们在有了权利之后,也在严肃认真地考虑自己的人生问题。正如在美国每个大学生都有结婚权利,反倒是他们有了权利后却更认真慎重地考虑自己的问题,而不是采取轻率的态度去片面地强调自己的权利。我觉得,每一个年轻人都要在考虑自己的权利以外,还要考虑自己的家庭和社会责任,考虑家长和师友的意见;在这个问题上,他们一定能够找出合理的答案,做出正确的选择。

After Reading Reading for Details：请标出下面句子的信息对不对或补足有关的信息：

1. 结婚是大学生的权利，所以现在大学校园里很多大学生都结婚了。（　　）
2. 由于美国的大学干涉大学生结婚，所以美国校园里没有大学生结婚。（　　）
3. 大学生结婚是一个个人生活规划问题而不应该是一个人权问题。（　　）
4. 因为大学生没有经济收入而需要家庭和社会的支持，所以不宜结婚。（　　）
5. 大学期间学生的主要任务应该是学习知识，结婚太早会影响学习。（　　）
6. 经过调查，大学生们自己对上大学期间应该不应该结婚的意见是，他们反对在校大学生结婚。（　　）
7. 虽然大学生们不赞成在校大学生结婚，可是他们的家长支持他们结婚。（　　）
8. 有一个大学生说："如果你只想结一次婚，就不要选择大学时代结婚。"（　　）

语法 Grammatical Points and Idiomatic Expressions

1. "……不只是……甚至……"

这种句型表示一种强调和递进的意思。它表示"不止""不仅"，并且有其他进一步突出的状况；而这种状况往往更加强了对前述事实的渲染和强调，起到了递进一个层次的效果。例如：

(1) 我看到他们不只是在读大学的时候不结婚，甚至在大学毕业很多年以后还不结婚呢！

(2) 当我跟他提起此事的时候，他不只是不认错，甚至还振振有词地说他当时做的非常对。

(3) 你真的不知道？他不只是懂得电脑，甚至还是这方面著名的专家呢！

2. “一般认为……”

这种句型往往表达一种常识和公理，采用此句型时，有一种隐藏的强调在内。它表示援引一种大众化的看法，这种看法通常代表着主流的观念或共同理解，从而强调这种认识和判断的公理效应。但有时候这种句型也用来作为反驳性强调，它表示先以“一般认为”作为事实或靶子，然后突出强调自己跟大众观点的不同之处。例如：

(1) 一般认为，大学生上大学期间是读书和掌握知识的最好的时光，大学生的主要任务是读书，学知识。

(2) 一般认为教科书上的话是权威，但是他在教科书上发现了很多错误。

3. “不是……而更像是……”

这种句型表示一种选择性的强调。它往往用否定性的句式先对述及的内容作取舍，然后在突出陈述自己的见解，使其达到突出和引人注目的效果。例如：

(1) 我觉得事实上，在校大学生结婚恐怕不是一个人权和法律的问题，而更像是一种个人生活规划的选择和常识的问题。

(2) 从他表现出来的症状看，好像不是一般性的流感，而更像是典型的新流感的情形。

4. “……，反倒是……”

这种句型表示一种跟一般人们的预期和常理相反或出乎意料的情形。例如：

(1) 正如在美国每个大学生都有结婚权利，反倒是他们有了权利后却更认真慎重地考虑自己的问题，而不是采取轻率的态度去片面地强调自己的权利。

(2) 没想到，在这次比赛中，原来大家十分期待会得冠军的几个选手都没有进入前三名，反倒是那几个年轻的选手都出乎意料地赢得了金牌。

(3) 恰恰相反，在这个问题上并不是年龄越大的人越有资格发言，反倒是一些富有实干精神的年轻人的建议更有启发意义。

词法与句法练习

Word Usage Exercise

一、填空(用所给的词完成下面的句子)

不只是	那就是	以外	只要	于是	实在
事实上	并不是	显然	如果	如何	因此

1. 我发现最近几年中国大学校园里有着一个很有趣的争论,________中国在校的大学生应该不应该结婚的问题。
2. 大学生________够年龄就应该有权结婚,任何人无权阻止他们行使自己的权利。
3. 有没有权利去干一件事和干这件事有没有必要、有没有意义________一回事,这是一个人人都懂的道理。
4. 可能是美国人一般结婚比较晚的原因吧,我看到他们________在读大学的时候不结婚,甚至在大学毕业很多年以后还不结婚呢!
5. 很多年轻人开始觉得结婚是他们的人权,不让结婚不合理,________就有了上面我们看到的那种讨论。
6. 我觉得________,在校大学生结婚恐怕不是一个人权和法律的问题,而更像是一种个人生活规划的选择和常识的问题。
7. 一般来说,在中国,全日制的大学生都没有工作和固定收入,________也基本上没有个人的经济来源。
8. 如果他们连自己的学费和基本花销都难以全部承担,又________能组织一个良好的、负责任的家庭呢?
9. 有人认为,如果在校大学生没有经济基础就结婚,在需要父母及家庭替他们负担学费的同时还要再替他们负担其“家庭”费用________是轻率的和不负责任的。
10. ________在四年大学期间就匆忙结婚,这时候在事业和生活上都没有打下良好的基础,肯定会对以后的工作和生活有不利的影响。
11. 一位学生的家长说:“大学时代结婚________是太早了,现在的年轻人没经历过什么大风大浪,不懂得和平安稳的可贵。”
12. 我觉得,每一个年轻人都要在考虑自己的权利________,还要考虑自己的家庭和社会责任,考虑家长和师友的意见。

二、用下面的词语造句

1. 权利：

2. 阻止：

3. 干涉：

4. 轻率：

5. 默认：

6. 安稳：

7. 慎重：

三、根据课文回答下面的问题

1. 你认为在校大学生应该不应该结婚？请谈谈你的理由。
2. 为什么在美国没有限制在校大学生结婚，但是结婚的美国大学生不多？
3. 你觉得在校大学生结婚到底是人权问题还是个人的生活规划问题？
4. 课文中谈到的中国大学生和美国大学生在经济上有些什么样的不同？
5. 这篇课文关于在校大学生应该不应该结婚有哪些观点？你同意这些观点吗？
6. 为什么大部分中国的大学生发表了不赞成大学生结婚的意见？
7. 对于在校大学生要不要结婚，家长有什么样的看法？你觉得这些看法有道理吗？
8. 你觉得大学生应该怎样平衡权利和责任的关系？
9. 如果你可以选择，你觉得什么时候结婚比较合理？为什么？

第五章

中国通向世界的窗口

5.1 对话：热土中国

A：前不久我读到了一篇英文文章，把今天的中国说成是"wonderland"，这篇文章说最近二十年以来西方正在掀起一个新的"中国热"。记得在几百年以前西方已经有过"中国热"了。那时候意大利人马可·波罗来到中国，回到西方以后把中国说成了神话。

B：可是今天的"中国热"和那时候的"中国热"并不一样。

A：那当然了！那时候世界各个国家之间的交流很少，大家都不完全理解别人，把别人看成是不同的人种和另类，把别人的文化看成是神话。今天当然是大不一样了。今天全世界的资讯都有着很好的交流，通过卫星通信和各类媒体，在世界上任何一个角落里发生的事情马上就会传遍全球，世界正在变小，真正变成了一个地球村。

B：那西方的作家为什么还要把今天的中国说成是 wonderland 呢？

A：哦，他们不是不了解中国，而是惊异于中国的发展变化太快了。中国的发展对他们来说像是一个奇迹，一个神话。

B：他们为什么会这样想呢？

A：因为现在西方世界的经济发展已经有几百年，应该是已经定型了。西方的文明经历了发展、动荡、成熟、稳定和定型的几个阶段，现在已经不再有什么惊喜和突飞猛进了。可是中国的经济发展还是个全新的形态，中国充满着未知。中国今天经济的发展既跟西方经济的发展不一样，也跟其他经济体不相似，当然，它也跟中国自己过去几百年经济发展的模式不相同。连中国的经济学家都认为这是一个奇迹，那么西方作者认为中国是wonderland就没什么奇怪的了。你说呢？

B：嗯，我觉得你说得也有道理。你觉得我们中国今天的经济发展在哪些方面最让外国人感兴趣呢？

A：我？我想，中国经济发展最让西方人感兴趣的是它如何把一个不够发达的十几亿人口的大国变成一个世界上强大的经济体，让老百姓过上好日子，同时又保持了一连十几年的经济持续增长。特别是，现在，在全世界的经济都开始有衰退迹象的时候，中国政府是怎样应付这种危机的。

B：哦。你读过最近的报纸了吗？

A：我读了。而且我也通过互联网读到了很多英文的资料。它们都说，现在的西方经济发展仍然让人们不敢乐观。西方的经济学家认为现在西方的经济状况虽然不好，但还不能说是已经到了谷底——也就是说，情况还可能更糟。但是，中国的情况却有了起色，比如说，中国刺激经济发展的一些措施都有了效果，老百姓都开始更有信心了。

B：呵，看起来你了解得还真不少啊。

A：嗨！你忘了我来中国是干什么的了。我来中国就是要看看这里的情况，就是要了解中国老百姓生活的。当然，我也要练习中文，可是，学习和了解这些正是我学中文的最好方式。你说是不是？

B：当然了！你能活学活用，很有意思。你再给我说说，你还知道些什么？

A：我还读到，中国经济复苏比较快的原因跟中国的传统文化有点关系。

B：哦？这倒是有点意思，那你说说今天中国的经济跟传统文化有什么关系呢？

A：这你就不知道了吧！你听我说。西方的经济学家们说，这次西方遭受了经济危机，主要是因为美国人生活方式的影响。美国人太喜欢花钱，他们往往超前花钱或者说是借钱花。这次美国的"房贷危机"就是这样发生的，结果它影响到了全世界。比如说，一个人没有那么大的能力去买一辆名车或一处豪宅，他们却借钱先买下，先享受着。可是后来慢慢地还不起债了，就先不还；但是长时间不还债，银行当然不答应。银行就要逼他们还房子。

可是如果还了房子，他们就变成了无家可归的人；一个国家一下子那么多人都变成了无家可归的人，政府当然不会同意。政府不同意可是银行也没有钱，那样银行就要破产，可银行破产会造成更大的社会问题，政府就要救银行。政府救银行就要用老百姓纳税的钱，老百姓当然也不答应。这样，一个问题接着一个问题，西方的经济就一下子出现危机了。

B：可是，你还没有说到这些跟中国传统文化有什么关系呢！

A：你别急啊！我就要说到了。你想想，中国人会像美国人这样盲目花钱吗？中国人当然不会。中国传统文化让中国人攒钱，节俭不浪费，要量入为出。要"有多大的锅就蒸多大的馒头"。你听说过中国人有因为还不起房债被撵到街上去的事情吗？

B：这个我倒是没听说过。嗯！你说的还真有点意思。我过去从来没想过这些。

A：怎么样？我说的没错吧？差不多就是因为这些，中国人不会乱花钱，不愿意欠债。过去有的西方人笑话中国人的消费方式，而现在他们倒是羡慕中国人手上有钱心里不慌了。

B：噢？你怎么知道的？

A：我在报纸上读到过一篇"一个美国老太太和一个中国老太太"的故事。

B：什么"一个美国老太太和一个中国老太太的故事"？

A：那是说，一个美国老太太和一个中国老太太都工作了一辈子，都到了60多岁退休了。这个美国老太太说："啊！我真开心，还钱还了三十年，到了退休，终于把我买房子的钱还完了！"而这个中国老太太也是非常高兴，她说："我真开心，攒钱攒了三十年，到了退休，我终于把我买房子的钱攒出来了！"中国老太太第二天要去买房子的时候，美国老太太第二天要去修房子。美国老太太欠了三十年的债可还是每年夏天去欧洲和世界各地旅行；中国老太太三十年拼命攒钱却是省吃俭用，但是中国老太太觉得她活得坦然没心事。没想到，问到美国老太太，她说："我更没心事！有钱就玩，没钱就借钱玩，到老了再还钱，愁什么！要不然到老了玩不动了，我就是有钱又有什么用？"——她幸运的是没有赶上现在的次贷危机(Sub-prime mortgage loan crisis)。

B：嗨！什么呀？这都是哪儿听来的些乱七八糟的。

A：你说不是吗？这上面说的虽然看起来像是一个笑话，但是却说出了美国人和中国人不同的消费观念。报上说，这次美国人倒了霉了，才开始想到了储蓄。现在美国全国储蓄的人口据说是发达国家中最低的，而中国的储蓄人口却非常高。人们口袋里有钱，又不像有些美国人那样欠了一屁股债，老百姓怎么都不会太着急。个人不着急了，国家也就不会太担心，就不会出现大的危机。难道不是吗？而现在美国人手里没有钱就突然开始了节省，死不花钱。大家都不花钱就减少了消费，没有消费就不能刺激生产，就关闭工厂、公司甚至社会公共服务而解雇职员和工人，造成失业，而失业人员又成了新的社会问题。这样就成了恶性循环，这个问题是目前很多西方国家面临的问题。

B：中国也有些这方面的问题呀。中国的传统文化对中国解决眼前的经济危机还有什么别的影响呢？

A：中国传统文化在今天还有一个能积极影响中国老百姓生活的方面是，中国文化提倡家庭关系和血缘关系，老百姓有困难往往是一家人齐心合力互相帮助，亲戚朋友都来帮忙，大家同舟共济，把别人的事情当作自己的事情。有了问题不只是靠政府而是所有亲人都来帮助解决，这就无形中减轻了政府的压力，而且让亲情更美丽，让社会更和谐。据报纸上说，现在虽然中国也面临经济危机，但老百姓手上仍然有钱消费，市场还是比较繁荣。中国本身的内需就是一个巨大的消费市场，有了市场当然就不愁经济复苏了。

B：哦，你还真的没有白来中国。看起来你真是学会了不少的东西，也了解了不少的中国老百姓的生活呢。

A：你算是说对了。告诉你吧，我现在有可能决定要在中国再住上一年呢！

B：真的！为什么？

A：我现在不是在上海的一家美国银行实习吗？我认识了很多在上海的外国公司。现在有一家英国的公司想聘请我做他们的市场调查顾问，这个工作的好处是我可以在中国的很多城市旅行，还可以到日本、香港等很多地方去，但不好的地方是工资不够高。而另一家美国法律事务所想聘用我做法律服务和研究的工作。因为我的中文能力不错，而且我的英文写作能力强，他们需要我。这个律师事务所的好处是工资很高，但是工作很累，假期很少，而且基本上不能出去到别的地方玩。

B：是真的吗？可是…… 你现在大学还没有毕业呢！他们会要你吗？

A：为什么不会呢？而且我也不是要在那里工作很久，我工作一段时间还会回美国上完大学的。

B：噢，太有意思了。你上了一半大学就到外国去，你的学校还会愿意接受你吗？

A：为什么不愿意接受呢？你的问题好奇怪！我已经跟我们学校联系过了，他们完全同意我这样做。我们学院这样做的人又不是我一个，有很多呢。我还有一个同学现在在上海开了一家咨询公司，他现在大学也没有毕业，他的公司生意很好，我现在每个周末都去他那儿打工，收入还不错呢！

B：哦，太有意思了。

A：如果你感兴趣，我以后可以带你去他的公司看看。

B：真有意思，没想到你们这些外国的年轻人都在上海开始有自己的事业了。

A：几年前就有了。有的人在这儿开了美国教育咨询和考试方面的公司，也有的人替美国的房地产和其他公司做市场调查；我们学校在上海还有校友会，有一个毕业的校友在这儿开了一个电脑软件开发公司。他自己就是电脑专业的，非常聪明。据说他前些年来中国发现中国大学毕业生中电脑软件开发人才特别多，他就自己开了一个公司，聘请优秀的中国大学毕业生写软件。他们的软件在美国市场销售很好，但是在中国，付给电脑软件工程师的工资比美国同类的工程师要低，所以我们的校友赚了很多钱。上个周末他请我们在上海最贵的饭店吃了饭。这个家伙看起来非常成功。

B：好极了。希望你以后也能像他那样成功。

A：你放心，我一定能。我要比他们更成功呢！你信不信？

B：我当然信。好好干吧，我等着你的好消息。

生词 Vocabulary

1. 热土(熱土)	rètǔ	(名)	hot land; hometown
2. 另类(另類)	lìnglèi	(名)	the others, alien

3. 资讯(資訊)	zīxùn	(名)	Information; source
4. 卫星(衛星)	wèixīng	(名)	secondary planet, satellite
5. 惊异(驚異)	jīngyì	(形)	amazement; astonishment; surprise
6. 奇迹(奇跡)	qíjì	(名)	miracle; phenomenon; wonder
7. 定型(定型)	dìngxíng	(动)	finalize the design
8. 动荡(動蕩)	dòngdàng	(形)	turbulence
9. 衰退(衰退)	shuāituì	(动)	decline; recession; wear away
10. 迹象(跡象)	jìxiàng	(名)	evidence; sign
11. 互联网(互聯網)	hùliánwǎng	(名)	internet
12. 谷底(谷底)	gǔdǐ	(名)	bottom, the lowest position
13. 活学活用(活學活用)	huó xué huó yòng		learn and practice, apply learned knowledge into daily life
14. 复苏(復甦)	fùsū	(动)	resuscitate; anabiosis; revive
15. 房贷(房貸)	fángdài	(名)	mortgage
16. 豪宅(豪宅)	háozhái	(名)	grand, bold and unreserved house
17. 纳税(納稅)	nà shuì		pay tax
18. 羡慕(羨慕)	xiànmù	(动)	admire; be envious of
19. 坦然(坦然)	tǎnrán	(形)	unperturbed; calm
20. 储蓄(儲蓄)	chǔxù	(名)	saving; savings
21. 恶性循环(惡性循環)	èxìng xúnhuán		a vicious circle; a vicious spiral
22. 血缘(血緣)	xuèyuán	(名)	consanguinity; strain
23. 同舟共济(同舟共濟)	tóng zhōu gòng jì		people in the same condition help each other; in the same boat
24. 实习(實習)	shíxí	(动)	intern; internship
25. 软件(軟件)	ruǎnjiàn	(名)	software

词汇知识 Vocabulary Build-up

词义辨析练习：两人一组讨论并选出与黑体字意思相近的词语，如果需要，可先查词典。

另类	奇怪 √	另外	异类 √
惊异	惊险	惊奇	诧异
衰退	衰弱	衰落	衰颓
动荡	动乱	动摇	动力
迹象	象征	痕迹	现象
坦然	心安	坦诚	坦白
复苏	苏醒	复兴	复活
羡慕	嫉妒	佩服	钦羡

语法 Grammatical Points and Idiomatic Expressions

1. "……倒是……"

这种句型表示一种强调性的选择。它往往出现在一种对比性的前后文中。其语义是对前面内容的否定或置疑而强调后面部分的内容，从而产生一种比较强烈的对比效果。例如：

(1) 过去有的西方人笑话中国人的消费方式，而现在他们倒是羡慕中国人手上有钱心里不慌了。

(2) 原来我一直以为他的方法太简单，不能解决问题；没想到到了后来我们的方法被否定了，倒是他提出的方案受到了肯定，最后成功了。

2. "……白＋verb……"

这种句型可以用来表示"徒然""没有效果"，有强调之意。特别是用在否定句中，常常表示感叹和体会深刻。例如：

(1) 哦，你还真的没有白来中国。看起来你真是学会了不少的东西，也了解了不少的中国老百姓的生活。

(2) 这次真倒霉！写了好长时间，我竟忘了把它存在电脑上，刚才停电，整整一天的工作算是白做了。

句式和词汇练习

Speach Patterns and Word Usage

一、完成下面的句子

1. 过去由于交流不便，世界各地的人们往往会互相误解，今天虽然交通非常方便了，________________。

2. 中国的历史虽然古老，但是近年来中国社会又________________。

3. 现在，在整个世界都出现经济衰退现象的时候，________________。

4. 中国近年来虽然在经济上有了很大的发展，________________

5. 如果说中国今天的经济发展跟中国传统文化有关系的话________________。

6. 美国是世界上经济最发达的国家，而中国是世界上人口最多的国家________________。

7. 虽然美国和中国都受到了经济危机的影响，________________。

8. 因为我不但会中文，而且中文能力还不错，________________。

9. 如果你真的想在中国再生活一年的话，________________。

二、用括号里的词语改写下面的句子

1. 我觉得我们不应该笑话他，他的话虽然听起来奇怪，但却有一定的道理。照他的方法试一试，也许能够成功呢！（……倒是……）
2. 遇到了这么多的困难，他不仅没有害怕或是放弃，反而干得更加起劲了。现在，这几个年轻人开的这家公司的股票都是天价了！（……倒是……）
3. 我并没有想跟他结婚，我爸爸妈妈却非常喜欢他。那些年，他几乎每个星期都到我们家来。就这么一来二去的，我们就成家了。（……倒是……）
4. 他说我学电脑学了这么多年，到今天什么也没有学会，浪费了时间又花了很多学费。这些话让我深深地感到受到了伤害。（……白 verb……）
5. 他说好了我们二人在火车站见面，可是我在那儿等了三小时以后他才打电话告诉我今天他不能来了。浪费了我那么长时间，让我非常伤心。（……白 verb……）

词法与句法练习

Word Usage Exercise

一、根据词性搭配画线连词

资讯	衰退	视为	坦然
创造	谷底	心情	纳税
社会	发达	经济	复苏
走向	奇迹	拒绝	危机
跌入	动荡	房贷	另类

二、用下面的词语造句

1. 热土：

2. 另类：

3. 惊异：

4. 奇迹：

5. 衰退：

6. 动荡：

7. 活学活用：

8. 复苏：

9. 羡慕：

10. 坦然：

11. 同舟共济：

5.2 "三资"企业在中国

生词 Vocabulary

1. 崭新(嶄新)	zhǎnxīn	(形)	newness; brand new
2. 未必(未必)	wèibì	(副)	unnecessarily; unnecessary
3. 核算(核算)	hésuàn	(动)	business accounting
4. 自负盈亏(自負盈虧)	zì fù yíng kuī		assume sole responsibility for its profits or losses
5. 渠道(渠道)	qúdào	(名)	channel; trench
6. 互利(互利)	hùlì	(动)	mutual benefit
7. 亏损(虧損)	kuīsǔn	(动)	loss; lost; to the bad
8. 无偿(無償)	wúcháng	(形)	gratuitous; free; gratis
9. 有利可图(有利可圖)	yǒu lì kě tú		profitable
10. 隧道(隧道)	suìdào	(名)	tunnel
11. 管辖(管轄)	guǎnxiá	(动)	domination; rule
12. 转让(轉讓)	zhuǎnràng	(动)	demise; transfer; convey
13. 松散(鬆散)	sōngsǎn	(形)	loose; un-intensive
14. 币值(幣值)	bìzhí	(名)	valuate
15. 折旧费(折舊費)	zhéjiùfèi	(名)	depreciation charge

Preparing to Read Reading for Main Ideas：这篇文章重点介绍了外国人在中国投资和经商的情况以及有关政策、资讯，请找出文章的主要的观点（有的这里已经列出，请补出其他的部分）。

1. 涉外的企业通称为"三资企业"，有不同的类型。
2. ______________________________
3. ______________________________

"三资"企业在中国

"三资企业"在近二十年的中国是一个崭新的名词。它是哪"三资"呢？这"三资"之间有什么相同又有什么不同呢？这些，对想在中国开创自己的事业的外国人是一个问题，即使是广大中国的老百姓也未必人人都明白。那么，让我们来看看它具体有些什么内容。

人们通常把在中国境内设立的中外合资经营企业、中外合作经营企业、外资企业三类有外商投资的企业统称为三资企业。上面说的三资企业都是经过中国有关部门批准，遵守中国有关法规规定，从事某种经营活动；由一个或一个以上的国外投资方与中国投资方共同经营或独立经营，实行独立核算、自负

盈亏的经济实体。自从改革开放以来,三资企业已经成为中国企业系统的一个组成部分;办好三资企业,对吸引外资、引进国外的先进技术和先进管理经验,扩大出口渠道都具有重要意义。

首先谈谈中外合资企业。它又叫中外合资经营企业,是指外国公司、企业和其他经济组织或个人,按照平等互利的原则,经中国政府批准,在中华人民共和国境内同中国的公司、企业或其他经济组织共同投资、共同经营、共担风险、共负盈亏而从事某种经营活动的企业。它的组织形式为有限责任公司。它的特点是在这类的公司里,经济性的赢利一般都是按照投资的比例由中方和外方共同分享。这方面比较有名的例子有中外合资的中国汽车工业等等。

第二种叫做中外合营企业。它又叫中外合作经营企业,是指为了扩大对外经济合作和技术交流,外国公司、企业和其他经济组织或个人按照平等互利的原则,同中华人民共和国境内的企业或其他经济组织共同举办的,按合同规定的各方投资条件,收益分配、风险责任和经营方式等进行经营的非股权式的经济组织。合营方式可以是法人企业,也可以是为实施某一项目或共同进行某一经济活动而形成的非法人式的组织。这种中外合营企业有着下面一些突出的特点:1. 开办时中方一般只以土地使用权投资,外方则以实物或现金投资;2. 以货币计算与确定合营各方的投资比例和股权比例,各方的义务、权利和利润分配额等,由各方根据不同情况和条件,协商一致后写进合同;3. 企业赢利按合同规定在合营各方之间进行分配,亏损一般由外方承担,以其投入的现金或实物为限;4. 合同期满或提前解散时的剩余财产,都无偿归于中方,而不在合营各方之间进行分配。采用这种合营方式,对中国方面来说,可以解决资金和技术不足的困难;对外国方面来说,在收回投资之前一般可以分得更多的利润,双方都有利可图,而且审批程序和手续比较简便,因此这种方式发展得较快。这方面比较有名的例子有中外合作在中国建设高速公路、桥梁和隧道等等项目。

第三种叫做外商独资企业。它指的是在中国境内设立的,全部资本由外国企业和其他经济组织或个人投资的企业(不包括外国的企业和其他经济组织在中国境内设立的分支机构)。它的特点是:1. 外资企业是在中国注册登记,其法定地址在中国,大部分经营活动在中国境内进行。因此,凡符合中国法规关于法人条件的,都可依法取得中国法人资格,受中国法律的管辖和保护。2. 中国目前的外资企业仅是相对中外合资企业和中外合营企业而言，由于它的投资者不一定只有一个，可以是由几个外商建立的公司在中国境内举办外资企业，所以它不同于国际上通常讲的“独资经营企业”。3. 由于外资企业是由外商自己投资和经营，不能直接向中国企业转让技术，因此，在中国设立的外资企业必须是有利于中国国民经济发展的先进技术型企业，或产品出口型企业。4. 外资企业的最主要特点是：自投资金，自主经营，自负盈亏，自享其利。一切经济上的利益完全由自己负责。这方面比较有名的例子有国外在中国的金融银行业、高科技行业和一些知名的食品工业等。

那么，三资企业之间有什么具体区别呢？它们大致上有着下面的一些不同：

一、组织形式和法律地位区别。1. 中外合资企业是公司形式的企业单位，属于有限公司，是中国法人，具有独立的财产权。2. 中外合营企业是一个合伙企业，组织形式不明确。它可以是具有中国法人资格的企业，具有独立的财产权；也可以是一个松散的经济联合体，不取得中国法人资格，没有独立的财产权。它的主要依据是双方签订的合同和企业的章程。3. 外资企业大都也是有限责任公司，企业的全部注册资本为外国投资者投入，是具有中国法人资格的企业。

二、投资方式区别。1. 中外合资企业，合营各方必须都投资，投资内容包括：现金、工业产权、实物和场地使用权。这些投资一律折算为注册的币值，从而确定各自的股份。其注册资本是合营各方认缴资本的总和。2. 中外合营企业投资，可以采用合资经营的出资方式，也可以采用合营各方提供的合作条件(包括现金、工业产权、实物和场地使用权)。但合营各方提供的合作条件必须折算为注册的币值，因而没有可比的数量概念，也就没有股份的比例。3. 外资企业的出资方式是外商独自提供，其注册资本均由外国投资者投入。

三、分配方式和资本回收区别。1. 中外合资企业的盈亏分配是严格按合营各方股权比例进行的。合营过程中，只要投资比例不变，盈亏比例不变，合资各方只能从企业获得的利润中回收资本。合资期满后，中方如将企业承接下来，还需支付外方投资者所拥有的部分资本。2. 中外合营企业的盈亏是按合同规定分配的，其投资的回收往往是以提取设备折旧费方式进行的，如果采取加速折旧还本，需在合同约定合作期满后，合作企业的全部固定资产无偿归中方所有。3. 外资企业的利润、亏损不涉及中方，其资本的回收只能从企业的利润中获得或企业依法解散时回收。

四、经营方式和管理方式区别。1. 中外合资企业的管理制度是董事会领导下的总经理负责制。董事会是最高权利机构，负责经营决策，下设经营管理机构，总经理负责日常管理工作。2. 中外合营企业如果是法人企业则管理制度与中外合资企业相同，也可以单独由中方和外商组成经营管理机构进行经营管理。中外合营企业的管理方式比较灵活。3. 外资企业也设董事会，但经营管理方式完全由投资方自主，更加灵活。

After Reading Reading for Details：请标出下面句子的信息对不对：

1. 三资企业是一个新名词，外国人不太明白，中国的老百姓家喻户晓。（ ）
2. 中外合资和中外合作属于三资企业，外商自己投资的不算三资企业。（ ）
3. 中外合作企业，合同期满或提前解散时的剩余财产无偿归中方。（ ）
4. 一般来讲，外商独资企业自主经营，不需要直接向中国政府注册登记。（ ）
5. 中外合资和中外合作企业组织形式完全相同，都应该具备独立的财产权。（ ）
6. 所有的三资企业的投资都要以币值为基础，用现金作为计算方式。（ ）
7. 外资企业如果在中国经营亏损，中国政府应该帮助它们回收成本。（ ）
8. 在三资企业的经营管理方式中，中外合营企业的方式是最灵活的。（ ）

词汇知识　Vocabulary Build-up

词义辨析练习： 两人一组讨论并选出与黑体字意思相近的词语，如果需要，可先查词典。

未必	不一定 √	不可能	不见得 √
核算	合算	计算	核计
互利	互惠	互相	互助
亏损	损失	亏本	损耗
无偿	免费	无报酬	无代价
管辖	辖制	管制	管理

语法　Grammatical Points and Idiomatic Expressions

1. "对……来说(而言)……"

这种句型往往表示一种针对性，后面的部分是这种针对性的结果。从语义上，它有一种突出和强调的作用。有时候为了加强语言气势，常常两个此类的句型连着使用。例如：

(1) 采用这种合营方式，对中国方面来说，可以解决资金和技术不足的困难；对外国方面来说，在收回投资之前一般可以分得更多的利润，双方都有利可图。

(2) 实行这种新的税收政策，对我们公司而言，没有什么大的不同；但对合资企业而言，却要缴纳更多的税金了。

2. "凡……都……"

这种句型表示全部囊括、没有例外的情形。它有着比较强烈的突出意味。有肯定和否定两种形式。例如：

(1) 因此，凡符合中国法规关于法人条件的，都可依法取得中国法人资格，受中国法律的管辖和保护。

(2) 凡是正确的行为和立场，我们都应予以支持和帮助，凡是错误的行为和思想，我们一定要予以批判。

(3) 凡是不准备明天去旅游的,今天就不必参加这个会议了。

3. "可以……,也可以……"

这种句型是一种选择句,表示不同的选择和不同的结果。使用这种句型时一般呈开放性效果,表示尽量穷尽不同的可能性。例如:

(1) 中外合营企业是一个合伙企业,组织形式不明确。它可以是具有中国法人资格的企业,具有独立的财产权;也可以是一个松散的经济联合体,不取得中国法人资格,没有独立的财产权。

(2) 这次奖学金的申请条件没有特别的限制。申请人可以是美国学生,也可以是外国学生,只要他们是大学生而且对学汉语有兴趣就符合条件。

4. "……,从而(因而)……"

这种句型表示一种条件和结果状态。由于有了前面的条件,引出了后面的结果。所以前面部分是前提,后面部分是结局。这类句型有着比较紧密的逻辑关系。例如:

(1) 这些投资一律折算为注册的币值,从而确定各自的股份。

(2) 中外合营企业投资,可以采用合资经营的出资方式,也可以采用合营各方提供的合作条件;但合营各方提供的合作条件必须折算为注册的币值,因而没有可比的数量概念,也就没有股份的比例。

(3) 他们关系虽然很好但双方却非常客气,从而可以看出彼此之间的交情还没有达到哥儿们的地步。

词法与句法练习

Word Usage Exercise

一、填空:(用所给的词语完成下面的句子)

可以	即使	自从	大都	因此
属于	按照	均由	只要	通常

1. 三资企业包括哪"三资"呢?这对想在中国开创自己的事业的外国人是一个问题,________是广大中国的老百姓也未必人人都明白。

2. 人们________把在中国境内设立的中外合资经营企业、中外合作经营企业、外资企业三类有外商投资的企业统称为三资企业。
3. ________改革开放以来，三资企业已经成为中国企业系统的一个组成部分。
4. 它的特点是在这类的公司里，经济性的赢利一般都是________投资的比例由中方和外方共同分享。
5. 合营方式________是法人企业，也可以是为实施某一项目或共同进行某一经济活动而形成的非法人式的组织。
6. 由于外资企业是由外商自己投资和经营，不能直接向中国企业转让技术，________，在中国设立的外资企业必须是有利于中国国民经济发展的先进技术型企业，或产品出口型企业。
7. 中外合资企业是公司形式的企业单位，________有限公司，是中国法人，具有独立的财产权。
8. 外资企业________也是有限责任公司，企业的全部注册资本为外国投资者投入，是具有中国法人资格的企业。
9. 外资企业的出资方式是外商独自提供，其注册资本________外国投资者投入。
10. 合营过程中，________投资比例不变，盈亏比例不变，合资各方只能从企业获得的利润中回收资本。

二、用下面的词语造句

1. 未必：

2. 互利：

3. 亏损：

4. 无偿：

5. 有利可图：

6. 管辖：

7. 转让：

三、根据课文回答下面的问题

1. “三资企业”包括哪些内容？它们是什么时候在中国兴起的？
2. 请你举例谈谈三资企业各自的不同。
3. 中外合营企业有哪些特点？为什么这种方式近年来发展较快？
4. 请你举例谈谈外商独资企业在中国经营的优点与缺点。
5. 三资企业之间在组织形式和法律地位上有什么区别？请举例说明。
6. 如果你将来想在中国开办一个企业，你希望选用“三资”中的那种形式？为什么？

阅读课文

中华人民共和国中外合作经营企业法*

1988年4月13日第七届全国人民代表大会第一次会议通过
1988年4月13日中华人民共和国主席令第4号公布

第一条　为了扩大对外经济合作和技术交流，促进外国的企业和其他经济组织或者个人（以下简称外国合作者）按照平等互利的原则，同中华人民共和国的企业或者其他经济组织（以下简称中国合作者）在中国境内共同举办中外合作经营企业（以下简称合作企业），特制定本法。

第二条　中外合作者举办合作企业，应当依照本法的规定，在合作企业合同中约定投资或者合作条件、收益或者产品的分配、风险和亏损的分担、经营管理的方式和合作企业终止时财产的归属等事项。

合作企业符合中国法律关于法人条件的规定的，依法取得中国法人资格。

第三条　国家依法保护合作企业和中外合作者的合法权益。

合作企业必须遵守中国的法律、法规，不得损害中国的社会公共利益。

国家有关机关依法对合作企业实行监督。

第四条　国家鼓励举办产品出口的或者技术先进的生产型合作企业。

第五条　申请设立合作企业，应当将中外合作者签订的协议、合同、章程等文件报国务院对外经济贸易主管部门或者国务院授权的部门和地方政府(以下简称审查批准机关)审查批准。审查批准机关应当自接到申请之日起四十五天内决定批准或者不批准。

第六条 设立合作企业的申请经批准后,应当自接到批准证书之日起三十天内向工商行政管理机关申请登记,领取营业执照。合作企业的营业执照签发日期,为该企业的成立日期。

合作企业应当自成立之日起三十天内向税务机关办理税务登记。

第七条 中外合作者在合作期限内协商同意对合作企业合同作重大变更的,应当报审查批准机关批准;变更内容涉及法定工商登记项目、税务登记项目的,应当向工商行政管理机关、税务机关办理变更登记手续。

第八条 中外合作者的投资或者提供的合作条件可以是现金、实物、土地使用权、工业产权、非专利技术和其他财产权利。

第九条 中外合作者应当依照法律、法规的规定和合作企业合同的约定,如期履行缴足投资、提供合作条件的义务。逾期不.的,由工商行政管理机关限期履行;限期届满仍未履行的,由审查批准机关和工商行政管理机关依照国家有关规定处理。

中外合作者的投资或者提供的合作条件,由中国注册会计师或者有关机构验证并出具证明。

第十条 中外合作者的一方转让其在合作企业合同中的全部或者部分权利、义务的,必须经他方同意,并报审查批准机关批准。

第十一条 合作企业依照经批准的合作企业合同、章程进行经营管理活动。合作企业的经营管理自主权不受干涉。

第十二条 合作企业应当设立董事会或者联合管理机构,依照合作企业合同或者章程的规定,决定合作企业的重大问题。中外合作者的一方担任董事会的董事长、联合管理机构的主任的,由他方担任副董事长、副主任。董事会或者联合管理机构可以决定任命或者聘请总经理负责合作企业的日常经营管理工作。总经理对董事会或者联合管理机构负责。

合作企业成立后改为委托中外合作者以外的他人经营管理的,必须经董事会或者联合管理机构一致同意,报审查批准机关批准,并向工商行政管理机关办理变更登记手续。

第十三条　合作企业职工的录用、辞退、报酬、福利、劳动保护、劳动保险等事项，应当依法通过订立合同加以规定。

第十四条　合作企业的职工依法建立工会组织，开展工会活动，维护职工的合法权益。

合作企业应当为本企业工会提供必要的活动条件。

第十五条　合作企业必须在中国境内设置会计账簿，依照规定报送会计报表，并接受财政税务机关的监督。

合作企业违反前款规定，不在中国境内设置会计帐簿的，财政税务机关可以处以罚款，工商行政管理机关可以责令停止营业或者吊销其营业执照。

第十六条　合作企业应当凭营业执照在国家外汇管理机关允许经营外汇业务的银行或者其他金融机构开立外汇帐户。合作企业的外汇事宜，依照国家有关外汇管理的规定办理。

第十七条　合作企业可以向中国境内的金融机构借款，也可以在中国境外借款。中外合作者用作投资或者合作条件的借款及其担保，由各方自行解决。

第十八条　合作企业的各项保险应当向中国境内的保险机构投保。

第十九条　合作企业可以在经批准的经营范围内进口本企业需要的物资，出口本企业生产的产品。合作企业在经批准的经营范围内所需的原材料、燃料等物资，可以在国内市场购买，也可以在国际市场购买。

第二十条　合作企业应当自行解决外汇收支平衡。合作企业不能自行解决外汇收支平衡的，可以依照国家规定申请有关机关给予协助。

第二十一条　合作企业依照国家有关税收的规定缴纳税款并可以享受减税、免税的优惠待遇。

第二十二条　中外合作者依照合作企业合同的约定，分配收益或者产品，承担风险和亏损。

中外合作者在合作企业合同中约定合作期满时合作企业的全部固定资产归中国合作者所有的，可以在合作企业合同中约定外国合作者在合作期限内先行回收投资的办法。合作企业合同约定外国合作者在缴纳所得税前回收投资的，必须向财政税务机关提出申请，由财政税务机关依照国家有关税收的规定审查批准。

依照前款规定外国合作者在合作期限内先行回收投资的，中外合作者应当依照有关法律的规定和合作企业合同的约定对合作企业的债务承担责任。

第二十三条 外国合作者在履行法律规定和合作企业合同约定的义务后分得的利润、其他合法收入和合作企业终止时分得的资金，可以依法汇往国外。

合作企业的外籍职工的工资收入和其他合法收入，依法缴纳个人所得税后，可以汇往国外。

第二十四条 合作企业期满或者提前终止时，应当依照法定程序对资产和债权、债务进行清算。中外合作者应当依照合作企业合同的约定确定合作企业财产的归属。

合作企业期满或者提前终止，应当向工商行政管理机关和税务机关办理注销登记手续。

第二十五条 合作企业的合作期限由中外合作者协商并在合作企业合同中订明。中外合作者同意延长合作期限的，应当在距合作期满一百八十天前向审查批准机关提出申请。审查批准机关应当自接到申请之日起三十天内决定批准或者不批准。

第二十六条 中外合作者履行合作企业合同、章程发生争议时，应当通过协商或者调解解决。中外合作者不愿通过协商、调解解决的，或者协商、调解不成的，可以依照合作企业合同中的仲裁条款或者事后达成的书面仲裁协议，提交中国仲裁机构或者其他仲裁机构仲裁。

中外合作者没有在合作企业合同中订立仲裁条款，事后又没有达成书面仲裁协议的，可以向中国法院起诉。

第二十七条 国务院对外经济贸易主管部门根据本法规定实施细则，报国务院批准后施行。

第二十八条 本法自公布之日起施行。

*《中华人民共和国外资企业法》跟本章所选的阅读课文《中华人民共和国中外合作经营企业法》及《中华人民共和国中外合资经营企业法》是中国关于"三资企业"的三部法律经典，也是这方面的所有的法律依据，它们是中国跟外国企业合作等方面最重要的法律文献。其中《中华人民共和国外资企业法》我们已经在这套书的上册《聚焦中国》的第五章"中国司法状况"中做了全面的介绍和讲授，请读者参见其第五章的第三节；这儿补充的这两部文件是供对此感兴趣的读者作进一步研讨。我在这里对部分名词和难句给予了简单的分析和解释。

生词 Vocabulary

1. 授权(授權)	shòuquán	(动)	authorization; authorize; accredit; empower
2. 履行(履行)	lǚxíng	(动)	carry out; implementation; fulfill
3. 届满(届滿)	jièmǎn	(动)	at the expiration of the term of
4. 录用(録用)	lùyòng	(动)	employ; hire
5. 辞退(辭退)	cítuì	(动)	refuse; dismiss; let off
6. 账簿(賬簿)	zhàngbù	(名)	account book
7. 吊销(吊銷)	diàoxiāo	(动)	revoke; withdraw
8. 事宜(事宜)	shìyí	(名)	matters concerned
9. 投保(投保)	tóu bǎo		to buy/bit insurance
10. 减税(減稅)	jiǎn shuì		deduct tax
11. 免税(免稅)	miǎn shuì		tax-free
12. 外籍(外籍)	wàijí	(名)	foreign nationality
13. 债权(債權)	zhàiquán	(名)	creditor's rights
14. 归属(歸屬)	guīshǔ	(名)	belong to; ascription
15. 延长(延長)	yáncháng	(动)	prolong; extend; postpone; delay
16. 仲裁(仲裁)	zhòngcái	(动)	arbitrage; arbitration; intermediation
17. 细则(細則)	xìzé	(名)	detailed rules
18. 研讨(研討)	yántǎo	(动)	discuss and research

一、根据课文内容，选择正确的答案

1. 申请设立合作企业必须经过审查。审查批准机关必须在________天内决定批准或不批准。

A. 15　　B. 30　　C. 45　　D. 20

2. 合作企业必须在申请批准以后三十天内向工商管理机关领取

A. 申请登记　　B. 营业执照　　C. 协议　　D. 合同

3. 中外合资和合作企业在合作期限内合同有重大变更时，应该报________机关批准。

A. 工商税务　　B. 国务院　　C. 审查批准　　D. 公安

4. 中外合资企业录用或辞退职工时应该依法通过订立________加以规定。

A. 账簿　　B. 工会　　C. 福利　　D. 合同

5. 中外合资企业按照规定必须向________保险机构投保。

A. 金融机构　　B. 中国境外　　C. 外汇管理机关　　D. 中国境内

6. 中外合作企业按照国家税收的规定可以

A. 减税、免税　　B. 补缴税款　　C. 自行解决　　D. 境外缴税

7. 外国合作者的合法收入等可以依法

A. 收支平衡　　B. 寄往国外　　C. 优惠待遇　　D. 承担责任

8. 中外合作者履行合同、章程发生纠纷时，应该通过________解决。

A. 协商调解　　B. 税务机关　　C. 法院　　D. 国务院

二、根据课文，判断下面句子的正误

1. 中华人民共和国中外合作经营企业法是由中国的国家主席制定的。(　　)
2. 中国中外合作经营企业法规定中外合作企业产品应该是全部出口。(　　)
3. 成立中外合作企业，应该向中国工商行政管理机关申请领取执照才合法。(　　)
4. 中外合作企业开始申请执照的日期就是该企业的成立日期。(　　)
5. 中外合作者的投资或者提供的合作条件只能是现金，不能用其他物品代替。(　　)
6. 中外合资企业的生产、销售和市场等方面的内容应该听从当地政府的指导。(　　)
7. 中外合作企业应该允许工人成立工会而且给工会提供必要的活动条件。(　　)
8. 中外合作企业必须在中国境内设置会计账簿，否则财政税务机关可以处以罚款。(　　)
9. 中外合作企业生产所需的原材料和燃料等物资必须在中国境内购买。(　　)

10. 中外合作企业中的外国投资者的所有合法收入都可以汇往国外。（　　）

三、根据课文回答下列问题

1. 中国政府为什么要跟外国企业进行合作和合营？为什么允许外国企业到中国独资经营？
2. 什么样的企业能够在中国取得法人资格？
3. 根据中外合作经营企业法的规定，请你谈谈怎样在中国申请成立一个中外合作经营的企业。
4. 中国政府在法律方面对中外合资企业有什么要求？
5. 中国政府在税务和保险方面对中外合资企业有什么要求？
6. 中外合作经营企业法对职工福利、劳保及工会等有什么样的要求？
7. 如果中外合作经营企业发生了纠纷，应该如何处理？请你谈谈具体的步骤。

中华人民共和国中外合资经营企业法

（1979 年 7 月 1 日第五届全国人民代表大会第二次会议通过。根据 1990 年 4 月 4 日第七届全国人民代表大会第三次会议《关于修改〈中华人民共和国中外合资经营企业法〉的决定》修正；根据 2001 年 3 月 15 日第九届全国人民代表大会第四次会议《关于修改〈中华人民共和国中外合资经营企业法〉的决定》第二次修正）

第一条　中华人民共和国为了扩大国际经济合作和技术交流，允许外国公司、企业和其他经济组织或个人（以下简称外国合营者），按照平等互利的原则，经中国政府批准，在中华人民共和国境内，同中国的公司、企业或其他经济组织（以下简称中国合营者）共同举办合营企业。

第二条　中国政府依法保护外国合营者按照经中国政府批准的协议、合同、章程在合营企业的投资、应分得的利润和其他合法权益。

合营企业的一切活动应遵守中华人民共和国法律、法规的规定。

国家对合营企业不实行国有化和征收；在特殊情况下，根据社会公共利益的需要，对合营企业可以依照法律程序实行征收，并给予相应的补偿。

第三条 合营各方签订的合营协议、合同、章程，应报国家对外经济贸易主管部门（以下称审查批准机关）审查批准。审查批准机关应在三个月内决定批准或不批准。合营企业经批准后，向国家工商行政管理主管部门登记，领取营业执照，开始营业。

第四条 合营企业的形式为有限责任公司。

在合营企业的注册资本中，外国合营者的投资比例一般不低于百分之二十五。

合营各方按注册资本比例分享利润和分担风险及亏损。

合营者的注册资本如果转让必须经合营各方同意。

第五条 合营企业各方可以现金、实物、工业产权等进行投资。

外国合营者作为投资的技术和设备，必须确实是适合我国需要的先进技术和设备。如果有意以落后的技术和设备进行欺骗，造成损失的，应赔偿损失。

中国合营者的投资可包括为合营企业经营期间提供的场地使用权。如果场地使用权未作为中国合营者投资的一部分，合营企业应向中国政府缴纳使用费。

上述各项投资应在合营企业的合同和章程中加以规定，其价格（场地除外）由合营各方评议商定。

第六条 合营企业设董事会，其人数组成由合营各方协商，在合同、章程中确定，并由合营各方委派和撤换。董事长和副董事长由合营各方协商确定或由董事会选举产生。中外合营者的一方担任董事长的，由他方担任副董事长。董事会根据平等互利的原则，决定合营企业的重大问题。

董事会的职权是按合营企业章程规定，讨论决定合营企业的一切重大问题：企业发展规划、生产经营活动方案、收支预算、利润分配、劳动工资计划、停业，以及总经理、副总经理、总工程师、总会计师、审计师的任命或聘请及其职权和待遇等。

正副总经理（或正副厂长）由合营各方分别担任。

合营企业职工的录用、辞退、报酬、福利、劳动保护、劳动保险等事项，应当依法通过订立合同加以规定。

第七条　合营企业的职工依法建立工会组织，开展工会活动，维护职工的合法权益。

合营企业应当为本企业工会提供必要的活动条件。

第八条　合营企业获得的毛利润，按中华人民共和国税法规定缴纳合营企业所得税后，扣除合营企业章程规定的储备基金、职工奖励及福利基金、企业发展基金，净利润根据合营各方注册资本的比例进行分配。

合营企业依照国家有关税收的法律和行政法规的规定，可以享受减税、免税的优惠待遇。

外国合营者将分得的净利润用于在中国境内再投资时，可申请退还已缴纳的部分所得税。

第九条　合营企业应凭营业执照在国家外汇管理机关允许经营外汇业务的银行或其他金融机构开立外汇账户。

合营企业的有关外汇事宜，应遵照中华人民共和国外汇管理条例办理。

合营企业在其经营活动中，可直接向外国银行筹措资金。

合营企业的各项保险应向中国境内的保险公司投保。

第十条　合营企业在批准的经营范围内所需的原材料、燃料等物资，按照公平、合理的原则，可以在国内市场或者在国际市场购买。

鼓励合营企业向中国境外销售产品。出口产品可由合营企业直接或与其有关的委托机构向国外市场出售，也可通过中国的外贸机构出售。合营企业产品也可在中国市场销售。

合营企业需要时可在中国境外设立分支机构。

第十一条　外国合营者在履行法律和协议、合同规定的义务后分得的净利润，在合营企业期满或者中止时所分得的资金以及其他资金，可按合营企业合同规定的货币，按外汇管理条例汇往国外。

鼓励外国合营者将可汇出的外汇存入中国银行。

第十二条　合营企业的外籍职工的工资收入和其他正当收入，按中华人民共和国税法缴纳个人所得税后，可按外汇管理条例汇往国外。

第十三条　合营企业的合营期限，按不同行业、不同情况，作不同的约定。有的行业的合营企业，应当约定合营期限；有的行业的合营企业，可以约定合营期限,也可以不约定合营期限。约定合营期限的合营企业,合营各方同意延长合营期限的,应在距合营期满六个月前向审查批准机关提出申请。

审查批准机关应自接到申请之日起一个月内决定批准或不批准。

第十四条　合营企业如发生严重亏损、一方不履行合同和章程规定的义务、不可抗力等,经合营各方协商同意,报请审查批准机关批准,并向国家工商行政管理主管部门登记,可终止合同。如果因违反合同而造成损失的,应由违反合同的一方承担经济责任。

第十五条　合营各方发生纠纷,董事会不能协商解决时,由中国仲裁机构进行调解或仲裁,也可由合营各方协议在其他仲裁机构仲裁。

合营各方没有在合同中订有仲裁条款的或者事后没有达成书面仲裁协议的,可以向人民法院起诉。

第十六条　本法自公布之日起生效。

生词 Vocabulary

1. 修正(修正)	xiūzhèng	(动)	revise; correct; correction
2. 国有化(國有化)	guóyǒuhuà	(动)	nationalization
3. 征收(徵收)	zhēngshōu	(动)	collection; expropriation; imposition
4. 补偿(補償)	bǔcháng	(名/动)	compensate; redeem; equalize; expiate
5. 停业(停業)	tíngyè	(动)	put up the shutters; shutout
6. 毛利润(毛利潤)	máolìrùn	(名)	gross profit
7. 净利润(净利潤)	jìnglìrùn	(名)	retained profits
8. 筹措(籌措)	chóucuò	(名)	plan; plot; scheme
9. 不可抗力(不可抗力)	bù kě kàng lì		force majeure; act of God
10. 纠纷(糾紛)	jiūfēn	(名)	dissension; entanglement; tangle

一、根据课文内容，选择正确的答案

1. 中外合资经营的企业应该遵守________的法律。
   A. 中国的　B. 外国的　C. 中外两国的　D. 西方的
2. 在特殊情况下，中国政府________依照法律征收中外合营的企业。
   A. 不可以　B. 可以　C. 不实行　D. 举办
3. 指出下面的哪种投资方式是合营企业不可以用来进行投资的：
   A. 现金　B. 实物　C. 保险金额　D. 工业产权
4. 中外合资企业获得的净利润用于在中国境内再投资时，可以要求
   A. 不缴税　B. 退税　C. 免税　D. 福利基金
5. 中外合营企业的外籍职工工资收入，应该
   A. 依法缴税　B. 在中国使用　C. 存入中国银行　D. 汇往国外
6. 中外合营企业发生问题或需要终止合同时，应该由________方承担责任。
   A. 不可抗力　B. 中　C. 外　D. 违反合同

二、根据课文，判断下面句子的正误

1. 中国保护中外合资企业在中国的利益，但这类企业必须遵守中国的法律。（　　）
2. 中国一般不对合营企业实行国有化和征收，但在特殊情况下可以这样做。（　　）
3. 在合营企业中，外方的投资必须要在注册资本的百分之二十五以上。（　　）
4. 外方合营者可以以技术设备进行投资，但中国政府要求这种技术设备必须是能够赚钱的技术，否则造成损失的应该赔偿。（　　）
5. 中外合营企业一般实行董事会制度，重大事项应该由董事会决定。（　　）
6. 在依法缴纳所得税以前，中外合营企业不得随意分配毛利润。（　　）
7. 中外合营企业可以向外国银行借钱，但不可以向外国保险公司投保。（　　）
8. 中外合营企业的产品，可以销往国外，也可以在中国市场销售。（　　）
9. 所有的中外合营企业必须约定合营的期限。（　　）

三、根据课文回答下面的问题

1. 在什么样的条件下，中国政府可以对中外合资企业进行国有化征收？
2. 按照规定，审查批准中外合营协议需要多长时间？
3. 这个法规在合营企业的注册资本方面有什么样的要求？请举例说明。
4. 此法规对中外合资企业的投资双方的投资内容有什么样的要求？
5. 这个法规在企业和个人缴纳税款方面有什么样的要求？有什么样的优惠政策？
6. 这个法规在合营企业的产品销售方面有什么样的要求？合营企业是否可以在海外拓展业务？

5.3　我在上海银行实习的经历

生词 Vocabulary

1. 闷热(悶熱)	mēnrè	(形)	frowziness; swelter; mugginess
2. 潮湿(潮濕)	cháoshī	(形)	dampness; aquosity;
3. 西餐(西餐)	xīcān	(名)	Western-style food
4. 拼命(拚命)	pīnmìng	(动)	exerting the utmost strength; at full split; defy death; risk one's life
5. 塞车(塞車)	sāichē	(动)	traffic jam
6. 月台(月臺)	yuètái	(名)	platform
7. 体验(體驗)	tǐyàn	(动)	experience; taste of
8. 不服输(不服輸)	bù fú shū		emulative
9. 脾气(脾氣)	píqi	(名)	character; temper
10. 趟(趟)	tàng	(量)	one time
11. 强项(强項)	qiángxiàng	(名)	strong point; best part
12. 分析(分析)	fēnxī	(动)	analyze; analysis; construe
13. 上网(上網)	shàng wǎng		get into internet
14. 客户(客户)	kèhù	(名)	client; patron
15. 拥有(擁有)	yōngyǒu	(动)	possession; in possession of; hold; own
16. 沮丧(沮喪)	jǔsàng	(形)	dejection; depression; despond; discourager; dismay
17. 员工(員工)	yuángōng	(名)	employee; stuff; personnel
18. 出差(出差)	chū chāi		business trip; evection; go on errands

19. 运作(運作)	yùnzuò	(动)	to operate; move and operate
20. 推销(推銷)	tuīxiāo	(动)	sale promotion; salesmanship
21. 技巧(技巧)	jìqiǎo	(名)	skill; technique; handicraft; sleight; mechanics

Preparing to Read Reading for Main Ideas：这是一篇作者介绍在上海的经历的文章，请找出文章的主要的观点（有的这里已经列出，请补出其他的部分）。

1. ______________________________
2. ______________________________
3. 我在上海过了一个很有意义的夏天，既学了中文，又了解了今天的中国文化。

我在上海银行实习的经历

我终于来到了上海！上海，对我来说像是一个梦。这里的浦东金融区我在电影电视上看过很多次了，可是我从来没想到过有一天，我会在这里的一个楼里面上班。

刚刚从纽约来到上海时，我对一切都感到新鲜。我差不多喜欢上海的一切，但是我不喜欢上海夏天的闷热和潮湿。上海的东西都很便宜，特别是美食。虽然我有时候也会想念纽约的法国饭和意大利饭等等，但是我在上海时差不多吃的都是中国饭。这里的饭不但好吃而且便宜，吃一顿最好吃的饭也不过是五六美元。如果在我们大学的食堂里吃，就更便宜了：吃一碗牛肉面才五块钱！不到一美元。当然，如果我真的想念西餐，在上海也很容易吃到。这里各国饭都有。可是，西餐会比中国饭贵很多，差不多跟在纽约的价格是一样的，但是这里的西餐做得也很好吃。如果要想吃麦当劳或肯德基，那么全上海到处都是。在上海也能吃到很好的日本饭、韩国饭、泰国饭和越南饭，也都不贵而且很新鲜；但是我在上海时只想吃中国饭，这里有最好的中国饭，我不拼命吃才真的是傻哩！

上海的交通也很方便，只是这里的人太多，到处都很挤。刚到上海时，我出门差不多都是坐出租车。上海的出租车不贵，而且也非常方便，开车的师傅一般不会故意绕路。可是到了后来我每天都要去浦东的银行上班，路很远，而且塞车很严重，每天坐出租车就很贵了。我在银行的导师告诉我可以试试坐地铁，因为地铁站离我住的徐家汇很近，而终点浦东的那个地铁站就在我们公司的楼下。

第一天坐地铁的经历我永生难忘。那天早上我见到了我一生都没有见到过的那么多人，真把我吓坏了。刚进地铁站，还没到地铁的月台上就看到了成千上万的人，不要说走，简直连站的地方都没有，大家都挤得浑身是汗；到处都是人，都是热气，都是声音，我吓得根本没敢往里走就跑了出来，又坐上出租车去上班了。

我们银行的导师听我说了我坐地铁的遭遇就笑了。她告诉我，既然在上海实习，就应该体验一下上海的老百姓是怎样生活怎样工作的。我想上海人都能坐地铁上班，我为什么不能呢？

我想导师的话说得很有道理，我自己也一直都有不服输的脾气，我决定一定要自己坐地铁去上班。到了第二天，地铁里还是那么多的人，可是我已经有了第一次的经验，就咬牙忍着不退回来。没想到这里虽然人多，但列车也很多，每两三分钟就会来一趟车，很快就把人运走。而且，这儿的人也比较有礼貌，虽然人山人海，但并不感觉那么拥挤。试了几次，我渐渐习惯了坐地铁上班了。这是我开始实习的第一课。

我实习的单位是一家外国银行，而我以前在纽约是学习东亚研究的，并没有学过很多的关于金融和经济方面的课程，来到银行以后，我学到了很多的东西，我开始爱上了这儿的工作。

因为来上海以前我已经在大学里学过了两年多的汉语，所以如果有字典的帮助，我一般能读懂中国的报纸和文章。我的中文在这时有了用武之地。

当然，如果只是用中文，我的水平在公司里是最差的；可是我的强项是我的英文、我的分析能力和写报告的训练，我的电脑知识和我对西方文化的了解。

很快地我就进入了我们的工作。刚开始，导师先向我介绍了银行的基本业务情况和在中国发展的历史，接着就带我参观了我们银行的各个部门。介绍完了基本情况后，我的导师让我先自己上网阅读材料，了解我们的业务、我们的客户、我们的工作目标等等。这样，我拥有了自己的办公室、自己的电脑，而且很快就开始熟悉了要做什么。

这样工作了几天以后，我的导师就开始给我布置任务，让我做市场调查，同时让我了解我们客户的情况和他们的需要，还要我准备 PowerPoint 图像和数字展示，以及如何向客户介绍我们的业务和我们的金融产品等等。通过做这些，我渐渐地觉得我虽然本来以为自己懂了的很多问题，可是实际做起来，发现还是有很多不懂的地方。我有些着急和沮丧，觉得自己学得不够快，可是我的导师一直在鼓励我，说我是她见过的学得最快的员工。

不久，导师就开始带我到外地去出差，去见不同的客户，处理和解决各种问题。在这段时间，我学会了很多的东西，不只是练习了我的中文，更多的是学会了公司的业务，明白了一个外国的银行在中国怎样去运作、怎样去处理自己的业务和推销自己的产品，怎样解决各种各样的麻烦和纠纷；同时也学会了在工作中怎样去提出自己的观点和想法，怎样做研究，怎样帮助公司赢利和避免损失。这家外国银行在中国的业务中，还有私人理财的业务。因此，我也学了如何跟一些中国的富人打交道，怎样帮助他们分析问题，让他们了解赢利和风险的关系。我还有好几次在我们的部门用中文向全体人员汇报工作、对着很多的客户用 PowerPoint 来介绍我们的计划等等。

这个夏天，我的中文进步快极了。因为，我不再仅仅是在课堂上学习中文，而是每天都在社会中、在工作时使用中文；如果我不好好学中文，我就没法生活，没法工作，没法跟别人交流。有了这样学了就用的机会，对我是太重要了。我学了这么多年的中文，在上海的这个夏天才真正觉得中文有用，才真正为我学会了中文而感到骄傲。我觉得有了这个夏天，我学会的中文再也不会忘掉了。当然，我今后还是要继续学中文，可是这个夏天是一个让我感动、让我学会了最多东西的夏天。

除了学好了中文，最感动的是我还学会了很多在西方和在书本上永远学不到的东西和道理。我看到了中国人的生活、中国人的工作和劳动，特别是天天跟中国人在一起，了解了他们的想法、他们的担忧和他们的希望。我也学会了跟中国人交谈、交往，跟中国人交朋友的方法和技巧。我相信，我今后还会再到中国去，而且，我下次去，会在中国多待一些时间，我有可能就住在中国，在那儿开辟自己的事业。

After Reading Reading for Details：请标出下面句子的信息对不对：

1. 我喜欢上海的一切，特别是上海的美食和各类便宜的东西。（ ）
2. 上海的中餐特别便宜，但是外国饭却基本上跟在纽约的价格一样贵。（ ）
3. 上海人虽然很多，但交通很方便。上海的出租车很便宜。（ ）
4. 我第一天坐地铁就被吓坏了，没想到上海的地铁票这么贵。（ ）
5. 由于我原来没有学过金融和经济课程，我在外国银行实习感到有点无聊。（ ）
6. 我的英文知识和电脑知识对我的实习很有帮助，我的中文也得到了锻炼。（ ）
7. 我的导师带我出差，让我了解了中国的市场和客户情况，使我收获很大。（ ）
8. 这个夏天我的中文进步很快，主要是因为我有了很多的机会使用中文。（ ）

词汇知识 Vocabulary Build-up

词义辨析练习：两人一组讨论并选出与黑体字意思相近的词语，如果需要，可先查词典。

体验	体会 √	实验	感受 √
脾气	性格	品行	品性
强项	坚强	优势	实力
拥有	占有	具有	具备
沮丧	伤心	难过	失望

语法　Grammatical Points and Idiomatic Expressions

1. “不要(别)说……简直连……”

这是一种强调句型，表示一种条件性比较和突出的效果。这种句型内含一种让步状态，即不必考虑前面的A情况，甚至连后面的B情形也不可能实现。从而表示A、B两种情况都不是现实而且也都不能妥协和实现。这种句型中，往往后面的情形B比前面的A的条件有所减弱，但其意却在突出连这种妥协的B状态都不能实现，愈加显示出整个事实在根本上不可能完成的因素。例如：

(1) 还没到地铁的月台上就看到了成千上万的人，不要说走，简直连站的地方都没有。

(2) 新来的老师真严厉，考试别说是优了，我简直连及格都难了。

2. “根本……就……”

这种句型表达一种强调。有一种“从头至尾、始终、完全”的意思，加上“就”一起表示一种强调，多用在否定的句型里来简捷地强调一种明确的否定语义。例如：

(1) 到处都是人，都是热气，都是声音，我吓得根本没敢往里走就跑了出来，又坐上出租车去上班了。

(2) 我觉得他对这件事的处理不够负责任。他根本连事情的经过都没问就说是我错了。

3. “不只是……，更……”

这种句型往往用来表示一种双向式的效果。首先强调了A，但却又不仅止于A，还附带引出了B。使用这种句式的目的可以同时强调两个方面，即“既……又……”，也可以表达原来目的是A，却也意外惊喜地顺便收获了B。例如：

(1) 在这段时间，我学会了很多的东西，不只是练习了我的中文，更多的是学会了公司的业务。

(2) 这次去伦敦出差他不只是出色地完成了工作，更让他高兴的是他竟然遇到了他失散多年没有消息的姐姐。

词法与句法练习

Word Usage Exercise

一、填空(用所给的词完成下面的句子)

刚开始　　根本　　终于　　既然　　如果

差不多　　可是　　不要　　以及　　本来

1. 我________来到了上海！上海，对我来说像是一个梦。
2. 我________喜欢上海的一切，但是我不喜欢上海夏天的闷热和潮湿。
3. 当然，________我真的想念西餐，在上海也很容易吃到。
4. 这里各国饭都有。________，西餐会比中国饭贵很多，差不多跟在纽约的价格是一样的。
5. 我那天早上见到了我一生都没有见到过的那么多人。我刚进了地铁站，还没到地铁的月台上就看到了成千上万的人，________说走，简直连站的地方都没有。
6. 地铁站里到处都是人，都是热气，都是声音，我吓得________没敢往里走就跑了出来，又坐出租车去上班了。
7. 我的导师告诉我，________我是在上海实习，就应该体验一下上海的老百姓是怎样生活怎样工作。
8. 我在一家外国银行实习，而我在纽约是学习东亚研究的，我________并没有学过很多关于金融和经济的课程。
9. 很快地我就开始工作了。________，导师先向我介绍了银行的基本业务情况和在中国发展的历史，接着就带我参观了我们银行的各个部门。
10. 我的导师还要我准备 PowerPoint 图像和数字展示，________如何向客户介绍我们的业务和我们的金融产品等等。

二、用下面的词语造句

1. 拼命：

2. 体验：

3. 脾气：

4. 强项：

5. 拥有：

6. 沮丧：

三、根据课文回答下面的问题

1. 作者为什么到上海去？他对上海最深的感受是什么？
2. 作者是怎样描写上海的交通情况的？他怎样适应了上海的交通？
3. 作者在上海实习时做的是什么样的工作？他喜欢他的工作吗？
4. 作者是怎样开始适应他的工作的？他觉得自己有哪些强项？
5. 在作者遇到困难时，他是怎样克服的？他的导师在哪些方面给了他帮助？
6. 作者对这个夏天满意吗？他的这个夏天的经验说明了什么？
7. 作者认为，他在中国除了学习中文，还有什么别的收获？

5.4 我要去中国的N个理由

生词 Vocabulary

1. 休学(休學)	xiū xué		leave of absence; suspend one's schooling
2. 地震(地震)	dìzhèn	(动)	earthquake; earth shock
3. 唐人街(唐人街)	tángrénjiē	(名)	Chinatown
4. 不只(不衹)	bùzhǐ	(连)	not only
5. 闯荡(闖蕩)	chuǎngdàng	(动)	make a living wandering from place to place
6. 虚伪(虛僞)	xūwěi	(形)	hypocritical; false; sham
7. 叶公好龙(葉公好龍)	yè gōng hào lóng		professed love of what one actually fears
8. 妥协(妥協)	tuǒxié	(动)	compromise; come to terms; split the difference; temporize
9. 计划书(計畫書)	jìhuàshū	(名)	plan; program; project; scheme
10. 知己知彼(知己知彼)	zhī jǐ zhī bǐ		knowing one's own situation and that of the enemy
11. 异国情调(異國情調)	yìguó qíngdiào		exoticism
12. 山珍海味(山珍海味)	shān zhēn hǎi wèi		delicacies of every kind
13. 大方(大方)	dàfang	(形)	generous
14. 轮流(輪流)	lúnliú	(动)	take turns; alternation; rotation; turn and turn about
15. 天堂(天堂)	tiāntáng	(名)	heaven; paradise; the upper regions

16. 新潮(新潮)	xīncháo	(形)	new tide; fashion
17. 狂热(狂熱)	kuángrè	(形)	craze; enthusiasm; fever; schwarmerei
18. 耳熟能详(耳熟能詳)	ěr shú néng xiáng		have heard sth. many times that one can make a detailed explanation of it
19. 治安(治安)	zhì'ān	(名)	public security
20. 枪支(槍支)	qiāngzhī	(名)	firearms; guns
21. 尽职(盡職)	jìnzhí	(动)	line of duty; pull one's weight
22. 发誓(發誓)	fāshì	(动)	swear; pledge; vow; take an oath
23. 流利(流利)	liúlì	(形)	fluency; fluent; fluently

Preparing to Read Reading for Main Ideas：这是一篇论说体的文章，谈了要去中国的理由，请找出文章的主要的观点（有的这里已经列出，请补出其他的部分）。

1. 我从小就学习中文，到现在好多年了，我要去中国寻找机会和发现学中文的理由。
2. ______________________________
3. ______________________________

我要去中国的N个理由

我现在上大学二年级，当我宣布明年我要休学，去中国一年的时候，在我们全家引起了一场小小的"地震"，大家一听就都一起大声议论起来了。

我家在美国中部的一个小城，我爸爸是一家房地产公司的小老板，他原来是个律师。他去过中国，可是一句中文也不会讲。可笑的是，他不会讲中文，可是从我小时候他就让我学中文，他送我到附近一个大城市的唐人街小学跟中国孩子一起上学。在那里上了几年，那里的老师太严格，我受不了，中学时我闹着回到了我们小城的学校。但是我小时候学的中文我忘不了，我能听懂中国人说的大部分的话，虽然我不能读中文也不会写。记得去年我上大学的第一天去中文班上课，我一说中文，不只是把同班的同学吓了一跳，也把我的老师吓了一跳。老师马上说我不能待在一年级而把我送到二年级，可是到了二年级我又不会写中国字。这样，在二年级受了一个学期的罪，我终于学会了读和写。现在，哈！我已经在中文三年级了。

要到中国去住一年的想法在我的心里已经想了很久了，完全出乎我家人的意料。特别是我不是去读书，而是要去熟悉中国和了解中国，在中国"闯荡"一年——按照我的说法，是两个"E"：在中国 explore 和 experience 一年。我妈妈听了以后坚决不同意，没想到我爸爸也不同意。我认为我爸爸有点儿虚伪，他一直我让学中文，可是我真要去中国他却犹豫了，有点儿像我们课上学的"叶公好龙"！最后我跟他们讨论了很久，我爸妈终于有点儿妥协了。他们告诉我，我要想去中国，应该给他们写一篇报告我为什么要去中国的计划书。这又有什么困难！下面就是我写的"我要去中国的 N 个理由"。请你们帮我看看，如果我写得不够好，告诉我还有什么需要加上的——我当然要用英文给他们写，可是我先练练中文，也听听你们的意见。我要让我的父母感动，说服他们。反正，我的心是定了。不管他们同意不同意，我都一定要去中国。

> 我的第一条理由是现在的中国是一个很发达的国家，会给我今后的发展提供很多机会。虽然我现在还没有决定今后学什么，但是我还有一段时间来选择。正是因为我不知道将来干什么我才需要出去闯一闯，看看干什么好。中国现在很发达，人口多，是一个很大的市场；再加上中国的产品出口到世界各地，所以那儿的市场大，机会一定多。特别是中国要向全世界开拓他们的事业，所以需要很多懂外语的人才。事实上，中国大学生懂外语的也很多，但跟他们比，我的强项是除了懂英语以外，我还懂美国，懂美国人和美国文化。中国的古人不是说要知己知彼吗？我正是他们说的"知己知彼"的人才！
>
> 第二个理由也很重要。中国饭是世界上最好吃的饭。所有去过中国的人都说只有在中国才能吃到真正的中国饭。我很喜欢吃中国饭，所以我必须去中国。
>
> 第三，我的去过中国的朋友都告诉我，在中国，东西非常便宜，会让我

这个穷学生觉得自己很有钱。我看到他们买回来的很多东西便宜极了，我要早点去，不然，便宜东西就会都被他们买完了。

第四，我特别想看中国美丽的风景和古迹。中国是一个最神奇的国家，它有现代化也有古老的传统。像北京，一个城市就能看到古代和现代；我听说上海就像纽约或旧金山，我们有的东西那里都有，只是什么东西在那儿都更便宜。而我们没有的东西那里也有，比如像城隍庙小吃、江南的水乡等等。对我来说，中国是一个神奇的有异国情调的地方，我到那儿会更多地享受和了解它的历史、它的景象、它的山珍海味，等等。我爸爸告诉我中国现在越来越强大，英国归还了香港，就是因为中国越来越有力量；现在我们美国总统的顾问在大学时学的专业就是中国的文化和历史。我去了解这样一个伟大的国家完全必要。

另外的原因还有，我听说中国人非常可爱，对外国人也很客气很大方。我的一个同学去年去中国，他只会说一点点中文，可是他在飞机上遇到了一位中国的经理。这个经理虽然不认识他，可是帮助了他很多。这位经理不但帮他在上海住上了打折扣的高级宾馆（只花了四折的钱），而且他还带着我的同学到了他的家乡去。他村里的每一家人都请我的同学吃饭，轮流吃了一个星期都没有吃完！最后他们说，让我的这个同学今年一定还要去那里看望他们呢。

我的同学告诉我，中国的城市很热闹，那儿是年轻人的天堂。随着中国近年来经济的发展，现在有很多年轻的外国人到中国去工作，他们带去了新潮的娱乐活动，使中国的一些大城市变成了亚洲最大的、最狂热的娱乐中心。像香港、北京的什刹海、上海的新天地等等，虽然我还没去过，但看过电视上的介绍，我也读过旅游书上的介绍，我对里面所有的饭店都耳熟能详，我已经准备好了肚子。

另外还有一点也很重要：那就是中国现在是世界上最安全的地方。所有去过中国的朋友都说，中国的治安情况很好，到处都很安全，即使是在夜里出门也没有安全问题，中国老百姓不能拥有枪支，中国的大城市警察非常尽职，而且中国的法律秩序也很严格。又有自由、又很安全，这一点对我父母来说很重要，他们一定会很高兴听到这些。

嗨！我已经准备好了，我快要去中国了。我已经发了誓，到了中国，我一定坚持不说英语，只说汉语；在中国的时间里，我要把汉语练好。这样，今后我不管做什么，有了流利的汉语，肯定对我的事业会有帮助。你说对吗？

After Reading　Reading for Details：请标出下面句子的信息对不对：

1. 我爸爸想让我以后去中国工作，所以在我小时候就送我去唐人街读书。（　　）
2. 因为我的中文说得不够好，第一天上课把老师和同学们都吓了一跳。（　　）
3. 我爸爸妈妈怕花钱不想让我去中国，我觉得他们有点儿虚伪。（　　）
4. 我要去中国的目的不是去学中文而是去闯荡和寻找机会。（　　）
5. 虽然中国的大学生们有的也懂英语，但我的强项是懂美国文化和知己知彼。（　　）
6. 我愿意去中国的原因是听说在中国非常容易挣钱，可以让我觉得自己很有钱。（　　）
7. 我觉得中国的城市很热闹，是年轻人的天堂，所以我喜欢去中国。（　　）
8. 因为住在中国有安全感，所以我相信我的父母会很高兴我去那儿。（　　）

阅读与讨论

Reading Comprehension and Discussion

小组讨论：两人一组根据课文内容讨论下列问题并写出答案及做出这样结论的原因。

描　写	举　例	原　因
我的中文从小就有基础		
我早就想去中国了		
我要去中国有很多理由，这里面的每一条都非常重要		
中国人对外国人很好，也很大方		
这次我到了中国一定能学好汉语		

词汇知识　Vocabulary Build-up

词义辨析练习：两人一组讨论并选出与黑体字意思相近的词语，如果需要，可先查词典。

不只	不仅 √	不够	不限于 √
虚伪	虚假	不真诚	虚惊
妥协	动摇	让步	妥当
知己知彼	互相了解	互相仇恨	互相交流
大方	慷慨	潇洒	豪爽
狂热	极度欢乐	极度热爱	极度热情
尽职	尽心	尽力	尽量
流利	通畅	流畅	流行

语法　Grammatical Points and Idiomatic Expressions

1. “不只……，也……”

这种句型常常用来表示一种带有强调和夸张的表述，有“超出”、“超过”某个范围和数目的意味；而后面的“也”则更进一步强调范围和内容的拓展。例如：

(1) 我一说中文,不只是把同班同学吓了一跳,也把我的老师吓了一跳。

(2) 他做的饭,不只是朋友们都说好吃,连专业的厨师们品尝了也赞口不绝。

(3) 在儿子的眼里,他不只是个好爸爸,也是一位好老师。

2. "反正……"

这是一种强调句型,表示在任何情况下结果都并没有不同。这种句型通常表示一种决绝的态度,语气较为强烈。例如:

(1) 我要让我的父母感动,说服他们。反正,我的心是定了。不管他们同意不同意,我都一定要去中国。

(2) 你就别再推辞了,不管你怎么说,反正他今天晚上也要请你喝酒,现在就跟着大家一起去吧!

3. "……,不然……"

这是一种暗含条件性的选择句型,它有"如果不这样,就有可能发生下面的后果"的意味。这种句型语气一般比较急切,有强调意味。例如:

(1) 我要早点去,不然,便宜东西就会都被他们买完了。

(2) 这件事我们应该先告诉她一声,不然她会非常着急的。

(3) 我想,这幅画一定比我们想象的贵得多,不然的话,他这次一定会把它买回来了。

词法与句法练习

Word Usage Exercise

一、根据词性搭配画线连词

遭受	休学	轮流	治安
申请	闯荡	工作	大方
作风	妥协	表达	尽职
准备	地震	维护	执政
四处	虚伪	为人	流利

二、填空：（用所给的词完成下面的句子）

虽然　即使　不只　就是　终于

不然　可是　随着　只是　一直

1. 可笑的是，他不会讲中文，________从我小时候他就让我学中文，还送我到附近一个大城市的唐人街小学跟中国孩子一起上学。
2. 我能听懂中国人说的大部分的话，________我不能读中文也不会写中文。
3. 第一天去中文班上课，我一说中文，________是把同班同学吓了一跳，也把我的老师吓了一跳。
4. 我认为我爸爸有点儿虚伪，他________让我学中文，可是我真要去中国了他却犹豫，有点儿像我们课上学的“叶公好龙”！
5. 最后我跟他们讨论了很久，我爸妈________有点儿妥协了。
6. 我要早点去中国买自己喜欢的东西，________，便宜东西就会都被别人买完了。
7. 我听说在上海就像在纽约或旧金山，我们有的东西那里都有，________什么东西在那儿都更便宜。
8. 我爸爸告诉我中国现在越来越强大，英国归还了香港，________因为中国越来越有力量。
9. ________中国近年来经济的发展，现在有很多年轻的外国人到中国去工作，他们带去了新潮的娱乐活动。
10 去过中国的朋友都说，中国的治安情况很好，到处都很安全，________是在夜里出门也没有安全问题。

三、用下面的词语造句

1. 不只：

2. 虚伪：

3. 妥协：

4. 大方：

5. 轮流：

6. 狂热：

7. 耳熟能详：

8. 尽职：

9. 流利：

四、根据课文回答下面的问题

1. “我”要到中国去干什么？家里人为什么不赞成“我”去？
2. 你认为“我”应该不应该去中国？理由是什么？
3. 你觉得“我”的梦想能够实现吗？为什么？
4. 你去过中国吗？你觉得“我”说得那些是不是今天中国的真实情况？
5. 谈谈你了解的中国。如果你有机会出国，你愿意去中国吗？为什么？

写作练习 Writing Exercise

一、分析课文

这是一篇感情比较强烈的夹叙夹议的文章。作者希望去中国，而且谈了他关于中国的知识和关于中国的想象。他试图说服父母支持他去中国。当然，在此之前，他也想跟读者分享他的看法并得到读者的支持。让我们一起来分析一下他的写法。

1. 用第一人称的口气写，比较亲切感人。让读者如闻其声。

【例】1）一切都是以“我”的经历谈起。
2）这样的角度比较适宜叙事。
3）这样的口气也比较适宜倾诉和说服别人。

2. 夹叙夹议，叙事和说理相结合。

【例】1）注重叙事，文章里面夹杂了很多故事。
2）这里面的故事都是为说理服务的。
3）用故事和经历做铺垫，让说理比较有逻辑性。

3. 亲切感人，以情动人。——这篇文章不是一篇纯粹的说理性的文章，因为很多观点有点“无理”，但是他的热情的力量可以增强说理的成分。特别是，他最后的倾听对象是父母，所以他较善用感情优势去说服对方。

【例】1）从幼小时在唐人街学中文写起。

2）上大学以后仍然有着中文优势。

3）父亲自小培养“我”的中国情结，现在不应该“叶公好龙”。

4）中国的发展潜力很大，“我”应该利用自己的优势早些介入。

5）中国有很多吸引“我”的地方。

6）娓娓道来，理由不一定合理，但都有原因。

4. 稚气可掬，有一种青春的气势和力量。

【例】这里面的述说并不是以逻辑取胜，而是以感情和鼓动力先声夺人。

1）对中国有着某种异域情调的想象，里面充满了幻想成分。

2）从个人的经验写起，把个人的经验跟大的形势结合。

3）对未来充满了幻想和憧憬。

4）不只是有大的想象，而且有很多诱人的细节。

5）从听朋友说的故事想到自己去中国后的生活。

6）看上去对去中国已经有了充分的准备，已经整装待发。

读完了此文，给人一种身临其境的感觉，似乎也能同意作者的理由。如果父母被说动，作者的目的就达到了。

二、写作练习

1. 以相同的内容为题目，写一篇“我要去中国的N个理由”

2. 如果你已经去过了中国，写篇短文谈谈你所了解的中国。如“中国十日”，“中国印象”

3. 设想你已经被中国的一所小学聘任去教英文一年，需要你提供一篇中文“Personal Statement”介绍你自己和你为什么要去中国教书，请你下星期交上这篇文章来。

阅读课文

如何写好中文的履历表

个人履历（“Resume”；“Curriculum Vitae”或“c. V.”）一般是为求职、升学、请求升级或其他特殊需要而写的。它是一个人所受的教育、专业训练以及工作经验、特殊的技能技巧和其他有关能力的集中表现和报告。

写作个人履历的目的是为了让读它的人了解写作者的情况。

怎样写一份让人感到信任而有助于自己成功的个人履历呢？首先，写作者本人应该针对工作的要求不断学习新知识，努力充实自己的知识来适应所申请的工作的需要。其次，写作者应该熟悉个人履历的写作格式，了解它的组织结构。第三，写作个人履历的时候，还要注意写作技巧和编排合理使内容突出、醒目。

写得好的个人履历可以使成绩平平的人得到好的工作或受到重用，而成绩优秀却不会写个人履历或不知怎样表现自己的人会与好工作失之交臂。

如何写个人履历表

一、个人履历表的主要内容

1. 全名、通信地址、电话。不管是什么种类的履历表，这一部分的内容都是必须的，而且越详细越精确越好。

2. 工作的历史和工作经验。这一部分是履历表的重点。除了介绍工作经验以外，最好对自己过去的工作内容和性质做一些必要的介绍。介绍你现在正在做的工作应该是其中最重要的一个部分。注意：你现在正在做的工作应该写在最前面，其他按时间顺序由前往后写起。

如果你刚刚毕业或没有太多的工作经历，你应该写上你的兼职（part-time）工作或者是实习、见习甚至是义务工作的经验。它们虽然不是专职的工作，但是可以帮助你说明你的能力，对别人了解你会有很大的帮助。

3. 学历或教育背景。学历和教育背景、专业训练背景应该是个人履历写作的一个重要部分。这一部分应从最后的学历开始按倒时序的方式往前写。让未来的雇主知道作者受到过什么样的专门教育和训练，以便于安排和雇佣作者工作。

写学历和教育背景时应该包括所受教育学校的全名，它所在的城市，国家（如在国外），所学专业，学了多长时间，等等。

4. 特殊技能。除了符合有关的工作要求以外，有时候写作者有一些特殊的技能在找工作时往往能起到意想不到的帮助和效果。如：有的人会使用一些专门的电脑程序；或熟悉一些和工作有关的技术如速记、会使用一些较新的办公设备；有的人会说一门或几门与工作有关的外语等。

5. 发表文章或专业贡献。履历表的作者如果在本专业发表过有关文章或作出过研究成果，可以在履历上给予介绍。一般的情况是提供自己发表的著作、文章,参加过的学术会议,发表的讲话题目、内容和影响等等。提到这类成果时一般都要提供自己学术著作发表的时间、地点、出版社的名称等。如果是发表在杂志或学术会议上,也应该明确注明杂志的名称、期号或会议的名称、召开时间、地点等背景材料。

注意:如果所发表的学术成果与现在申请的工作没有关系,一般不必提到它们。刻意提到它们有时对现在的情况不仅没有帮助,反而给人炫耀自己的感觉。

6. 可提供的推荐人或单位。有的雇佣人的公司或单位要求申请人提供推荐信,即请熟悉申请人原来工作地方的负责人或导师对申请人的情况给予介绍。如果雇佣人的公司或单位在用人广告上有这种要求,写履历表的人应该配合并提供推荐人或推荐单位的名称地址、电话等。如果用人单位没有这种要求,履历表的写作者则一般不必提供这方面的资料。

有关注意事项

1. 时间顺序问题。履历表的时间顺序一般是从后往前写。即工作经历都是从现在的工作往最早的工作写;学历则是从最高的学位往最低的写。一般写到高中学历为止。

2. 详细和省略。写作履历表的目的是给人一个简明而深刻的印象。进一步的了解当然应该通过面谈或其他方式来完成。一份好的履历表应该使它的读者对它的作者产生兴趣。达到这一点,它就成功了。

一个缺少经验的作者往往想把自己的一切都通过履历表介绍出去。关于自己,一个人想告诉别人的事情很多,有经验的作者知道怎样去表达自己。

履历表写作者应该记着,履历表比较合适的长度是一页纸。你必须用这一张纸来表现你自己。

3. 格式要求:美观大方,有足够的空间。履历表的格式要求做到美观大方,不要太拥挤,要编排得留有足够的空间,让人读起来感到舒适愉快,给读者一种专业化的印象。同时,印刷的纸张也尽量要选择质地好一些的,但不要太花哨。

4. 避免使用的词语。个人履历要尽量写得真实可信,显示出客观和专业精神,而不必对自己加一些主观性的评论,特别是一些赞美自己的词如"优秀""勤奋""真诚""很受尊敬""刻苦"等等。因为这些品质如果你具备,不需要你自己说,别人自己会发现;如果你不具备,你说了别人也不一定会相信,而且还会对你产生不好的印象。

生词 Vocabulary

1. 履历表(履歷表)	lǚlìbiǎo	(名)	resume; c. V.
2. 求职(求職)	qiúzhí	(动)	to apply for a job
3. 升级(升級)	shēngjí	(动)	promotion; remove; upgrade
4. 有助于(有助於)	yǒuzhùyú	(动)	redound to; administer to; conduce to
5. 充实(充實)	chōngshí	(动/形)	substantiate; enrich
6. 格式(格式)	géshì	(名)	format
7. 结构(結構)	jiégòu	(名)	structure; framework; configuration
8. 突出(突出)	tūchū	(动/形)	pop out; give prominence to; extrude
9. 醒目(醒目)	xǐngmù	(形)	strike the eye; markedness; hilite
10. 平平(平平)	píngpíng	(形)	average; mediocre
11. 性质(性質)	xìngzhì	(名)	mediocre; habitude; temperament
12. 时序(時序)	shíxù	(名)	scheduling
13. 雇佣(雇傭)	gùyòng	(动)	engage; hiring; employ
14. 意想不到(意想不到)	yì xiǎng bú dào		surprising; beat all
15. 速记(速記)	sùjì	(名)	phonography; shorthand
16. 贡献(貢獻)	gòngxiàn	(名)	contribute; offer
17. 刻意(刻意)	kèyì	(形)	purposely; painstakingly; sedulously
18. 炫耀(炫耀)	xuànyào	(动)	flash it away; show off; parade
19. 推荐(推薦)	tuījiàn	(动)	recommend; recommendation
20. 省略(省略)	shěnglüè	(动)	omit; elide; leave out; overleap

21. 面谈(面談)	miàntán	(动)	interview
22. 编排(編排)	biānpái	(动)	arrange; layout
23. 专业化(專業化)	zhuānyèhuà	(形)	specialization
24. 质地(質地)	zhìdì	(名)	quality of a material; texture
25. 勤奋(勤奮)	qínfèn	(形)	diligence; industry; sedulity

一、根据课文内容,选择正确的答案

1. 写作个人履历表一般都跟________有关。
   A. 求职　B. 找对象　C. 升学　D. 升级
2. 写一份好的履历表需要有
   A. 新知识　B. 熟悉格式　C. 好电脑　D. 写作技巧
3. 写作履历表需要个人全名、地址和电话的目的是
   A. 格式漂亮　B. 编排好看　C. 便于联系　D. 特殊需要
4. 写作个人履历表时如果缺乏很多工作经验可以写上
   A. 别人的经验　B. 上学的经验　C. 实习经验　D. 没有经验
5. 个人履历表上的学历和教育背景最好要写到________为止。
   A. 大学　B. 高中　C. 初中　D. 小学
6. 如果没有发表过文章或是做出过专业贡献,在履历表上可以
   A. 不必写　B. 刻意提到　C. 炫耀自己
7. 推荐信应该是由申请人的________来写。
   A. 父亲或母亲　B. 家人或朋友　C. 领导或老师　D. 同学或亲戚

二、根据课文,判断下面句子的正误

1. 履历表对一个人求职或升学非常重要,写得好就能成功,写得不好就不能成功。(　　)
2. 要想写好履历表,必须努力学习写作技巧。中文学得好,就一定能写好它。(　　)
3. 有的人本领平平但履历表写得好取得了成功,有的人水平很高但履历表写得不好却失败了。(　　)
4. 工作经验在履历表中非常重要。如果没有真正的工作经验可以用类似的内容代替。(　　)

5. 特殊技能是履历表中可有可无的部分。如果没有，此部分可以空着。（　　）
6. 写作中文履历表时，一般都应该是从过去往现在写起。（　　）
7. 写作履历表时应该是越全面越好，但是你只能用一张纸来表现你自己。（　　）
8. 一张履历表要写得真实可信，所以作者应该在这张纸上面充分赞美自己。（　　）

三、根据课文回答下面的问题

1. 人们一般是在什么时候需要用一张履历表？
2. 写好一张履历表应该具备什么样的条件？
3. 请说说写作履历表的技巧有什么样的意义。
4. "发表文章或学术贡献"对找什么样的工作有意义？为什么？
5. 为什么有的履历表需要提供推荐人？什么样的人有资格做推荐人？
6. 举例谈谈写作履历表时"详细和省略"之间的关系。
7. 写作一份中文履历表时要避免什么样的词语？为什么？

5.5 我的履历表上要有"中国"

生词 Vocabulary

1. 经济体(經濟體)	jīngjìtǐ	(名)	economic party
2. 海啸(海嘯)	hǎixiào	(名)	tsunami; ground sea
3. 维持(維持)	wéichí	(动)	maintain; carry through; manage
4. 持续(持續)	chíxù	(动)	abidance; continuance; persistence
5. 崛起(崛起)	juéqǐ	(动)	grow up
6. 优先(優先)	yōuxiān	(形)	priority; first; precedence
7. 调配(調配)	diàopèi	(动)	prepare; arrangement
8. 亚太区(亞太區)	Yàtàiqū	(名)	Asian-Pacific
9. 投资银行(投資銀行)	tóuzī yínháng		investment bank
10. 冷战(冷戰)	lěngzhàn	(名)	cold war
11. 恐怖(恐怖)	kǒngbù	(形)	terror; horror; consternation;
12. 袭击(襲擊)	xíjī	(动)	make a surprise attack on
13. 预测(預測)	yùcè	(动)	forecast; prognosticate
14. 难怪(難怪)	nánguài	(副)	no wonder; pardonable; understandable
15. 提拔(提拔)	tíbá	(动)	elevate
16. 分析师(分析師)	fēnxīshī	(名)	analyst
17. 悲观(悲觀)	bēiguān	(形)	pessimism
18. 情有独钟(情有獨鍾)	qíng yǒu dú zhōng		love single-minded by preference

Preparing to Read Reading for Main Ideas：本文谈了一个美国人对近年来中国发展情况的感受，请找出文章的主要的观点（有的这里已经列出，请补出其他的部分）。

1. 在今天，世界遭受了经济危机，中国却创造了大规模的进步，这称得上是个奇迹。
2. ______________________________
3. ______________________________

我的履历表上要有"中国"

中国现在已经成了全球第三大经济体。这个消息的意义其实还不止是这个，中国还是现在世界上最有发展前途的国家。跟现在世界上其他最发达的国家比起来，中国有另一个最吸引我的地方是：它不但今天的经济好、有希望，它还是一个有着悠久历史和文明的国家。

今天的世界遇到了经济危机，有的人把它叫做"金融海啸"。在这个"金融海啸"当中，世界上最强大的美国遇到了问题，欧洲遇到了问题，日本遇到了问题，当然，世界上其他的地方也遇到了更多的问题；可是在这个到处都是问题的时候，中国却连续十多年都在大规模地进步。在很多经济上一直都很强大的国家都遇到了困难的时候它仍然在持续地进步和发展，这应该说是一个奇迹。而且还不止是这些，它现在除了能维持中国十几亿人的生活、生产以外，还能拿出钱来支持、帮助世界上的一些强国和大国以及其他需要帮助的国家，这真的不简单。我是学经济的，我一定要到中国去看看那里到底发生了什么，是什么原因能让它在全世界最困难的时候稳定而持续地前进，我也想亲眼看看那里的人民、那里的政府是怎样工作的。

我现在在纽约的银行工作，过去我有过去香港工作的机会，但是我对那里的文化不太熟悉，就没有去。现在想起来我有点后悔了。我发现我们银行的老板们都有过去中国工作和访问的机会，他们都比较了解中国的情况。我上大学的时候学过一点中文，我为什么不去中国看一看，同时也练习一下我的汉语呢？说不定，到中国去，还会是一个使我的工作得到升迁的好机会呢！我已经决定了，我要创造机会，我的履历表上一定要有“中国”。

现在，我身边的人都在说中国就要“崛起”。不只是中国，整个亚洲都有着一种新的力量，而我的老板也说，现在，只要是个聪明人就要关心中国，跟中国人交朋友；而要想做中国人的朋友，首先就要对中国友好。除了我们银行，我也听到纽约其他的银行的人们也在说，现在他们在中国的业务越来越多，而且，中国的业务在公司内部有优先权，这些业务在资源的调配方面基本上是要什么给什么。举个例子说，全球著名的摩根士丹利金融服务公司今年在除了日本以外的亚太区市场工作越来越多，它的投资银行业务的排名从去年的第10名跃升到了现在的第4名。这其中主要的业务是在中国。

美国的一个前财政部长萨默斯不久前在香港参加亚洲协会时说：过了300年以后我们再回过头来看，这个时代发生的最重要的事情不是冷战的结束，不是911恐怖袭击，不是伊拉克战争，而是中国的崛起。而摩根士丹利亚洲主席斯蒂芬·罗奇也完全同意他的看法。那么，如果他们的预测成真，到了2025年，中国对世界经济的贡献将会超过美国。难怪现在一些有远见的美国公司都在纷纷争夺和提拔有中国经验的人才。

斯蒂芬·罗奇是华尔街最有影响力的经济学家之一，我很钦佩他，他是在全球拥有着最多读者的经济分析师，他过去一直以对全球经济复苏的悲观态度而闻名。可是，他这么一个悲观的人却对中国情有独钟，可见他对中国充满了很高的希望。斯蒂芬·罗奇一直在关注中国，研究中国，并用他自己独特的视角来分析中国经济，他对中国抱有深深的好感。他在中国的游历也很广，自从1997年以来，他每年都要到中国去三四次，他说，他随时准备着到中国去。他的态度对美国很多经济学家都有影响，而且他也是我今后要了解中国的一个榜样。

我想，未来，一个人在中国的经历可能会成为他在职场上最受重视的一张牌，现在，全世界最聪明的头脑都在拼命往中国跑，我为什么不赶快去中国呢？我觉得我已经准备好了，我的履历表上一定很快就要有“中国”这两个字！

After Reading Reading for Details：请标出下面句子的信息对不对：

1. 中国现在成了世界上第三大经济体，主要原因是因为中国历史悠久。( )
2. 现在欧美各国都遇到了经济危机，可是中国的经济却在持续发展。( )
3. 因为我是学经济的，我对中国的情况非常感兴趣，我想亲眼去看看。( )
4. 我觉得，现在到中国去，对我今后的工作发展和升迁会有利。( )
5. 因为中国近年来经济发展得很快，很多西方的投资银行都发展相关的业务。( )
6. 美国的一些著名经济学家认为现在这个时代发生的最重要的事情是中国崛起。( )
7. 有的经济学家虽然对全球的经济复苏很悲观，但对中国却很乐观。( )
8. 因为世界上很多著名的人物都要到中国去，所以要想成功必须去中国。( )

词汇知识 Vocabulary Build-up

词义辨析练习：两人一组讨论并选出与黑体字意思相近的词语，如果需要，可先查词典。

维持	维护 √	坚持	保持 √
持续	延续	继续	持久
崛起	升起	兴起	突起
优先	优待	优秀	优惠

调配	调解	调和	配制
恐怖	恐惧	恐怕	害怕
难怪	不奇怪	不害怕	不责备
悲观	颓废	无信心	悲伤

语法 Grammatical Points and Idiomatic Expressions

1. "说不定……"

这种句型往往用来表示对一种未知情形的展望或期待;有时候也表示对一种尚未明朗的状态的忧虑。习惯上它常常用来提出一种希望性的假设。例如:

(1) 我为什么不去中国看一看,同时也练习一下我的汉语呢?说不定,到中国去,还会是一个使我的工作得到升迁的好机会呢!

(2) 你们不要这样小看他,说不定他真的能把这个问题解决了呢!

(3) 你赶紧走吧,你看这天,说不定下午要下雨。

2. "不是……,不是……,而是……"

这种句型先用一种排比性的否定来强调事实,然后用一种选择性对比的效果来突出最终的结论,非常有气势和雄辩的力量。它通常用在一种论辩性的表述里,用以重点强调所表述的内容。例如:

(1) 以后我们再回过头来看,这个时代发生的最重要的事情不是冷战的结束,不是 911 恐怖袭击,不是伊拉克战争,而是中国的崛起。

(2) 你现在应该做的,不是琢磨着怎么赚钱,不是想着怎样开公司做生意,而是要利用上大学这一段宝贵的时间学到真本领,使你一辈子受用不尽。

(3) 你别冤枉他了。他真正喜欢的,不是你家的金钱,也不是你们家的势力,而是你这个人哪!

3. "难怪……"

这种句型表示一种"不足为奇"或发现了某种事实后,对先前所怀疑之事或不慎明朗之事顿然醒悟的感觉。它有一种强调和豁然开朗之意。例如:

(1) 如果他们的预测成真,到了 2025 年,中国对世界经济的贡献将会超过美国。难怪现在一些有远见的美国公司都在纷纷争夺和提拔有中国经验的人才。

(2) 原来这家公司就是他自己开的！难怪他一直在说它的产品多么好、多么有名。

(3) 原来外边已经下起雪来了。难怪我一直觉得那么冷。

词法与句法练习

Word Usage Exercise

一、填空(用所给的词完成下面的句子)

除了　　不只是　　如果　　可见　　只要

而是　　说不定　　难怪　　随时　　当然

1. 中国现在已经成了全球第三大经济体。这个消息的意义其实还________这个,中国还是现在世界上最有发展前途的国家。
2. 在这个"金融海啸"当中,世界上最强大的美国遇到了问题,欧洲遇到了问题,日本遇到了问题,________,世界上其他的地方也遇到了问题。
3. 我在上大学的时候学过一点中文,我为什么不去中国看一看,同时也练习一下我的汉语呢? ________,到中国去,还会是一个使我的工作得到升迁的好机会呢!
4. 我的老板说,现在,________是个聪明人就要关心中国,跟中国人交朋友。
5. ________我们银行,我也听到纽约其他的银行的人们也在说,现在他们在中国的业务越来越多。
6. 过了 300 年以后我们再回过头来看,这个时代发生的最重要的事情不是冷战的结束,不是 911 恐怖袭击,不是伊拉克战争,________中国的崛起。
7. ________他们的预测成真,到了 2025 年,中国对世界经济的贡献将会超过美国。
8. ________现在一些有远见的美国公司都在纷纷争夺和提拔有中国经验的人才,原来他们都在想着扩大同中国的生意。
9. 他这么一个悲观的人却对中国情有独钟,________他对中国充满了很高的希望。
10. 他说,他________准备着到中国去。他的态度对美国很多的经济学家都有影响。

二、用下面的词语造句

1. 维持：

2. 持续：

3. 优先：

4. 恐怖：

5. 预测：

6. 难怪：

7. 提拔：

8. 悲观：

9. 情有独钟：

三、根据课文回答下面的问题

1. 中国跟今天世界上的其他发达国家比起来，在经济上有什么样的特点？
2. 为什么西方世界遇到了金融海啸而中国却没有受到大的影响？
3. 什么是中国的崛起？为什么说中国的进步和发展是一个奇迹？
4. 作者要去中国，他有什么有利条件？他去中国对他的未来有什么意义？
5. 作者举例说在美国的一些投资银行，对中国的态度有什么变化？
6. 美国的前财政部长对中国有着什么样的评价？为什么？你相信他的这种判断吗？

阅读课文

中文求职信样例、中文聘书样例

我们在中国寻找实习的机会或找工作时，能够写一封出色的中文求职信（cover letter）向有关公司或机构介绍自己的情况非常重要。在这类的求职信中，写信者要通过介绍自己使自己感兴趣的公司或机构对自己也产生兴趣并产生信任感，为他们聘任自己创造机会。这一类的信一般要写得清晰明了，诚恳、自信；同时不要写得太长。一般在2/3或一张纸的长度比较合适。

在寄去个人简历的同时为什么还要写一封求职信呢？

我们知道，在找工作的过程中，最重要的一步是希望将来的雇主有兴趣去读你的简历，然后更进一步地去给你工作面试的机会。但是，找工作的人那么多，雇用人的地方往往会收到很多很多的简历，如何使他们对你感兴趣或对你有较深刻的印象呢？这就需要你利用求职信去展示你自己。

一般地说，求职信有下面的一些重要的功能：

1. 在别人看你的简历之前，给他们较深刻的印象，使他们产生愿意更进一步了解你的愿望。求职信的目的是引起留心，要简洁、深刻、有力，亲切、思路清晰，而不要过多叙述，以免和简历雷同，或给人以啰唆的印象。

2. 简历有特定的格式，你的有些优点在简历上不能展示出来，而这些可以在你写的求职信里比较成功地表现出来。比如你可以在他们读简历以前就提纲挈领地凸显你的亮点，展示你的一些杰出的工作成绩、获奖情况等，引起好感。

3. 在求职信中你还可以写你自己对一些问题的看法和见解，展示自己的聪明才智，自己的抱负和计划等等，既作为对你的简历的补充，又可以让未来的雇主知道你的潜力。

4. 写求职信可以显示出一个人应用语言和写作的能力。读你的求职信是你未来雇主和你第一次打交道，他是通过读你的求职信来第一次认识和判断你的。所以，你的才华、你的抱负和你的逻辑能力等都能通过这封信来表露。

但我们也不能过度地夸大求职信的作用，我们必须记得，写求职信的目的是争取得到面试的机会。你是否能被雇用要等待雇主读你的简历和对你的面试才能做出决定。我们不能夸大求职信的作用。你的求职信写得好并不能保证你能被录取，但如果你的求职信写得不好，那将使人没有兴趣读你的简历，当然也就不会有面试的机会了。

【附录一：求职信二则】

尊敬沪江百货公司总经理：

我非常荣幸地从报纸上看到贵公司在招聘销售部经理的消息。贵公司在服装销售方面非常著名，我一直钦佩贵公司的成就并希望在那儿工作，这次贵公司的招聘给了我一个极好的机会。我在此寄上我的简历，希望获得聘用并为贵公司效力。

在报纸上看到贵公司需要一个有经验并有开拓精神的经理。我相信我就是你们希望找到的人选。我非常熟悉服装销售方面的业务。最近五年来，我一直在美国的服装公司工作。从当顾客服务代表，到担任助理经理，到最后在著名的现代百货公司的女子服装采购部任经理，我积累了相当多的经验。

在现代百货公司的女子服装采购部任经理期间，我除了注重服装的采购和销售方面的工作以外，还非常注意训练工作人员的素质。由于我建立了对工作人员经常的培训和审核制度，使公司的工作效率得到了很大的提高。最近三年以来，由于我们工作的努力，我公司的利润每年增长27%，我也三次受到了总经理的表扬。我的简历上对这些情况有比较详细的介绍，希望您能读一读。

如果您方便的话，我希望有机会和您见面，能当面和您谈谈贵公司的需要和更详细地介绍我自己的情况。您可以给我写信或打电话通知我面试的消息。我的电话号码是(021)7229－2841。

希望早日听到您的回音。

此致

敬礼！

艾丽丝

2010.6.5

尊敬的李志元教授：

我系的王常生教授告诉我，你们北京理工大学电子工程学系正在寻找一位电子工程学教师。我对做电子工程学老师非常感兴趣，也非常喜欢北京理工大学。在此寄上我的简历，希望您能考虑给我一次面谈的机会。

我现在是纽约哥伦比亚大学电子工程学系的博士生，正在写我的博士论文。现在我正在清华大学做相关的研究。同时，我还在我们系教一门电子工程学的课。此外，我还为其他两位教授做助教。

最近三年来，我一直受聘在纽约市立大学讲授电子工程学的课，有着很丰富的教学经验。从 2004 年到 2006 年夏天，我曾经被纽约市高教局聘用专门培训市立大学大专学院的电子工程学师资。由于我的工作努力和出色的教学方法，这些老师在受到我的培训后，回到他们学院都成了优秀的教师。我也因此受到了纽约市高教局的嘉奖。

2007 年春季，我们哥伦比亚大学电子工程学系的一位教授生病，我曾经应聘在我们系教过一个学期的电子工程学课程，我的努力工作也受到了我系老师和学生的好评。得知现在贵系要招聘一位新老师的消息，我很高兴。我到贵校参观过，对贵系有着很好的印象，这次当然希望能有机会得到这个工作，以使我能长期和贵校电子工程学系的老师们在一起学习和研究，更好地发展自己。

除了喜欢教电子工程学课程以外，我还喜欢研究电子工程学的问题。在我上大学时，我就去欧洲参加过国际电子工程学的论文比赛，并赢得过第二名的奖励。最近几年来，我在《美国电子工程学杂志》和《国际电子工程学通讯》上发表过六篇文章。您可以在读我的简历时得知更详细的情况。多谢您花时间读我的求职信，盼望您告诉我什么时候您方便会见我。我的中国手机号码是 13162084685.

等着您的回音，并祝

好！

汤姆

2009.12.2

【附录二:聘书一则】

聘　约

香港交通大学(聘方)决定聘请白约翰先生(受聘人)为本校英文教师。双方同意遵守下列条款:

1. 聘期由二〇〇八年九月一日起至二〇一〇年六月十日止。

2. 月薪港币六万九千元,每月月底支付。

3. 受聘人每周工作五天,每天五个小时。受聘人享受香港政府规定的假日,并享受学校的寒暑假。

4. 受聘人讲授高级英文、科技英文、英文写作和英美科学文选四门课程。每周授课不得少于二十小时。

5. 受聘人须遵守本校规定,参加学校的学术、教研活动。

6. 受聘人如需请假,须自己安排请人代课,而代课人资格须经校方同意。代课人的薪水由受聘人支付。

7. 受聘人应遵守学校法规,不经学校同意不得在外校兼课或兼职。

8. 聘方或受聘方如因故中途解除聘约,必须提前一个月通知对方。

9. 如聘方满意受聘人的工作,受聘人又愿意继续工作,本约期满可以续聘,另发新聘书。

聘方:香港交通大学校长:
赵明生
受聘人:白约翰
二〇〇八年八月十日

生词 Vocabulary

1. 样例(樣例)	yànglì	(名)	showpiece; sample; pattern
2. 聘书(聘書)	pìnshū	(名)	letter of appointment
3. 诚恳(誠懇)	chéngkěn	(形)	pure-heartedness, earnest
4. 简洁(簡潔)	jiǎnjié	(形)	concision; succinctness; terseness
5. 清晰(清晰)	qīngxī	(形)	in focus; clear
6. 雷同(雷同)	léitóng	(形)	duplicate; similar; identical
7. 啰唆(囉唆)	luōsuo	(形)	long-winded; wordy; maundering; prolix; rambling; verbose
8. 特定(特定)	tèdìng	(形)	specific; specified; particular
9. 提纲挈领(提綱挈領)	tí gāng qiè lǐng		bring out the essentials by concentrating on the main points
10. 凸显(凸顯)	tūxiǎn	(动)	conspicuous; prominent
11. 杰出(傑出)	jiéchū	(形)	outstanding; preeminence
12. 抱负(抱負)	bàofù	(名)	aspiration; ambition
13. 潜力(潛力)	qiánlì	(名)	latent capacity; potential
14. 判断(判斷)	pànduàn	(动)	estimate; judgment
15. 才华(才華)	cáihuá	(名)	literary or artistic talent
16. 逻辑(邏輯)	luóji	(名)	logic
17. 过度(過度)	guòdù	(形)	excess; exorbitant; intemperant; go too far
18. 夸大(誇大)	kuādà	(动)	exaggerate; overestimate; overstate
19. 荣幸(榮幸)	róngxìng	(形)	be honored
20. 钦佩(欽佩)	qīnpèi	(动)	admire; admiration
21. 效力(効力)	xiàolì	(名)	render a service to; serve
22. 人选(人選)	rénxuǎn	(名)	person selected; candidate

23.	审核(審核)	shěnhé	(动)	examine and verify
24.	效率(効率)	xiàolǜ	(名)	efficiency
25.	电子工程(電子工程)	diànzǐ gōngchéng		electronic engendering
26.	师资(師資)	shīzī	(名)	persons qualified to teach; teachers
27.	嘉奖(嘉獎)	jiājiǎng	(动)	cite; commend
28.	支付(支付)	zhīfù	(动)	payment; pay for
29.	文选(文選)	wénxuǎn	(名)	selected works; literary selections; analects
30.	资格(資格)	zīgé	(名)	qualification; competence
31.	兼课(兼課)	jiānkè	(动)	do some teaching in addition to one's main occupation; hold two or more teaching jobs concurrently
32.	兼职(兼職)	jiānzhí	(动)	pluralism; plurality; moonlight; hold two or more posts concurrently
33.	因故(因故)	yīngù		for a certain reason
34.	续聘(續聘)	xùpìn	(动)	to renew a position; to rehire

一、根据课文内容,选择正确的答案(有的答案多于一个)

1. 写作求职信的目的是
   A. 升学　B. 找工作　C. 介绍自己　D. 升级
2. 在寄去履历表时还要寄上求职信的目的是
   A. 展示自己　B. 报告成绩　C. 表达感情　D. 让人同情
3. 求职信第一个主要的功能是
   A. 叙述　B. 雷同　C. 引起留心　D. 思路清晰
4. 求职信第二个主要的功能是
   A. 凸显优点　B. 特定格式　C. 提纲携领　D. 引起好感
5. 求职信第三个主要的功能是
   A. 表达观点　B. 展示潜力　C. 报告问题　D. 发表计划
6. 求职信第四个主要的功能是
   A. 打交道　B. 展示写作能力　C. 表达思路　D. 练习写信

7. 我们不能过分夸大求职信的作用，因为它只是争取

A. 推荐信 B. 被录取 C. 面试机会 D. 雇主兴趣

二、根据附录一，判断下面句子的正误

1. 艾丽丝本来的工作就是服装销售经理，她写作申请的工作还是服装销售经理。（ ）
2. 艾丽丝对服装销售很有经验，她是一步一步做起来的。（ ）
3. 因为不喜欢原来的公司，艾丽丝决定申请现在这个公司的工作。（ ）
4. 汤姆现在的工作是助教，因为工资不够高，所以想到北京去工作。（ ）
5. 汤姆在纽约市立大学和哥伦比亚大学都教过书。（ ）
6. 汤姆以前去过北京，也参观过北京理工大学。（ ）
7. 除了教书以外，汤姆也对科研十分感兴趣，并在这方面有很多成就。（ ）
8. 汤姆比较有教学经验，如果聘用他，他马上就可以教书。（ ）

三、根据附录二回答下列问题

1. 受聘人应该在香港交通大学一共教书多长时间？
2. 受聘人每个星期应该在香港交通大学教课多长时间？
3. 除了教课以外，受聘人是否需要参与学校的其他活动？
6. 如果受聘人生病或有其他情况，谁来上课？谁来支付薪水？
7. 受聘人能不能在香港交通大学以外的学校授课？
8. 如果受聘人不愿意继续在香港交通大学授课，他应该怎样做？
9. 两年以后，受聘人能不能继续在香港交通大学授课？
10. 这个聘书除了薪水以外，对住房和其他福利有没有介绍？

生词索引 Index

C

44. 采访(採訪)	cǎifǎng	(动/名)	have an interview with; be on assignment (for a newspaper); gather material	2.4
45. 才华(才華)	cáihuá	(名)	literary or artistic talent	5.5 阅
46. 采掘(採掘)	cǎijué	(动)	excavate; fossick	1.2 阅
47. 采矿(採礦)	cǎi kuàng		mining	1.3
48. 裁人(裁人)	cái rén		cut down the number of persons employed; reduce the staff	4.1
49. 残废(殘廢)	cánfèi	(形)	maimed; crippled; (physically) disabled	2.3 阅
50. 仓储业(倉儲業)	cāngchǔyè	(名)	store in a warehouse	1.2 阅
51. 餐饮业(餐飲業)	cānyǐnyè	(名)	catering industry; the food and drink industry	3.4
52. 参与(參與)	cānyù	(动)	participate in; be concerned with	1.5
53. 操办(操辦)	cāobàn	(动)	make arrangements	4.4
54. 搀(攙)	chān	(动)	support sb. with hand	4.5 阅
55. 颤颤巍巍(顫顫巍巍)	chàn chàn wēi wēi		unsteady; tottering; faltering	4.5 阅
56. 搀扶(攙扶)	chānfú	(动)	support sb. with hand	4.5
57. 潮流(潮流)	cháoliú	(名)	the trend; the tide	1.5 阅
58. 潮湿(潮濕)	cháoshī	(形)	dampness; aquosity;	5.3
59. 成本(成本)	chéngběn	(名)	cost	4.2
60. 诚恳(誠懇)	chéngkěn	(形)	pure-heartedness, earnest	5.5 阅
61. 逞能(逞能)	chěng néng		parade one's ability; display sham courage	4.5 阅
62. 承受(承受)	chéngshòu	(动)	endure; bear; support	4.2
63. 车水马龙(車水馬龍)	chē shuǐ mǎ lóng		heavy traffic; endless stream of horses and carriages	4.5 阅
64. 持续(持續)	chíxù	(动)	abidance; continuance; persistence	5.5
65. 重合(重合)	chónghé	(动)	superposition; to overlap; to match together	1.5 阅

66. 充实(充實)	chōngshí	(动/形)	substantiate; enrich	5.4 阅
67. 崇洋(崇洋)	chóngyáng	(动)	worship and have blind faith in foreign things	1.2
68. 筹措(籌措)	chóucuò	(名)	plan; plot; scheme	5.22 阅
69. 抽水马桶(抽水馬桶)	chōushuǐ mǎtǒng		lavatory; toilet bowl	1.1
70. 闯荡(闖蕩)	chuǎngdàng	(动)	make a living wandering from place to place	5.4
71. 储备(儲備)	chǔbèi	(动/名)	store for future use; reserve	2.2
72. 储藏(儲藏)	chǔcáng	(动)	reposition; storage	1.3
73. 出差(出差)	chū chāi		business trip; evection; go on errands	5.3
74. 纯粹(純粹)	chúncuì	(形/副)	pure; complete; solely	2.21 阅
75. 绰绰有余(綽綽有餘)	chuò chuò yǒu yú		more than sufficient	4.5 阅
76. 雏形(雛形)	chúxíng	(名)	rudiment; an embryo	1.3 阅
77. 储蓄(儲蓄)	chǔxù	(名)	saving; savings	5.1
78. 刺激(刺激)	cìjī	(动)	stimulate; excite; provoke	2.21 阅
79. 辞退(辭退)	cítuì	(动)	refuse; dismiss; let off	5.21 阅
80. 匆忙(匆忙)	cōngmáng	(形)	hastily; in a hurry	4.6
81. 措施(措施)	cuòshī	(名)	measures;	1.5

D

82. 大方(大方)	dàfang	(形)	generous	5.4
83. 大幅度(大幅度)	dàfúdù		by a wide margin; substantially	1.3 阅
84. 贷款(貸款)	dàikuǎn	(名)	provide a loan; grant a loan; extend credit	4.1
85. 待遇(待遇)	dàiyù	(名)	treatment	2.4
86. 大快人心(大快人心)	dà kuài rén xīn		this cheers the people greatly; to the satisfaction of the masses	3.5 阅
87. 单薄(單薄)	dānbáo	(形)	thin and weak	4.5 阅
88. 担当(擔當)	dāndāng	(动)	take on	1.3
89. 担风险(擔風險)	dān fēng xiǎn		take [run] risks; assume [face; undertake] the risk (of doing sth; of sth.); go out on a limb	3.4

90. 倒霉(倒霉)	dǎo méi		have bad luck; be down on one's luck	4.5 阅
91. 导致(導致)	dǎozhì	(动)	bring about; cause; result in	1.4 阅
92. 大行其道(大行其道)	dà xíng qí dào		sth prevail / flood everywhere in its way	1.3
93. 大有人在(大有人在)	dà yǒu rén zài		there are plenty of people who...; are plenty of such people	3.5
94. 打造(打造)	dǎzào	(动)	build; build up	1.2
95. 电气化(電氣化)	diànqìhuà	(动)	electrization	1.4 阅
96. 电子工程(電子工程)	diànzǐ gōngchéng		electronic engendering	5.5 阅
97. 吊销(吊銷)	diàoxiāo	(动)	revoke; withdraw	5.21 阅
98. 地大物博(地大物博)	dì dà wù bó		vast territory and abundant resources	1.3 阅
99. 抵得上(抵得上)	dǐ de shàng		be equal to;	1.2
100. 订单(訂單)	dìngdān	(名)	order form	1.2
101. 鼎盛(鼎盛)	dǐngshèng	(形)	at the height of power and splendor	1.4 阅
102. 定型(定型)	dìngxíng	(动)	finalize the design	5.1
103. 定义(定義)	dìngyì	(名)	definition; define	1.2 阅
104. 低碳减排(低碳減排)	dī tàn jiǎn pái		low-carbon emission reduction	1.1
105. 抵押(抵押)	dǐyā	(动/名)	mortgage; hold in pledge	3.3 阅
106. 地震(地震)	dìzhèn	(动)	earthquake; earth shock	5.4
107. 动荡(動蕩)	dòngdàng	(形)	turbulence	5.1
108. 董事会(董事會)	dǒngshìhuì	(名)	board of directors; board of administration	3.4
109. 兑换(兌換)	duìhuàn	(动)	redemption; exchange; convert	3.2
110. 杜绝(杜絕)	dùjué	(动)	stop; completely eradicate; put an end to	3.1
111. 哆嗦(哆嗦)	duōsuo	(动)	shiver	4.5 阅
112. 多余(多餘)	duōyú	(形)	superfluous; redundant	1.3 阅
113. 毒品(毒品)	dúpǐn	(名)	narcotic drugs; narcotics	3.1
114. 独资(獨資)	dúzī	(名)	sole proprietorship; investment by a sole investor; sole proprietorship; individual proprietorship	3.4

E

115. 恶化(惡化)	èhuà	(动)	worsen; deteriorate	4.3
116. 耳熟能详(耳熟能詳)	ěr shú néng xiáng		have heard sth. many times that one can make a detailed explanation of it	5.4
117. 恶性循环(惡性循環)	è xìng xún huán		a vicious circle; a vicious spiral	5.1
118. 恶作剧(惡作劇)	èzuòjù	(名)	practical joke; prank; gambade; hoax	4.31 阅

F

119. 法案(法案)	fǎ'àn	(名)	proposed law; bill	2.3 阅
120. 发端(發端)	fāduān	(名)	make a start; initiative; inception	2.21 阅
121. 范畴(範疇)	fànchóu	(名)	category; domain	4.3
122. 房贷(房貸)	fángdài	(名)	mortgage	5.1
123. 房地产(房地産)	fángdìchǎn	(名)	real estate	1.3
124. 房奴(房奴)	fángnú	(名)	debtor who on badly pressure of mortgage	4.1
125. 方言(方言)	fāngyán	(名)	dialect; localism	3.3
126. 方针(方針)	fāngzhēn	(名)	policy; guiding principle	1.3 阅
127. 泛滥(泛濫)	fànlàn	(动)	be in flood; overflow;	3.5 阅
128. 贩卖(販賣)	fànmài	(动)	peddle; sell; marketing	3.1
129. 繁荣(繁榮)	fánróng	(形)	flourishing; prosperous; booming	3.1
130. 法人(法人)	fǎrén	(名)	juridical person; artificial person; legal person	3.4
131. 发誓(發誓)	fāshì	(动)	swear; pledge; vow; take an oath	5.4
132. 发炎(發炎)	fāyán	(动)	inflammation; agnail	4.31 阅
133. 飞驰(飛馳)	fēichí	(动)	speed along; go like the wind; rocket	4.5 阅
134. 废除(廢除)	fèichú	(动)	abolish; abandon; discard	4.32 阅
135. 飞跃(飛躍)	fēiyuè	(动)	overfly; forward leap; advancing rapidly	1.2

136. 废止(廢止)	fèizhǐ	(动)	abolish; annul; put an end to	2.3 阅
137. 份额(份額)	fèn'é	(名)	a share; a portion;	1.5 阅
138. 风景线(風景線)	fēngjǐngxiàn	(名)	scenery line	1.5 阅
139. 凤毛麟角(鳳毛麟角)	fèng máo lín jiǎo		rare and precious things or persons; as precious and rare as phoenix feather and unicorn horns	4.6
140. 风靡(風靡)	fēngmí	(动)	fashionable; to became a fad or vogue	1.5 阅
141. 缝纫(縫紉)	féngrèn	(动)	tailoring; sewing	1.2 阅
142. 丰衣足食(豐衣足食)	fēng yī zú shí		have ample food and clothing	1.3
143. 分类(分類)	fēnlèi	(名)	to sort, to category	3.1
144. 分期付款(分期付款)	fēn qī fù kuǎn		payment by installments; hire purchase; installment plan	3.5
145. 氛围(氛圍)	fēnwéi	(名)	atmosphere	1.2
146. 分析(分析)	fēnxī	(动)	analyze; analysis; construe	5.3
147. 分析师(分析師)	fēnxīshī	(名)	analyst	5.5
148. 伏案(伏案)	fú àn		bend over one's desk; work hard in writing	4.6
149. 符合(符合)	fúhé	(动)	accord with; conform to; fit	1.1
150. 附属(附屬)	fùshǔ	(形)	subsidiary; auxiliary	1.4 阅
151. 复苏(復甦)	fùsū	(动)	resuscitate; anabiosis; revive	5.1
152. 服务业(服務業)	fúwùyè	(名)	Service Industry; service sector	3.4
153. 富裕(富裕)	fùyù	(形)	prosperous; well-to-do; well-off	4.1

G

154. 改观(改觀)	gǎiguān	(动)	change the appearance [face] of; turn around; bring a new look on	3.1
155. 干脆(乾脆)	gāncuì	(副/形)	neck and crop; without further ado; point-blank	1.1
156. 纲(綱)	gāng	(名)	outline; key link; class,	2.1
157. 尴尬(尷尬)	gāngà	(形)	awkward; embarrassed	3.3
158. 干旱(乾旱)	gānhàn	(形)	drought; arid; dry	2.1
159. 感冒(感冒)	gǎnmào	(动/名)	catch a cold; flu	4.1

160. 干扰(干擾)	gānrǎo	(动)	interfere; disturb; interference	4.31 阅
161. 干涉(干涉)	gānshè	(动)	interfere; intervene; interposition	4.6
162. 甘心(甘心)	gānxīn	(动)	reconcile to; willingly;	1.4
163. 根本(根本)	gēnběn	(副)	root; radical; basic; fundamental; essential; completely; entirely; at all	3.3 阅
164. 根深蒂固(根深蒂固)	gēn shēn dì gù		in grain; bred-in-the-bone; rooted	1.5 阅
165. 格式(格式)	géshì	(名)	format	5.4 阅
166. 供不应求(供不應求)	gōng bú yìng qiú		demand exceeds supply; the supply does not meet the demand. ;	3.5
167. 工地(工地)	gōngdì	(名)	construction plant; building site; works area	3.5
168. 公款(公款)	gōngkuǎn	(名)	public funds; government expense	2.5
169. 功能(功能)	gōngnéng	(名)	function	3.1
170. 公认(公認)	gōngrèn	(动)	to be generally acknowledged; be accepted	1.3 阅
171. 拱手让给(拱手讓給)	gǒng shǒu ràng gěi		yield to someone submissively; give up something without fighting for it	1.5 阅
172. 贡献(貢獻)	gòngxiàn	(名)	contribute; offer	5.4 阅
173. 共享(共享)	gòngxiǎng	(动)	enjoy together; share; sharing	3.4
174. 供销(供銷)	gōngxiāo	(名)	supply and marketing; supply and distribution	1.3
175. 供养(供養)	gōngyǎng	(动)	supply; provide for the needs and comforts of one's elders; sustentation	4.2
176. 公益(公益)	gōngyì	(名)	public welfare; commonweal	4.4
177. 公寓(公寓)	gōngyù	(名)	apartment house; block of flats	4.5 阅
178. 乖(乖)	guāi	(形)	well-behaved; obedient	4.5 阅
179. 广泛(廣泛)	guǎngfàn	(形)	extensive; wide-ranging; widespread; widely	3.4
180. 观光(觀光)	guānguāng	(动)	go sightseeing; visit; tour	3.1

181. 光纤通信(光纖通信)	guāngxiān tōngxìn		optical fiber communication	1.4 阅
182. 管辖(管轄)	guǎnxiá	(动)	domination; rule	5.2
183. 关注(關注)	guānzhù	(动)	attention; pay attention to	1.3
184. 谷底(谷底)	gǔdǐ	(名)	bottom, the lowest position	5.1
185. 股东(股東)	gǔdōng	(名)	shareholder; stockholder	3.4
186. 孤寡(孤寡)	gūguǎ	(形)	orphans and widows	2.3 阅
187. 规划(規畫)	guīhuà	(动)	planning; plan; schematization;	3.1
188. 规模(規模)	guīmó	(名)	scale; scope; dimensions; size	3.4
189. 归属(歸屬)	guīshǔ	(名)	belong to; ascription	5.21 阅
190. 古迹(古跡)	gǔjì	(名)	historic site	1.3 阅
191. 故弄玄虚(故弄玄虛)	gù lòng xuán xū		be deliberately mystifying	4.32 阅
192. 过度(過度)	guòdù	(形)	excess; exorbitant; intemperant; go too far	5.5 阅
193. 过渡(過渡)	guòdù	(动/名)	transition; transit	2.21 阅
194. 国防建设(國防建設)	guófáng jiànshè		national defense construction; national defense and army building	3.4
195. 国界(國界)	guójiè	(名)	national boundaries	4.4
196. 国民总产值(國民總產值)	guó mín zǒng chǎn zhí		Gross National Product	1.3 阅
197. 国有化(國有化)	guóyǒuhuà	(动)	nationalization	5.22 阅
198. 国债(國債)	guózhài	(名)	national debt; the stocks; the funds	1.3 阅
199. 股票(股票)	gǔpiào	(名)	stock certificate; equity security; stock	3.4
200. 固守(固守)	gùshǒu	(动)	to defend tenaciously; stick to; keep to one's position	1.2
201. 雇佣(雇傭)	gùyòng	(动)	engage; hiring; employ	5.4 阅
202. 骨折(骨折)	gǔzhé	(动)	fracture	4.5
203. 海啸(海嘯)	hǎixiào	(名)	tsunami; ground sea	5.5

H

204. 航天(航天)	hángtiān	(名)	spaceflight; aerospace	1.2
205. 含量(含量)	hánliàng	(名)	content	1.1
206. 寒心(寒心)	hánxīn	(动)	be bitterly disappointed	4.5

207. 豪宅(豪宅)	háozhái	(名)	grand, bold and unreserved house	5.1
208. 合成纤维(合成纖維)	héchéng xiānwéi		synthetic fibre	1.2 阅
209. 合伙(合夥)	héhuǒ	(动)	partnership; join hands	3.4
210. 合算(合算)	hésuàn	(形)	value for money; worthwhile	3.5
211. 核算(核算)	hésuàn	(动)	[business accounting]	5.2
212. 核心(核心)	héxīn	(名)	core; pith	1.2
213. 宏大(宏大)	hóngdà	(形)	magnificence; grand	1.2
214. 轰动(轟動)	hōngdòng	(动)	make a stir; blockbuster	3.5 阅
215. 洪水(洪水)	hóngshuǐ	(名)	waterflood; deluge; flood	2.1
216. 后果(後果)	hòuguǒ	(名)	result; consequence	4.5 阅
217. 后劲(後勁)	hòujìn	(名)	aftereffect; delayed effect	1.3 阅
218. 后来居上(後來居上)	hòu lái jū shàng		the later comers surpass the formers	1.3 阅
219. 后台(後臺)	hòutái	(名)	backstage; behind-the-scenes backer; background	3.5 阅
220. 化肥(化肥)	huàféi	(名)	chemical fertilizer	1.2 阅
221. 划分(畫分)	huàfēn	(动)	divide; partition; differentiate	3.4
222. 荒唐(荒唐)	huāngtáng	(形)	absurd; fantastic; preposterous;	3.5 阅
223. 缓和(緩和)	huǎnhé	(动)	relax; allay; calm; ease up; mild	2.3 阅
224. 缓解(緩解)	huǎnjiě	(动)	to buffer; remission; remittence	1.3
225. 环节(環節)	huánjié	(名)	link; segment	2.2
226. 环境(環境)	huánjìng	(名)	circumstance; environment	1.2
227. 患者(患者)	huànzhě	(名)	patient; sufferer	4.3
228. 化妆品(化妝品)	huàzhuāngpǐn	(名)	cosmetic; makeup	1.1
229. 回报(回報)	huíbào	(动)	return; to repay	1.2
230. 回顾(回顧)	huígù	(动)	look back; review	1.1
231. 辉煌(輝煌)	huīhuáng	(形)	splendid; magnificent; brilliant	1.3 阅
232. 挥霍(揮霍)	huīhuò	(动)	spend lavishly; spend freely	2.5
233. 户籍(户籍)	hùjí	(名)	census register; household register; registered permanent residence	3.2
234. 户口(户口)	hùkǒu	(名)	number of households and total population; registered permanent residence	3.2
235. 互利(互利)	hùlì	(动)	mutual benefit	5.2
236. 互联网(互聯網)	hùliánwǎng	(名)	internet	5.1
237. 忽略(忽略)	hūlüè	(动)	ignore; overlook	1.1

238. 活力(活力)	huólì	(名)	vigor; vitality; energy	3.3
239. 活学活用(活學活用)	huó xué huó yòng		learn and practice, apply learned knowledge into daily life	5.1
240. 胡同(衚衕)	hútóng	(名)	alleyway; lane; a narrow passage	3.4 阅
241. 护照(護照)	hùzhào	(名)	passport	3.3 阅

J

242. 加工(加工)	jiāgōng	(动)	machining, process	1.1
243. 加工业(加工業)	jiāgōngyè	(名)	processing industry	3.4
244. 嘉奖(嘉獎)	jiājiǎng	(动)	cite; commend	5.5 阅
245. 兼并(兼併)	jiānbìng	(动)	to annex (territory, property, another country, etc.); to merger	1.5
246. 简称(簡稱)	jiǎnchēng	(名)	the abbreviated form of a name; abbreviation; shorter form; for short	3.4
247. 奖学金(獎學金)	jiǎngxuéjīn	(名)	scholarship; fellowship	4.1
248. 间接(間接)	jiànjiē	(形)	indirect	1.2 阅
249. 简洁(簡潔)	jiǎnjié	(形)	concision; succinctness; terseness	5.5 阅
250. 健康(健康)	jiànkāng	(形)	health	1.4
251. 兼课(兼課)	jiānkè	(动)	do some teaching in addition to one's main occupation; hold two or more teaching jobs concurrently	5.5 阅
252. 减免(減免)	jiǎnmiǎn	(动)	deduct, reduce, remit	2.3 阅
253. 简史(簡史)	jiǎnshǐ	(名)	a brief history of	2.21 阅
254. 见世面(見世面)	jiànshìmiàn		see the world; enrich one's experience	2.4
255. 减税(減稅)	jiǎn shuì		deduct tax	5.21 阅
256. 见义勇为(見義勇爲)	jiàn yì yǒng wéi		ready to help others for a just cause	4.5
257. 兼职(兼職)	jiānzhí	(动)	pluralism; plurality; moonlight; hold two or more posts concurrently	5.5 阅
258. 交叉(交叉)	jiāochā	(名)	intercross; to intersect; overlapping	1.5 阅

286. 精力(精力)	jīnglì	(名)	energy; vigor	1.2
287. 净利润(净利潤)	jìnglìrùn	(名)	retained profits	5.22 阅
288. 精美(精美)	jīngměi	(形)	fancy; fine	1.1
289. 精密化(精密化)	jīngmìhuà	(动)	preciselization	1.4 阅
290. 精密仪器(精密儀器)	jīngmì yíqì		precision instrument	1.2
291. 境内(境内)	jìngnèi	(名)	domestic; churchyard	3.4
292. 警惕性(警惕性)	jǐngtìxìng	(名)	to be alert; keep one's eye on the ball; vigilantness	4.5 阅
293. 精通(精通)	jīngtōng	(动)	be proficient in [at]; be good at	3.3
294. 尽管(儘管)	jǐnguǎn	(副/连)	despite; though	1.2
295. 惊讶(驚訝)	jīngyà	(形)	surprised; amazed; astonished; astounded; in surprise	3.5
296. 惊异(驚異)	jīngyì	(形)	amazement; astonishment; surprise	5.1
297. 经营(經營)	jīngyíng	(动)	manage	1.2
298. 精益求精(精益求精)	jīng yì qiú jīng		keep improving	1.1
299. 竞争力(競爭力)	jìngzhēnglì	(名)	competitive strength; competence	1.1
300. 精致(精致)	jīngzhì	(形)	delicacy; exquisite	1.1
301. 经传(經傳)	jīngzhuàn	(名)	classical works; Confucian classics and commentaries on them	1.5
302. 尽快(儘快)	jǐnkuài	(副)	as soon as possible	1.1
303. 尽力而为(盡力而爲)	jìn lì ér wéi		do one's best; to the best of one's capabilities	3.1
304. 金融(金融)	jīnróng	(名)	finance	1.3
305. 近似(近似)	jìnshì	(动)	approximately; similar;	3.5 阅
306. 津贴(津貼)	jīntiē	(名)	subsidy; allowance; subvention	4.1
307. 尽职(盡職)	jìnzhí	(动)	line of duty; pull one's weight	5.4
308. 急迫(急迫)	jípò	(形)	urgent; pressing; imperative	2.4
309. 技巧(技巧)	jìqiǎo	(名)	skill; technique; handicraft; sleight; mechanics	5.3
310. 跻身于(躋身於)	jī shēn yú		ascend	1.5
311. 集团(集團)	jítuán	(名)	group;	1.5
312. 纠纷(糾紛)	jiūfēn	(名)	dissension; entanglement; tangle	5.22 阅
313. 就业(就業)	jiù yè		to get a job; to take up an occupation; to obtain employment	1.3
314. 极限(極限)	jíxiàn	(名)	the limit; the maximum; extremity	2.21 阅

337. 可巧(可巧)	kěqiǎo	(副)	as luck would have it; by a happy coincidence;	3.3
338. 刻意(刻意)	kèyì	(形)	purposely; painstakingly; sedulously	5.4 阅
339. 恐怖(恐怖)	kǒngbù	(形)	terror; horror; consternation;	5.5
340. 空当(空當)	kòngdāng	(名)	break; gap	4.5 阅
341. 控股(控股)	kònggǔ	(动)	hold controlling interest; take a controlling stake; holding	3.4
342. 空调(空調)	kōngtiáo	(名)	air condition	1.1
343. 扣留(扣留)	kòuliú	(动)	detain; arrest; hold in custody; withhold	3.5 阅
344. 夸大(誇大)	kuādà	(动)	exaggerate; overestimate; overstate	5.5 阅
345. 跨国公司(跨國公司)	kuà guó gōngsī		multinational company	1.2
346. 狂热(狂熱)	kuángrè	(形)	craze; enthusiasm; fever; schwarmerei	5.4
347. 矿物质(礦物質)	kuàngwùzhì	(名)	mineral substance	2.21 阅
348. 亏损(虧損)	kuīsǔn	(动)	loss; lost; to the bad	5.2
349. 亏心事(虧心事)	kuīxīnshì	(名)	guilty conscience; self-accusing guilt	3.4 阅
350. 苦力(苦力)	kǔlì	(名)	coolie; hard labor	1.2
351. 扩张(擴張)	kuòzhāng	(动)	expand; enlarge, spread; dilate; aggrandize	2.21 阅

L

352. 涝灾(澇災)	làozāi	(名)	damage or crop failure caused by waterlogging	2.1
353. 雷同(雷同)	léitóng	(形)	duplicate; similar; identical	5.5 阅
354. 冷战(冷戰)	lěngzhàn	(名)	cold war	5.5
355. 乐园(樂園)	lèyuán	(名)	paradise; Eden	3.1
356. 廉(廉)	lián	(形)	honest and clean; low-priced; inexpensive;	3.5
357. 连带(連帶)	liándài	(动)	together with; Jointly and Severally; related;	3.4
358. 粮票(糧票)	liángpiào	(名)	certificate to buy food; grain coupon	3.2

M

384. 冒充(冒充)	màochōng	(动)	pass oneself as; pretend to be; personate	4.31 阅
385. 毛利润(毛利潤)	máolìrùn	(名)	gross profit	5.22 阅
386. 茂盛(茂盛)	màoshèng	(形)	luxuriant; flourishing; exuberant; prosperous	2.21 阅
387. 美容业(美容業)	měiróngyè	(名)	beauty culture; hairdressing	3.4
388. 美食(美食)	měishí	(名)	fine food; delicacy; gourmet food	3.4 阅
389. 媒体(媒體)	méitǐ	(名)	media	2.1
390. 蒙(蒙)	mēng	(动)	be utterly confused	4.5 阅
391. 梦想(夢想)	mèngxiǎng	(名/动)	dream;	1.5
392. 猛一(猛一)	měngyī	(副)	act with a rush; suddenly...	1.3
393. 闷热(悶熱)	mēnrè	(形)	frowziness; swelter; mugginess	5.3
394. 谜(謎)	mí	(名)	riddle; mystery; puzzle	3.4 阅
395. 棉纺(棉紡)	miánfǎng	(名)	cotton textile; cotton spinning	1.3 阅
396. 免费(免費)	miǎnfèi	(动)	free of charge; cost free	3.3 阅
397. 面积(面積)	miànjī	(名)	area	3.1
398. 面临(面臨)	miànlín	(动)	be confronted with; face	1.2
399. 免税(免稅)	miǎnshuì	(动)	tax-free	5.21 阅
400. 面谈(面談)	miàntán	(动)	interview	5.4 阅
401. 免于(免於)	miǎnyú	(动)	avoid; avert	2.2
402. 迷惑(迷惑)	míhuò	(动)	confuse; delude; dupe	4.31 阅
403. 迷路(迷路)	mí lù		lose one's way; get lost; go the wrong way;	3.5
404. 秘密(祕密)	mìmì	(形)	secret; confidential	3.3
405. 民不聊生(民不聊生)	mín bù liáo shēng		the people live on the edge of starvation; life is impossible for the people; People have nothing to depend on for their living	2.3 阅
406. 命脉(命脈)	mìngmài	(名)	lifeblood; lifeline	2.1
407. 迷信(迷信)	míxìn	(动/名)	superstition; to have blind faith in	1.4
408. 模仿(模仿)	mófǎng	(动)	imitate; copy; model oneself on	2.5

P

429. 排除(排除)	páichú	(动)	get rid of; remove; eliminate; exclude	3.4
430. 派出所(派出所)	pàichūsuǒ	(名)	local police station	3.5 阅
431. 排队(排隊)	pái duì		queuing up; stand in a line	4.1
432. 判断(判斷)	pàn duàn	(动)	estimate; judgment	5.5 阅
433. 炮轰(炮轟)	pàohōng	(动)	shell; attach	4.3
434. 赔付(賠付)	péifù	(动)	indemnify; advance money (for another) in making payment	4.5
435. 赔钱(賠錢)	péi qián		sustain losses in business; compensate	2.3
436. 配套(配套)	pèitào	(动)	form a complete set	1.4 阅
437. 配置(配置)	pèizhì	(名)	deploy; allocation; collocation; configuration;	3.2
438. 烹调(烹調)	pēngtiáo	(动)	cuisine; cooking;	3.4 阅
439. 碰运气(碰運氣)	pèng yùn qi		to try one's luck [fortune; lot]; take a chance; depend upon luck; There is no assurance that one will win or succeed.	3.3
440. 喷泉(噴泉)	pēnquán	(名)	fountain; geyser	3.3 阅
441. 片面(片面)	piànmiàn	(形)	one-sided; unilateral; one-sidedness	4.6
442. 便宜(便宜)	piányi	(形)	inexpensive, cheap	1.1
443. 疲劳(疲勞)	píláo	(形)	tired; fatigued	2.1
444. 频繁(頻繁)	pínfán	(形)	frequent	1.4 阅
445. 凭(憑)	píng	(介)	rely on; depend on; go by; base on	3.2
446. 平分秋色(平分秋色)	píng fēn qiū sè		leg and leg; to share on a fifty-fifty basis	1.5
447. 平衡(平衡)	pínghéng	(形)	balance; equilibrium	2.1
448. 凭借(憑藉)	píngjiè	(动)	by means of; on the strength of	1.2
449. 平平(平平)	píngpíng	(形)	average; mediocre	5.4 阅

450. 拼命(拚命)	pīnmìng	(动)	exerting the utmost strength; at full split; defy death; risk one's life	5.3
451. 聘书(聘書)	pìnshū	(名)	letter of appointment	5.5 阅
452. 脾气(脾氣)	píqi	(名)	character; temper	5.3
453. 普查(普查)	pǔchá	(动)	general investigation	1.2 阅
454. 朴实(樸實)	pǔshí	(形)	simple; plain	2.4

Q

455. 强项(强項)	qiángxiàng	(名)	strong point; best part	5.3
456. 枪支(槍支)	qiāngzhī	(名)	firearms; guns	5.4
457. 欠债(欠債)	qiàn zhài		be in debt	4.1
458. 潜力(潛力)	qiánlì	(名)	latent capacity; potential	5.5 阅
459. 迁徙(遷徙)	qiānxǐ	(动)	move; migrate; change one's residence	3.2
460. 潜移默化(潛移默化)	qián yí mò huà		exert a subtle influence on; to change and influence unobtrusively and imperceptibly	1.1
461. 瞧不起(瞧不起)	qiáobuqǐ		have no regard for; look down on sb.; turn up one's nose at sb.	3.3
462. 恰恰(恰恰)	qiàqià	(副)	just; exactly; precisely	3.1
463. 起步(起步)	qǐbù	(动)	start; underway	1.3 阅
464. 窃窃私语(竊竊私語)	qièqiè sīyǔ		whisper	4.6
465. 切实(切實)	qièshí	(副)	feasible; practical	4.1
466. 奇迹(奇跡)	qíjì	(名)	miracle; phenomenon; wonder	5.1
467. 勤奋(勤奮)	qínfèn	(形)	diligence; industry; sedulity	5.4 阅
468. 倾家荡产(傾家蕩産)	qīng jiā dàng chǎn		ruin; be clean broke; dissipate one's fortune	4.3
469. 清苦(清苦)	qīngkǔ	(形)	poor; plain	3.5
470. 轻率(輕率)	qīngshuài	(形)	rash; hasty; flippancy	4.6
471. 清晰(清晰)	qīngxī	(形)	in focus; clear	5.5 阅
472. 倾向于(傾向於)	qīng xiàng yú		be apt to; squint towards	1.2
473. 倾销(傾銷)	qīngxiāo	(动)	dump; dumping	3.1

474. 情有独钟(情有獨鍾)	qíng yǒu dú zhōng		love single-minded by preference	5.5
475. 钦佩(欽佩)	qīnpèi	(动)	admire; admiration	5.5 阅
476. 亲缘关系(親緣關係)	qīn yuán guān xì		genetic relationship; consanguinity	3.2
477. 奇缺(奇缺)	qíquē	(动)	critical shortage of; be scanty of sth.	3.5
478. 起诉(起訴)	qǐsù	(动)	sue; prosecute; bring an accusation against	4.5
479. 求职(求職)	qiúzhí	(动)	to apply for a job	5.4 阅
480. 欺诈(欺詐)	qīzhà	(动)	fake; cheat; deceive; fraud	3.5 阅
481. 权利(權利)	quánlì	(名)	right	4.6
482. 全日制(全日制)	quánrìzhì	(形)	full-time	4.6
483. 取代(取代)	qǔdài	(动)	displace; substitute; replace; supersede; supplant	1.4 阅
484. 渠道(渠道)	qúdào	(名)	channel; trench	5.2
485. 缺德(缺德)	quēdé	(形)	lack of moral; mean; wicked	4.5
486. 取胜(取勝)	qǔshèng	(动)	get victory; win;	1.5
487. 诠释(詮釋)	quánshì	(动)	annotation; explanatory notes; notes and commentary	4.32 阅
488. 圈套(圈套)	quāntào	(名)	snare; trap; lure	4.31 阅
489. 权威(權威)	quánwēi	(名)	authority	3.1
490. 权益(權益)	quányì	(名)	rights and interests; legal right; inviolable rights	3.2
491. 取缔(取締)	qǔdì	(动)	outlaw; ban; suppress; forbid	4.32 阅
492. 趋势(趨勢)	qūshì	(名)	trend direction; tendency	4.2

R

493. 燃料(燃料)	ránliào	(名)	fuel; elding	1.2 阅
494. 绕路(繞路)	rào lù		go detour	4.5 阅
495. 热火朝天(熱火朝天)	rè huǒ cháo tiān		buzzing with activity; in full swing	4.4
496. 热门(熱門)	rèmén	(形)	in great demand; pop	4.1
497. 忍不住(忍不住)	rěnbuzhù		unable to bear; unbearable; can't help (doing sth.)	3.3

498. 认缴(認繳)	rènjiǎo	(动)	subscribe; paid in; contributions to	3.4
499. 人均收入(人均收入)	rénjūn shōurù		average income	4.2
500. 人口学(人口學)	rénkǒuxué	(名)	demography; larithmics	3.2
501. 人权(人權)	rénquán	(名)	human right	4.6
502. 人人皆知(人人皆知)	rén rén jiē zhī		we all know; everybody realizes....	3.2
503. 任人宰割(任人宰割)	rèn rén zǎi gē		to allow oneself to be trampled upon; to be partitioned by others at will	1.2
504. 人选(人選)	rénxuǎn	(名)	person selected; candidate	5.5 阅
505. 人造板(人造板)	rénzàobǎn	(名)	artificial board; man-made wood board	1.2 阅
506. 热土(熱土)	rètǔ	(名)	hot land; hometown	5.1
507. 热议(熱議)	rèyì	(动)	hotly discuss; focused topic	4.3
508. 日益(日益)	rìyì	(副)	increasingly; day by day	1.3 阅
509. 融入(融入)	róngrù	(动)	to get into; become involved; integrated; merge	2.4
510. 荣幸(榮幸)	róngxìng	(形)	be honored	5.5 阅
511. 软件(軟件)	ruǎnjiàn	(名)	software	5.1

S

512. 塞车(塞車)	sāichē	(动)	traffic jam	5.3
513. 尚待(尚待)	shàngdài	(动)	still wait for	1.4 阅
514. 商户(商户)	shānghù	(名)	merchant;	3.4
515. 商机(商機)	shāngjī	(名)	business opportunity	1.1
516. 上网(上網)	shàng wǎng		get into internet	5.3
517. 伤元气(傷元氣)	shāng yuán qì		damage of the vitality/vigor	4.32 阅
518. 闪烁(閃爍)	shǎnshuò	(动)	flicker	4.5 阅
519. 山珍海味(山珍海味)	shān zhēn hǎi wèi		delicacies of every kind	5.4
520. 奢侈(奢侈)	shēchǐ	(形)	luxury; extravagant; wasteful; sumptuous	4.3
521. 身份证(身份證)	shēnfènzhèng	(名)	identification card	3.3 阅
522. 生产线(生產線)	shēngchǎnxiàn	(名)	product line	1.1

523. 胜地(勝地)	shèngdì	(名)	famous scenic spot; resort;	3.3 阅
524. 生化(生化)	shēnghuà	(名)	biochemistry	4.1
525. 升级(升級)	shēngjí	(动)	promotion; remove; upgrade	5.4 阅
526. 生力军(生力軍)	shēnglìjūn	(名)	fresh troops	2.2
527. 生态(生態)	shēngtài	(名)	modes of life and relation to their environment; ecology	2.2
528. 生物工程(生物工程)	shēngwù gōngchéng		bioengineering	1.4 阅
529. 生硬(生硬)	shēngyìng	(形)	rigid; stiff; arbitrary; inflexible	2.5
530. 审核(審核)	shěnhé	(动)	examine and verify	5.5 阅
531. 省略(省略)	shěnglüè	(动)	omit; elide; leave out; overleap	5.4 阅
532. 神奇(神奇)	shénqí	(形)	supernatural; wizardly	1.3
533. 深入细致(深入細緻)	shēn rù xì zhì		research in deep and detail	4.31 阅
534. 神圣(神聖)	shénshèng	(形)	sacred; holy	2.1
535. 慎重(慎重)	shènzhòng	(形)	cautious; prudent; discreet	4.6
536. 试点(試點)	shìdiǎn	(名)	make experiments; conduct tests at selected points; launch a pilot project	2.3
537. 师范(師範)	shīfàn	(名)	normal school; teacher-training	4.2
538. 实惠(實惠)	shíhuì	(形)	material benefit; tangible benefits	2.3
539. 试剂(試劑)	shìjì	(名)	reagent	4.31 阅
540. 使节(使節)	shǐjié	(名)	diplomatic envoy; envoy	3.4 阅
541. 时髦(時髦)	shímáo	(名/形)	fashion; vogue; dandyism	4.6
542. 使命(使命)	shǐmìng	(名)	mission	2.1
543. 湿润(濕潤)	shīrùn	(形)	moist; humectation; humidification	2.21 阅
544. 时尚(時尚)	shíshàng	(名)	the vogue; a trend; the fashion; a fad	1.5 阅
545. 实习(實習)	shíxí	(动)	intern; internship	5.1
546. 时序(時序)	shíxù	(名)	scheduling	5.4 阅
547. 视野(視野)	shìyě	(名)	field of vision; view	1.5 阅
548. 事宜(事宜)	shìyí	(名)	matters concerned	5.21 阅
549. 示意(示意)	shìyì	(动)	show one's meaning with an expression, action, implicit words or image	4.5 阅
550. 使用率(使用率)	shǐyònglǜ	(名)	usage rate; utilization rate;	3.2

T

575. 谈判(談判)	tánpàn	(动)	negotiations; talks; negotiate	3.1
576. 坦然(坦然)	tǎnrán	(形)	unperturbed; calm	5.1
577. 碳酸饮料(碳酸飲料)	tànsuān yǐnliào		soft-drink; beverage	1.5 阅
578. 套间(套間)	tàojiān	(名)	apartment; suite;	3.4 阅
579. 特定(特定)	tèdìng	(形)	specific; specified; particular	5.5 阅
580. 天理昭彰(天理昭彰)	tiān lǐ zhāo zhāng		God's law justice is manifest	4.5 阅
581. 天堂(天堂)	tiāntáng	(名)	heaven; paradise; the upper regions	5.4
582. 天网恢恢(天網恢恢)	tiān wǎng huī huī		the net of Heaven has large meshes, but it lets nothing through; mills of God grind slowly but surely; justice has long arm	4.5 阅
583. 天职(天職)	tiānzhí	(名)	bounden duty; natural vocation	4.3
584. 条款(條款)	tiáokuǎn	(名)	clause; article; provision; term	4.32 阅
585. 条例(條例)	tiáolì	(名)	regulations; rules; ordinances;	3.4
586. 调配(調配)	tiáopèi	(动)	prepare; arrangement	5.5
587. 挑战(挑戰)	tiǎozhàn	(动)	challenge	1.2
588. 提拔(提拔)	tíbá	(动)	elevate	5.5
589. 提倡(提倡)	tíchàng	(动)	encourage; advocate; promote	4.4
590. 提纲挈领(提綱挈領)	tí gāng qiè lǐng		bring out the essentials by concentrating on the main points	5.5 阅
591. 提供(提供)	tígōng	(动)	to provide, to offer	1.1
592. 体面(體面)	tǐmiàn	(形)	grace; face; dignity; honorable; respectable	4.5 阅
593. 停业(停業)	tíngyè	(动)	put up the shutters; shutout	5.22 阅
594. 停滞不前(停滯不前)	tíng zhì bù qián		stagnate; be at a standstill; be bogged down	1.4 阅
595. 提神(提神)	tíshén	(动)	give oneself a lift; refresh oneself	1.5 阅
596. 体验(體驗)	tǐyàn	(动)	experience; taste of	5.3
597. 统计局(統計局)	tǒngjìjú	(名)	statistics department; statistical bureau; bureau of statistics	3.4
598. 同义词(同義詞)	tóngyìcí	(名)	synonymous words; synonym	1.1
599. 通则(通則)	tōngzé	(名)	general rules; generalization	3.4

W

621. 旺季(旺季)	wàngjì	(名)	peak period; boom season; busy season	3.3 阅
622. 未必(未必)	wèibì	(副)	unnecessarily; unnecessary	5.2
623. 维持(維持)	wéichí	(动)	maintain; carry through; manage	5.5
624. 危机(危機)	wēijī	(名)	crisis; conjuncture	1.2
625. 微生物(微生物)	wēishēngwù	(名)	microbe; germ; microform; microorganism	2.21 阅
626. 萎缩(萎縮)	wěisuō	(动)	recession; atrophy	1.4 阅
627. 卫星(衛星)	wèixīng	(名)	secondary planet, satellite	5.1
628. 文具(文具)	wénjù	(名)	stationery	1.1
629. 温馨(溫馨)	wēnxīn	(形)	gentle and fragrant; warm; be softly fragrant	4.5 阅
630. 文选(文選)	wénxuǎn	(名)	selected works; literary selections; analects	5.5 阅
631. 文雅(文雅)	wényǎ	(形)	refinement; urbanity; elegant	1.1
632. 无偿(無償)	wúcháng	(形)	gratuitous; free; gratis	5.2
633. 误导(誤導)	wùdǎo	(动)	mislead; misadvise; misdirect	4.3
634. 误解(誤解)	wùjiě	(动)	misunderstanding; misconstruction	1.4
635. 无穷(無窮)	wúqióng	(形)	infinite; boundless; inexhaustible; endless	1.5 阅
636. 污染(污染)	wūrǎn	(动)	pollute; contaminate	3.1
637. 诬陷(誣陷)	wūxiàn	(动)	frame a case against	4.5

X

638. 嫌犯(嫌犯)	xiánfàn	(名)	suspect; criminal suspect	3.5 阅
639. 享福(享福)	xiǎng fú		enjoy a happy life	4.1
640. 相继(相繼)	xiāngjì	(副)	in succession; one by one	1.4 阅
641. 橡胶(橡膠)	xiàngjiāo	(名)	latex; rubber	1.4 阅
642. 项目(項目)	xiàngmù	(名)	item; project; subject of entry	3.4
643. 向往(嚮往)	xiàngwǎng	(动)	yearn for; look forward to; be attracted toward	2.4
644. 相形见绌(相形見絀)	xiāng xíng jiàn chù		be inferior by [upon] comparison; be outshone; fail to secure a leading place; When compared with others, it looks very poor. ;	2.22 阅

645. 陷害(陷害)	xiànhài	(动)	frame up; circumvention	4.5 阅
646. 羡慕(羡慕)	xiànmù	(动)	admire; be envious of	5.1
647. 消化(消化)	xiāohuà	(动)	assimilation; digest	1.2
648. 效力(效力)	xiàolì	(名)	render a service to; serve	5.5 阅
649. 效率(效率)	xiàolǜ	(名)	efficiency	5.5 阅
650. 销售(銷售)	xiāoshòu	(动)	distribution, sell	1.1
651. 小心翼翼(小心翼翼)	xiǎo xīn yì yì		be careful and cautious; gingerliness	4.5 阅
652. 效益(效益)	xiàoyì	(名)	effect and profit; beneficial result	4.1
653. 下水道(下水道)	xiàshuǐdào	(名)	sewer; gully drain	2.4
654. 狭窄(狹窄)	xiázhǎi	(形)	narrow; cramped; constriction	3.4 阅
655. 西餐(西餐)	xīcān	(名)	Western-style food	5.3
656. 携(攜)	xié	(动)	carry; take sb. by hand	4.5 阅
657. 协议(協議)	xiéyì	(名)	agree on; agreement; understanding; deal; treaty	3.4
658. 稀罕(稀罕)	xīhan	(形/动)	rare; scarce; uncommon; cherish	3.2
659. 袭击(襲擊)	xíjī	(动)	make a surprise attack on	5.5
660. 新潮(新潮)	xīncháo	(形)	new tide; fashion	5.4
661. 行不通(行不通)	xíngbutōng		won't work; get nowhere; impractical	3.3
662. 醒目(醒目)	xǐngmù	(形)	strike the eye; markedness; hilite	5.4 阅
663. 性质(性質)	xìngzhì	(名)	mediocre; habitude; temperament	5.4 阅
664. 信念(信念)	xìnniàn	(名)	faith; persuasion	4.4
665. 信条(信條)	xìntiáo	(名)	credendum; credo;	1.5
666. 信心(信心)	xìnxīn	(名)	confidence; belief	1.2
667. 新兴(新興)	xīnxīng	(形)	new and developing; rising	3.1
668. 心血管病(心血管病)	xīn xuè guǎn bìng	(名)	heart and blood vessel disease	1.5 阅
669. 吸收(吸收)	xīshōu	(动)	absorb	1.2
670. 休学(休學)	xiūxué	(动)	leave of absence; suspend one's schooling	5.4
671. 修正(修正)	xiūzhèng	(动)	revise; correct; correction	5.22 阅
672. 喜新厌旧(喜新厭舊)	xǐ xīn yàn jiù		to like the new and loathe the old; to be fickle in affection	1.5 阅

673. 息息相关(息息相關)	xī xī xiāng guān		be closely bound up; be closely linked	1.4
674. 吸引(吸引)	xīyǐn	(动)	attract; to engage	1.3 阅
675. 细则(細則)	xìzé	(名)	detailed rules	5.21 阅
676. 血脉(血脈)	xiěmài	(名)	blood vessel in which the blood and qi circulate; circulation of blood	4.32 阅
677. 学区(學區)	xuéqū	(名)	school district	4.1
678. 削弱(削弱)	xuēruò	(动)	weaken; to cripple; to wear down	1.5 阅
679. 血缘(血緣)	xuèyuán	(名)	consanguinity; strain	5.1
680. 序幕(序幕)	xùmù	(名)	prelude; a curtain-raiser	1.3 阅
681. 训练(訓練)	xùnliàn	(动)	training, educate	1.1
682. 玄乎(玄乎)	xuánhu	(形)	unreliable; incredible; a bit iffy	3.1
683. 炫耀(炫耀)	xuànyào	(动)	flash it away; show off; parade	5.4 阅
684. 畜牧业(畜牧業)	xùmùyè	(名)	animal [livestock] husbandry; graziery; stock [livestock] farming	2.2
685. 驯化(馴化)	xùnhuà	(动)	acclimatization; domestication; docile	2.21 阅
686. 续聘(續聘)	xùpìn	(动)	to renew a position; to rehire	5.5 阅
687. 虚伪(虛僞)	xūwěi	(形)	hypocritical; false; sham	5.4

Y

688. 演变(演變)	yǎnbiàn	(动)	develop; evolve; evolution	2.3 阅
689. 延长(延長)	yáncháng	(动)	prolong; extend; postpone; delay	5.21 阅
690. 研发(研發)	yánfā	(动)	research & development	1.1
691. 样本(樣本)	yàngběn	(名)	sample; stylebook	4.31 阅
692. 养家糊口(養家餬口)	yǎng jiā hú kǒu		provide food and clothes for one's family; raise a family	3.4 阅
693. 样例(樣例)	yànglì	(名)	showpiece; sample; pattern	5.5 阅
694. 眼光(眼光)	yǎnguāng	(名)	foresight; vision	1.4
695. 阳性(陽性)	yángxìng	(形)	positive	4.31 阅
696. 养殖业(養殖業)	yǎngzhíyè	(名)	fish breeding and poultry raising; livestock breeding	2.2
697. 沿海地区(沿海地區)	yán hǎi dì qū		littoral	1.1

727. 阴阳五行(陰陽五行)	yīn yáng wǔ xíng		Yin and Yang, the two opposing principles in nature, the former feminine and negative and the latter masculine and positive and five elements of metal, wood, water, fire and earth	4.32 阅
728. 仪器(儀器)	yíqì	(名)	apparatus, instrument	4.31 阅
729. 怡人(怡人)	yírén	(形)	pleasant; make one feel good	1.5 阅
730. 义务(義務)	yìwù	(名)	volunteer; voluntary; duty; obligation; commitment	4.4
731. 意想不到(意想不到)	yì xiǎng bú dào		surprising; beat all	5.4 阅
732. 抑制(抑制)	yìzhì	(动)	restrain; control; suppression	2.21 阅
733. 拥挤(擁擠)	yōngjǐ	(形)	crowd; push and squeeze	4.1
734. 涌入(湧入)	yǒngrù	(动)	swarm into; pour in;	3.2
735. 庸医(庸醫)	yōngyī	(名)	barber-surgeon; quack; charlatan	4.32 阅
736. 拥有(擁有)	yōngyǒu	(动)	possession; in possession of; hold; own	5.3
737. 优待(優待)	yōudài	(动)	give preferential treatment	2.3 阅
738. 邮电(郵電)	yóudiàn	(名)	postal and cable service	1.3
739. 有的放矢(有的放矢)	yǒu dì fàng shǐ		have a definite object in view	4.3
740. 优化(優化)	yōuhuà	(动)	optimize	1.3 阅
741. 有利可图(有利可圖)	yǒu lì kě tú		profitable	5.2
742. 游山玩水(遊山玩水)	yóu shān wán shuǐ		to travel high and low and enjoy the sights of mountains and rivers	1.3 阅
743. 优势(優勢)	yōushì	(名)	advantage; predominance	1.1
744. 有恃无恐(有恃無恐)	yǒu shì wú kǒng		secure in the knowledge that one has strong backing; fear nothing with sb. at his back;	3.5 阅
745. 优先(優先)	yōuxiān	(形)	priority; first; precedence	5.5
746. 有限责任公司(有限責任公司)	yǒuxiàn zérèn gōng sī		company with limited liability; incorporated company	3.4
747. 有效(有效)	yǒuxiào	(形)	in effect; valid	1.4
748. 优越感(優越感)	yōuyuègǎn	(名)	sense of superiority; superiority complex	3.3
749. 犹豫(猶豫)	yóuyù	(动)	hesitate; scruple; vacillate	4.5 阅

750. 有助于(有助於)	yǒuzhùyú	(动)	redound to; administer to; conduce to	5.4 阅
751. 员工(員工)	yuángōng	(名)	employee; stuff; personnel	5.3
752. 远见(遠見)	yuǎnjiàn	(名)	far-sight; foresight	1.1
753. 原料(原料)	yuánliào	(名)	raw material, material	1.1
754. 元气(元氣)	yuánqì	(名)	vitality; archaeus; (中医) primordial Qi; spirit	3.4 阅
755. 园艺(園藝)	yuányì	(名)	horticulture; gardening	2.2
756. 原子能(原子能)	yuánzǐnéng	(名)	atomic energy; A-energy	1.4 阅
757. 月台(月臺)	yuètái	(名)	platform	5.3
758. 运输(運輸)	yùnshū	(动)	conveyance; transportation;	1.3
759. 运输业(運輸業)	yùnshūyè	(名)	transportation business; carrying trade	3.4
760. 运作(運作)	yùnzuò	(动)	to operate; move and operate	5.3
761. 与日俱增(與日俱增)	yǔ rì jù zēng		grow day by day; increase steadily	1.3 阅
762. 冤枉(冤枉)	yuānwang	(动)	wrong; treat unjustly	4.31 阅
763. 预测(預測)	yùcè	(动)	forecast; prognosticate	5.5
764. 宇航(宇航)	yǔháng	(名)	space navigation	1.4 阅
765. 渔业(漁業)	yúyè	(名)	fishery industry; fishery; fishing	2.2

Z

766. 咋(咋)	zǎ	(副)	how; why	3.5 阅
767. 灾害(災害)	zāihài	(名)	damage; disaster	2.1
768. 暂行(暫行)	zànxíng	(形)	provisional; temporary	3.4
769. 赞许(讚許)	zànxǔ	(名)	applause; approve; favorable	4.5 阅
770. 赞助(讚助)	zànzhù	(动)	sponsor; support	1.5
771. 遭遇(遭遇)	zāoyù	(动/名)	encounter;	1.2
772. 择业(擇業)	zéyè	(动)	choose a job; career selection	3.2
773. 债权(債權)	zhàiquán	(名)	creditor's rights	5.21 阅
774. 债务(債務)	zhàiwù	(名)	debt; liabilities;	3.4
775. 账簿(賬簿)	zhàngbù	(名)	account book	5.21 阅
776. 涨价(漲價)	zhǎngjià		markup, raising price	1.1
777. 仗义执言(仗義執言)	zhàng yì zhí yán		speak out from a sense of justice	4.5
778. 占据(佔據)	zhànjù	(动)	hold; take up	1.5 阅

779. 占领(佔領)	zhànlǐng	(动)	occupy; take possession of	1.1
780. 战略(戰略)	zhànlüè	(名)	tactic; strategies	1.3 阅
781. 崭新(嶄新)	zhǎnxīn	(形)	newness; brand new	5.2
782. 占用(佔用)	zhànyòng	(动)	occupy; occupancy	3.1
783. 占有(佔有)	zhànyǒu	(动)	occupy; hold; have; own; possess	3.4
784. 招工(招工)	zhāo gōng		recruit workers	4.1
785. 招聘(招聘)	zhāopìn	(动)	give public notice of a vacancy to be filled; advertise for; recruit; recruit and employ	3.3
786. 折旧费(折舊費)	zhéjiùfèi	(名)	depreciation charge	5.2
787. 诊断(診斷)	zhěnduàn	(动)	diagnosis; diagnose	4.3
788. 证明信(證明信)	zhèngmíngxìn	(名)	letter of reference; letter of certification	3.2
789. 征收(徵收)	zhēngshōu	(动)	levy; collect; impose	2.3
790. 征收(徵收)	zhēngshōu	(动)	collection; expropriation; imposition	5.22 阅
791. 震撼(震撼)	zhènhàn	(动)	shock; convulse	4.5 阅
792. 诊所(診所)	zhěnsuǒ	(名)	clinique; clinic	4.1
793. 振兴(振興)	zhènxīng	(动)	develop vigorously; to give life to; to promote	1.2
794. 折算(折算)	zhésuàn	(动)	convert	2.3 阅
795. 治安(治安)	zhì'ān	(名)	public security	5.4
796. 制裁(制裁)	zhìcái	(动)	impose sanction against; censure; punish	4.5
797. 支撑(支撐)	zhīchēng	(动)	prop up; sustain; support	2.3
798. 质地(質地)	zhìdì	(名)	quality of a material; texture	5.4 阅
799. 支付(支付)	zhīfù	(动)	payment; pay for	5.5 阅
800. 制衡(制衡)	zhìhéng	(动)	check and balance	2.5
801. 置换(置換)	zhìhuàn	(动)	replacement; permutation	1.1
802. 知己知彼(知己知彼)	zhī jǐ zhī bǐ		knowing one's own situation and that of the enemy	5.4
803. 质量(質量)	zhìliàng	(名)	quality	1.1
804. 殖民地(殖民地)	zhímíndì	(名)	colony	3.1
805. 指日可待(指日可待)	zhǐ rì kě dài		can be expected soon; to be just round the corner	1.2

806. 质疑(質疑)	zhìyí	(动)	query; fall in question	4.32 阅
807. 志愿者(志願者)	zhìyuànzhě	(名)	postulant; volunteer	4.4
808. 执照(執照)	zhízhào	(名)	license; permit; certificate	3.4 阅
809. 仲裁(仲裁)	zhòngcái	(动)	arbitrage; arbitration; intermediation	5.21 阅
810. 肿瘤(腫瘤)	zhǒngliú	(名)	tumor;	1.5 阅
811. 重型(重型)	zhòngxíng	(形)	heavy-duty; heavy	1.2
812. 装潢(裝潢)	zhuānghuáng	(动)	upholster; to decorate	1.1
813. 庄稼(莊稼)	zhuāngjia	(名)	away-going crop; emblement; crops	2.1
814. 专利(專利)	zhuānlì	(名)	patent;	1.2
815. 转让(轉讓)	zhuǎnràng	(动)	demise; transfer; convey	5.2
816. 专业化(專業化)	zhuānyèhuà	(动)	specialization	5.4 阅
817. 专座(專座)	zhuānzuò	(名)	special seat; preserved seat	4.5
818. 主导(主導)	zhǔdǎo	(形)	dominant; leading; guiding	1.5 阅
819. 主流(主流)	zhǔliú	(名)	main stream; essential or main aspect; main trend	2.3 阅
820. 着重(著重)	zhuózhòng	(动)	emphasize; to stress	1.1
821. 助人为乐(助人爲樂)	zhù rén wéi lè		enjoy in helping others	4.4
822. 住宅区(住宅區)	zhùzháiqū	(名)	uptown; resident area	1.1
823. 自动化(自動化)	zìdònghuà	(动)	automatization; robotization	1.4 阅
824. 自负盈亏(自負盈虧)	zì fù yíng kuī		assume sole responsibility for its profits or losses	5.2
825. 资格(資格)	zīgé	(名)	qualification; competence	5.5 阅
826. 子公司(子公司)	zǐgōngsī	(名)	subsidiary corporation; sub-company	3.4
827. 自给自足(自給自足)	zì jǐ zì zú		autarky; self-sufficiency	1.4
828. 自力更生(自力更生)	zì lì gēng shēng		self-dependence; to rely (or depend) on one's own efforts	1.3 阅
829. 咨询(咨詢)	zīxún	(动)	consultation; to seek advice from; to consult	1.3
830. 资讯(資訊)	zīxùn	(名)	information; source	5.1
831. 资助(資助)	zīzhù	(动)	aid financially; subsidize; support	4.2
832. 综合(綜合)	zōnghé	(形)	integrate; synthesis; colligate	1.3
833. 综合性(綜合性)	zōnghéxìng	(名)	synthetical; comprehensive; multipurpose; composite; all-round	1.5

834. 遵循(遵循)	zūnxún	(动)	follow; abide by; comply with	4.31 阅
835. 作坊(作坊)	zuōfang	(名)	workshop; mill; work house	3.4
836. 作物(作物)	zuòwù	(名)	crop	2.21 阅
837. 阻止(阻止)	zǔzhǐ	(动)	stop; hinder; hold back; prevent	4.6
838. 组装(組裝)	zǔzhuāng	(动)	to fabricate	1.1
839. 祖祖辈辈(祖祖輩輩)	zǔ zǔ bèi bèi		for generations; from generation to generation;	2.1